U0935894

深圳律师实务丛书

The Review of Shenzhen Lawyers'Affairs

深圳律师实务丛书

The Review of Shenzhen Lawyers'Affairs

坚持信念　精通法律

维护正义　恪守诚信

深圳律师实务丛书

团队制胜

——打造卓越律师团队的五大模块

Success Through Teamwork:
Five Modules to Build an Excellent Lawyers Team

深圳市律师协会团队建设研究课题组 / 编

法律出版社
LAW PRESS·CHINA

深圳律师实务丛书

深圳市律师协会团队建设研究课题组

组　长　周　旻

副组长　周昌春　李兰兰　温贵和　辛先霞

组　员　树宏玲　李文杰　王焯杰　林乐军　李志嘉　罗小柏
彭　湃　吕志合　覃俊翔　杨海涛　戴　凯　李　华
曾　迈　钟永标　郭　鹏　郑三军　冉华才　杨宝凯
蓝远辉　韦用文　史亚新　肖迎红　潘效辉　郑　毅
杨时雨　高瑞盛　宫　波　何佳宾　叶秀旻　陈　佳
张文波　马振勇　徐　辉　肖　宇

总　序

随着移动互联、万物互联时代的到来,法律服务行业的发展出现了更多的机遇和挑战,这也意味着,这个时代对法律服务的效率和质量提出了更高要求。法律服务的效率和质量问题,说到底是法律服务领域供给侧改革的问题,供给侧改革与创新将成为破解当前律师行业发展"瓶颈"的重要路径选择。

我注意到,深圳市律师协会九届理事会明确回归和聚焦律师专业化建设,着力供给侧改革与创新,并在统筹规划专业委员会的定位和职责、组织引导律师著书立说等方面做了许多实实在在的工作。目前,深圳律师在专业学习、专业研究和专业成果转化等方面已经卓有成就。在短短两年多的时间里,深圳市律师协会已经出版各类律师著作近二十部,部分专著再版,部分作者被邀请参与全国性的专业会议,可以说受到了业界广泛关注和高度肯定。深圳律师的专业化建设大大激发了深圳律师行业发展的内生动力。在此,我要对深圳市律师协会在行业发展和专业化建设中所发挥的积极作用点一个大大的"赞"。

律师的专业化既是社会分工的必然,也是法律服务业纵深发展的必然。律师当以专业为本,当以服务立命。深圳律师应当以追求极致的匠人精神夯实专业基础,从而以专业化的服务满足客户多样化、个性化、精细化的需求。只有这样孜孜不倦的追求,我们深圳律师才有可能在厚重积蓄后,形成并爆发出强大的发展后劲。

深圳律师是全国律师改革和创新的先行先试者,尤其是在房地产、金融证券、知识产权、国际贸易、法治政府等专业法律服务领域做出了许多开创性的贡献。2016 年 11 月 24 日，深圳执业律师人数突破万人大关，整个行业的后续发展任重而道远。

从供给侧改革与创新的角度，深圳律师业需要继续加强法律服务需求端研发，努力推出更贴近各类主体需求的法律服务产品；需要继续加快专家型律师、领军型律师的培养，努力形成完备的法律服务人才结构；需要继续拓宽专业服务领域和行业发展路径，努力精准对接日新月异的经济社会发展的方方面面。如此，深圳律师才能呈现与深圳这座城市相匹配的活力与影响力，深圳才有望成长为中国南方实至名归的法律服务高地。

“骐骥一跃，不能十步；驽马十驾，功在不舍。”深圳律师业的光荣与梦想，离不开我们大家持之以恒的坚守和实践，更有赖于我们大家继续为之奋斗、艰苦奋斗、长期艰苦奋斗……

是为序。

蒋溪林

深圳市司法局局长

二〇一六年十一月二十六日

专业引领发展　积淀成就未来

专业化是律师行业发展的必然趋势之一。在互联网大数据、人工智能快速发展和社会分工不断细化的社会背景下，面对日趋激烈的竞争环境和不断更新的法律服务需求，专业化对律师们而言，不仅是发展问题，也是生存问题。

“君子务本，本立而道生。”专业是律师的立身之本，专业律师的成长离不开律师、律所及行业层面的共同努力。对于律师个人而言，不仅需要其在对基本业务领域通晓的基础上找准与自身能力、兴趣以及市场需求相结合的精准定位，做出适合自己的专业选择，也需要律师在做出选择之后有壮士断腕般舍弃其他案件的决心，以及甘于寂寞、潜心钻研、持之以恒的匠人精神。对于律所而言，需要其有相应的团队协作氛围、合理的人才培养及激励体制、科学的业务调配机制、强有力组织形式和执行机构。而对于协会而言，就需要加大投入，为律师的专业化发展提供支持和保障，搭建交流合作平台，鼓励律师、律所朝向专业化发展。同时，加强与社会各界的交流联系，开拓专业领域，注重法律需求的引导和法律服务市场的培育，为专业律师发展营造良好的外部环境。

深圳律协资助会员出版实务专著的初衷，就在于倡导律师专业化发展，引导深圳律师和律师事务所不断做精、做强；也希冀能借此推出行业专业领军人物，在全国专业化发展的浪潮中树立一批深圳律师的专业品牌。2012年至今，协会资助会员出版实务专著的工作已连续开展六年，累计出版律师实务专著二十余本，涵盖建设工程、婚姻家事、刑事、知识产权、投融资、劳动关系等多个专业领域；举办律师专著出版交流论坛两次，邀请律师作者、专业审稿人、出版社编辑三方人员共同探讨如何将律师丰富的实务经验和专业理念凝练成实务专著。这些工作的开展在调动深圳律师撰写专著积极性、提升深圳律师专著写作水准、提高深圳律师业内知名度和影响力等方面取得一定的成效。

“不积跬步,无以至千里;不积小流,无以成江海。”今后,深圳律协还将持续推动律师实务专著出版工作,引导深圳律师多总结、多思考、多研究,不断提升专业能力和专著水平;同时,还将在业内营造浓厚的专业研究和著书立说氛围,传承和发扬深圳精神,让深圳律师成为中国律师界一面亮丽的旗帜。

林昌炽

深圳市律师协会会长

二〇一八年六月

回归专业　崇尚专业

律师专业化不仅仅源于社会分工的细化和知识结构的复杂化，也因为法律事务在多样化前提下逐渐呈现专门性趋势，需要律师专业技能的精细化以提供有针对性的解决方案，通才式解决某类案件或法律事务越来越困难。当事人合法利益的最大化有赖于律师能够游刃有余地运用法律的精深技艺，给出更专业的答案。

不少律师不太愿意在当事人或者同行面前坦言自己不懂某专业，也不愿意在专业细分方面做出改变的努力，这不仅不利于其自身专业领域知名度的打造，也失去了律师走专业化发展方向的机会。我们要放弃那种"博"即"精品"的认识和做法，直面自己的专业定位，在律师服务市场激烈竞争中打"差异化""专业化"这张牌，努力将自身打造成所在专业领域的"精品"。

我们提倡的回归专业、崇尚专业并不是一句口号，它张扬的是一种职业思想、观念和意识，同时也要落实为执业过程中的行为准则和价值坚守，在形成行业共识的基础上引领律师行业发展，达到更高的水平。摆在读者面前的这套《深圳律师实务丛书》就是我们落实回归专业和崇尚专业的例证，并借此向全行业传递崇尚专业的精神。

经验应该被总结和传承。因地缘和政策优势，深圳律师在房地产、融资、科技创新、海商、国际贸易、破产清算、劳动等法律事务方面有着丰富的专业经验。深圳律师协会组编这套丛书，体现深圳律师在部分领域的执业状况和专业技能，希望成为丰富律师专业化的重要素材，并作为专业化样本能够对律师专业化水平提高有所帮助。

是为序。

高　树

时任深圳市律师协会会长

二〇一六年三月

专业化是律师行业发展的支柱

中国的律师行业经过30年的恢复与发展，已经初具规模，但是，与现代发达国家的律师行业相比，我们仍然处于“初级阶段”，与国家政治、经济、文化发展不能匹配。将律师行业“做强、做大”仍是业内最强的呼声。个人理解“做强、做大”，无外乎专业化、规模化、规范化、品牌化建设，而其中专业化实乃律师行业发展的支柱。

按照现代广泛运用的利伯曼“专业化”标准的定义解释，所谓“专业”，就应当满足以下基本条件：一是范围明确，垄断地从事于社会不可缺少的工作；二是运用高度的理智性技术；三是需要长期的专业教育；四是从事者个人、集体均具有广泛自律性；五是专业自律性范围内，直接负有作出判断、采取行为的责任；六是非营利性，以服务为动机；七是拥有应用方式具体化了的伦理纲领。

就律师行业而言，专业化应以专业律师为基础，即律师根据特长和优势，精通本专业的法律规定和法理精髓，专门或偏重某一项或某几项法律事务；律师专业化以专业化的律师事务所为标志，即律师事务所主要人员和业务是为某个或某几个法律服务领域提供专门法律服务，具有自己的专业品牌；律师专业化以实现全行业的专业化最终目标，即大多数执业律师符合律师的专业化，形成了自觉学习、研究法学理论与律师实务的风气和专业习惯，大多数律师事务所具有鲜明的专业品牌。

律师要实现专业化，首先要专业明确，确定适合自己的法律服务领域，之后针对该法律服务领域进行长期的专业研修，在该法律服务领域有自己的实务和理论研究成果，最终拥有业内公认能熟悉处理法律服务领域问题的专业技能。当然，专业化也是一个“舍得”过程，选择专业化就意味着舍弃某些自己熟悉且收入颇丰的业务，甚至要忍受短期内业务量下降的痛苦。只有专注才有专业，如果不舍弃已拥有的某些业务，心不能专，则难以在专业领域获得成就。此外，在长期执业过程中加入或组建一个强大的专业律师团队，也是律师成就专业之路不可或缺的途径。

律师专业化是一项艰巨、复杂的系统工程，除了律所在中长期发展目标上确定专业化方向，为律师和律师团队提供专业发展环境之外，律师协会也应为律师行业的专业化分工和发展提供完善的制度保障和政策支持，并且应该加大对律师专业化的培训力度，为律师的专业化发展提供坚强的智力支撑。

资助会员出版实务专著是深圳律协确定的一项具体工作和一项智力工程，目的有两个：一个是倡导律师的专业化发展，引导深圳律师和律师事务所普遍走上专业发展的道路；另一个是推出行业专业领军人物，在全国专业化发展的浪潮中树立一批深圳律师专业品牌。

深圳律协将每年资助出版一批律师实务专著，期许借此倡导专业发展之路，弘扬专业研究之风，发出业界深圳之声，更期许借此涌现一批律师专业领军人物。

余俊福

时任深圳市律师协会会长

二〇一二年一月

前　言

经济全球化对人类生活产生了深远而广泛的影响,各行业和领域都因自身的特点经历着不同程度的变革与发展。在全球化时代背景下,随着我国经济、科学、技术的全面发展,社会分工日益细化,社会对法律服务业专业化与综合性的要求也在不断提高。为满足新时期各行各业对法律服务业所提出的要求,进一步实现为企业发展保驾护航的使命,律师法律服务模式亟须在专业化、团队化、国际化和信息化方面进行一系列创新与拓展。

现实的需求令我国的法律服务业务得到了迅速而全面的发展,但相对于西方国家律师制度几百年的发展历程,中国律师行业的发展仍处于初级阶段。西方国家的律师制度已经从起步阶段发展到现在的日臻成熟阶段,形成了相对稳固的发展模式。我国律师行业在汲取西方成熟经验的同时,若能推动律师行业进行专业化建设和团队运作,则必将能够突破律师事务所的发展“瓶颈”。随着律师业务的发展壮大,越来越多的经验教训提醒着律师事务所:只有加强律师事务所的专业化分工,加强律师行业团队化运作,才能充分挖掘律师事务所的潜能,增强凝聚力,提高战斗力,应对市场带来的机遇和挑战!

本书由深圳市律师协会团队建设研究课题组编写,内容涵盖“五大”核心问题:团队建设的发展定位、组建与协作、法律服务产品、市场营销、薪酬分配模式。课题组以“五大”核心问题为导向,进行了深入研究、探索和总结,并集结成册。笔者希望本书能起到抛砖引玉的作用,促进律师行业的良性发展,推动中国法治的有序建设。

一、我国律师行业发展概况

（一）我国律师行业人员及律师事务所发展现状

截至2018年年底，全国共有执业律师42.3万余人，比2017年年底增长了14.8%；共有来自23个国家和地区的250家律师事务所在中国内地设立了302家代表机构，其中外国律师事务所驻华代表机构230家，香港特别行政区律师事务所驻内地代表机构62家，台湾地区律师事务所驻大陆代表机构10家，港澳律师事务所与内地律师事务所建立合伙型联营律师事务所11家，在上海自由贸易试验区设立代表处的外国律师事务所与中国律师事务所建立联营律师事务所5家；中国律师事务所在境外设立分支机构共122家，共办理各类法律事务3.2万余件。[1]

由此可见，随着经济的发展，中国法律服务业发展极为快速，同时，由于现实的需求，中外法律服务之间的渗透程度会越来越强，渗透范围会越来越广。

（二）我国律师行业业务发展现状

根据《国家统计年鉴2018》数据显示，2017年，全国律师共办理各类诉讼案件473万多件，非诉讼法律事务84.4万多件，并在62.9万余家党政机关、人民团体和企事业单位常年承担法律顾问业务。

从业务类型上看，传统诉讼法律服务一直是律师业的重头戏。从2013～2017年我国律师事务所的业务发展情况来看，如图前－1所示，诉讼业务整体呈增长趋势，自2013年以来，年诉讼案件数量一直保持在250万件以上，2017年达到了473万件。[2]

---

〔1〕 参见《律师、公证、基层法律服务最新数据出炉》，载中国政府法制信息网：http://www.moj.gov.cn/government_public/content/2018－03/14/634_17049.html.，最后访问日期：2020年1月11日。

〔2〕 参见李颖诗：《2018年律师事务所行业市场现状与发展趋势　诉讼业务为我国律所的主要盈利来源，民事诉讼需求增长稳定》，载前瞻经济学人网：https://www.qianzhan.com/analyst/detail/220/190411－d0f1c23d.html，最后访问日期：2020年1月11日。

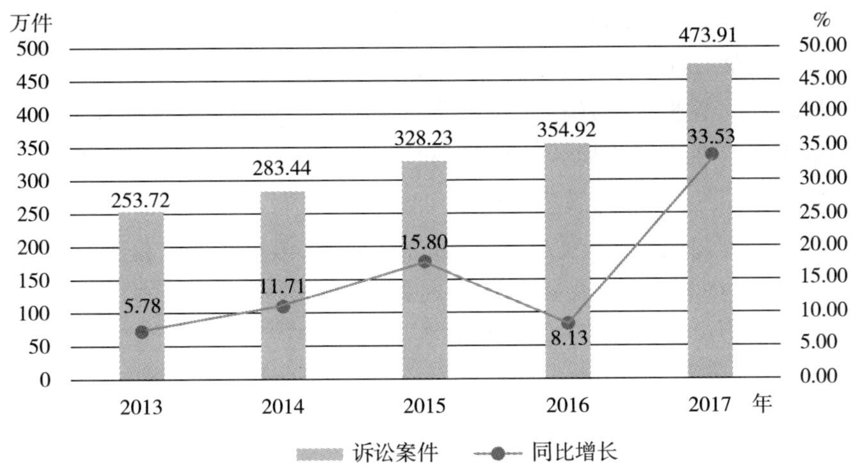

图前－1　2013～2017 年中国诉讼案件数量

在国外，尤其是法治相对成熟的国家，非诉讼法律服务的利润远高于传统诉讼业务，并已逐步成为律师事务所的主要盈利来源。但目前我国律师事务所处理的非诉讼业务远少于诉讼业务，与国外事务所存在一定的差距。

近年来，我国非诉讼业务需求量呈波动变化，如图前－2 所示，2014 年我国律师事务所处理的非诉讼案件数量出现下滑，降至 67.3 万件，随后再恢复上升，2017 年达到 84.88 万件，同比增长 0.52%。

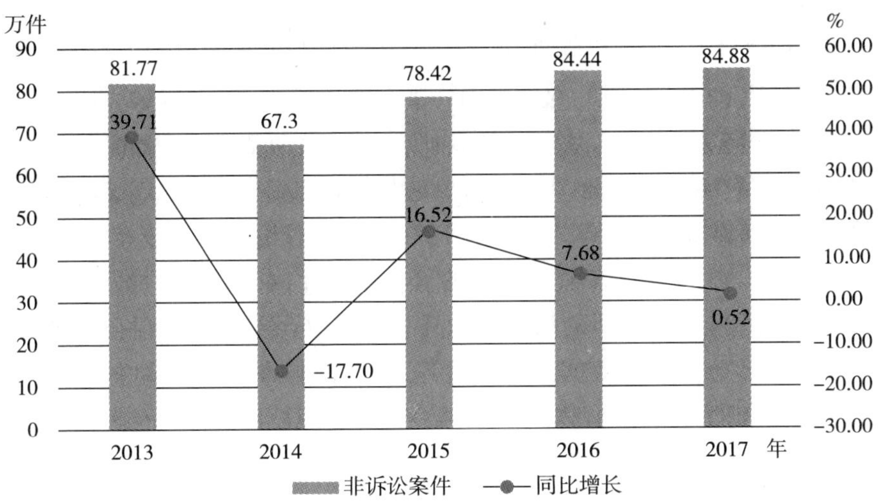

图前－2　2013～2017 年中国非诉讼案件数量

（三）我国律师行业服务规模发展现状

我国律师行业服务规模持续扩大，主要受益于国民经济的增长和经济主体投融资的活跃。从 2014 ~ 2017 年我国 GDP 增长率与律师事务所业务增长率走势图来看，如图前 -3 所示，我国诉讼案件增长率、非诉讼案件增长率与我国 GDP 增长率总体趋势保持一致。

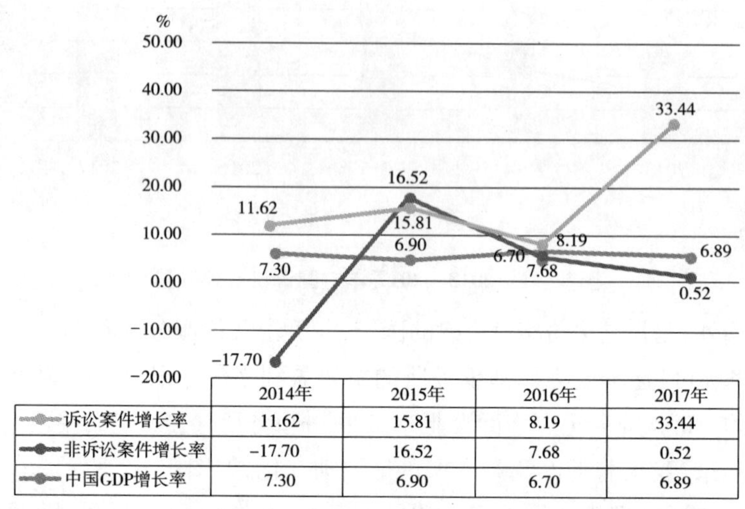

	2014年	2015年	2016年	2017年
诉讼案件增长率	11.62	15.81	8.19	33.44
非诉讼案件增长率	-17.70	16.52	7.68	0.52
中国GDP增长率	7.30	6.90	6.70	6.89

图前 -3　中国 GDP 增长率与律师事务所业务增长率走势

（四）我国律师行业业务收入发展现状

《中国律师》杂志原总编刘桂明曾在《中国律师究竟向何处去》中这样描述中国律师的现状："现在，我国全国律师业务的收入，仅仅相当于西方国家一个律师事务所的水平。比如说美国的贝克 · 麦肯思事务所，像这种律师事务所它一年的收入就是十亿美元，也就是说，我们国家所有律师的收入才等于人家一个所的收入。"

在我国，一家三、四线城市的律师事务所的年收入，相当于一家一线或者准一线城市律师事务所的精英律师的个人年收入。甚至还存在一个省所有律师的年收入总和仅相当于北上广深一家律师事务所的年收入的情况。所以我国律师行业在业务收入发展方面并不均衡。

二、中外律师行业发展差距明显

2019 年是中国律师制度恢复 40 周年。中国律师行业历经 40 个春秋的风风雨雨,在中国及国际市场上起着越来越重要的作用。许多外国律师事务所有着上百年的历史,这些具有悠久历史的国外大所,已经在漫长的成长过程中积累了相当丰富的律师从业经验与服务能力,尤其在国际法律服务领域有着更为明显的优势,掌握着先发之机。

中外律师事务所之间存在高端客户的竞争,这是经济全球化生态下不可避免的问题。首先,随着中国经济的发展,大量外国资本投入中国市场,为其服务的外国律师事务所也随之渗透到中国法律服务市场,由此,外国律师事务所获得先机,抢占了大量与境外资本相关的高端市场非诉讼法律业务。其次,外国律师事务所凭借先进的国际化优势和专业服务经验,能够轻松与中国律师事务所在争夺高端客户资源时进行对抗,包括全球知名企业以及中外国际化大型企业集团客户,从而逐步拿下中国法律服务市场中含金量较高的公司客户群。

比较美国和中国在律师行业发展的现状,就能发现很多不同之处。根据智合研究院2018年的相关研究数据可了解:

(一)宏观:美国法律服务市场创收及从业人数远高于中国

目前,整个美国法律市场的总创收规模在3000亿美元以上,占美国GDP的1.6%左右;而整个中国法律市场的总创收规模为1000亿元人民币左右,仅占中国GDP的0.12%左右。两个市场的总创收有20多倍的差距,总创收占各自国家GDP的比例有13倍的差距。

从法律服务业从业人数来看,整个美国法律市场的从业人数近140万人,占美国总人口的0.41%;而中国法律市场从业人数在40万人左右,占总人口的0.026%。两个市场的从业人数有3.5倍的差距,占各自国家总人口的比例有16倍的差距。

(二)微观:美国顶尖律师事务所人均创收远高于中国

中美顶尖律师事务所之间的创收存在较大差距:美国年创收排名前10的律师事务所均已经突破了20亿美元(近140亿元人民币),其中,凯易(Kirkland & Ellis)和瑞生(Latham & Watkins)两家律师事务所的年总创收已经突破了30亿美元(近200亿元人民币)大关。相比之下,中国仅10家左右律师事务所年创收突破10亿元人民币,5家律师事务所年创收迈入30亿元人民币大关。

在人均创收方面,美国10强律师事务所律师年人均创收都达到了140

万美元(近950万元人民币),其中,瑞生人均创收甚至突破了314万美元(超过2100万元人民币)。中国10强律师事务所律师年人均创收仅迈入200万元人民币大关,3家迈入300万元人民币大关,与美国顶尖律师事务所的差距明显。

(三)团队合作的业务发展和经营理念:走在前沿的美国

据智合研究院介绍,“客户是律师事务所的客户,而不是合伙人个人的客户”这一理念已经融入了美国顶尖律师事务所的血液。在薪酬分配方面,顶尖美国律师事务所的分配已经逐渐从单纯的提成制向考量“对律师事务所成功的整体贡献度”的绩效制倾斜。除了保障案源开拓的利益在收入分配中以外,很多律师事务所更多地将考核聚焦于客户满意度、工作成果质量,以及对团队对律师事务所的贡献度等更为侧重于展示法律服务业本质的因素。

通过上述比较可以看出,中美律师行业的差距仍然非常明显。但是,从长远的角度考量,随着中国经济突飞猛进,法律市场迅猛发展,以及国际间的交流与合作越来越频繁,中美法律服务市场之间的差距无疑会越来越小。

三、律师团队化发展的未来

一个人独行也许可以走得很快,一群人却可以走得更远,而一个优秀的团队则可以走得又快又远。随着法律服务领域的市场需求不断变化,律师行业内部不断变革,律师事务所的律师团队化运作已成为不可阻挡的发展趋势。

律师的团队合作基于一种为了达到既定目标而显现的自愿合作、与成员协同努力的精神。这种精神能够充分地调动团队律师和非律师成员的资源和才智,尽可能有效地去除不和谐、不公正的现象,同时给予那些诚心正意、大公无私的奉献者适当的回报。这从理论上也论证了团队发展的必要性与科学性。

律师事务所作为典型的“人合”企业,“人”是其最大财富,“合”是其核心价值。聚则兴,散则衰。团队化就是律师事务所专业化、品牌化和持续发展的基石。在相关理论研究和实务考察中,公司制度作为最重要的制度之一,自创立以来得到了显著发展,而且已经形成比较科学完善的体系。因此,对于很多律师事务所来说,团队化模式可以充分借鉴公司制的运作模式。目前，大型国际化律师事务所一般都采用公司化管理模式，在我国极具影响力的律师事务所中，也有部分律师事务所采用公司化运行模式，但为了应对法律服务市场的不同要求，采取公司法经营运行模式的律师事务所同时也会进行团队化的阶梯式管理。

比如，金诺律师事务所施行的是律师团队“含金量”管理机制，该团队模式设置了独具特色的“含金量”分配机制：在合伙人层面，金诺将合伙人分为20级，正常情况下每年升一级，年终将律师事务所的总收入减去总支出，得出律师事务所的可分配利润，再除以所有合伙人的总级别，由此算出各级别的“含金量”，最后乘以级别档位，就是各级合伙人的个人分红。律师层面也按照职级分成了不同的等级，律师助理、律师、主办律师、主管律师、授薪合伙人，每一级别均有相对应的统一薪酬标准。又如，新疆巨臣律师事务所有度律师团队的“球队”管理机制：李永霄律师是体育专业出身，因此他在团队管理方面奉行球队的管理文化，倡导竞争与合作双轨并进。此外，还有许多律师事务所、律师团队结合自己的成员优势、业务特点来细分市场，组成适合自己发展方向的团队，在各自的领域取得了很大成就。

随着经济发展模式越来越细化，律师事务所和律师的团队化发展也在不断细化。比如，证券IPO业务、法律顾问中心团队能够同时为全国的上百家企业提供法律服务，而破产、互联网金融、刑事辩护、婚姻家事等业务团队也能够集中精力承办全国各地的婚姻继承等诉讼及非诉讼案件。2019年网上曾热议一份政府采购法律新闻：“2019年2月13日，政府采购网发布《财政部条法司聘请法律顾问律师事务所项目公开招标公告》，公告中显示，财政部条法司聘请法律顾问律师事务所作为法律顾问的拟预算金额为540万元。”试想，政府部门聘请法律顾问旨在花重金选聘最优秀也最适合的律师事务所，那么这540万元的预算包括哪些法律服务内容？什么样的律师事务所最可能中标？招标的具体要求如下：由合伙人律师作为总负责人组成10名以上的律师服务团队，提供现场和非现场工作相结合的法律服务工作。现场办公的5名专业人员均需具有本科以上法律专业教育背景，其中3名需有《法律执业资格证书》，1名需具有英语工作能力，等等。仅从招标文件设置的硬性指标便可看出，单打独斗的独立律师或者临时拼凑的律师团队都无法符合投标资格要求。这足以说明律师事务所和律师的团队化协作时代已经到来。

与此同时,律师事务所和律师团队的收入水平与其团队化、专业化程度是完全匹配的。2018 年,最高人民法院公布了十大破产典型案件,其中重庆钢铁股份有限公司破产重整案件位列第三,据其重整计划显示,重庆钢铁向金杜律师事务所的管理人提供的报酬为 8680 万元,包括现金 5000 万元,股票 1000 万股(作价 3680 万元)。在美国,爆发于 2001 年的安然证券欺诈案是美国历史上最大的一宗破产案,在相关利益方对安然证券提起的集体诉讼中,最终由一家设立在圣地亚哥的律师事务所代表加利福尼亚大学校董会养老基金赢得了将近 72 亿美元的赔款。之后,这家律师事务所根据先前代理协议中的约定,以 9.52% 的收费比例从中获得了将近 6880 万美元(折合约 4.2 亿元人民币)的代理费,如此之大的数额同时打破了多项纪录,成为美国证券欺诈案件历史上的"诉讼费用之冠"。

在各类重大诉讼都可能产生巨额律师费的背景下,国内外律师的团队化发展已经成为一个无法逾越、不得不谈的重要话题,未来已来,律师事务所和律师都应该满怀信心地去迎接律师团队化的蓬勃未来!

(一)团队合作,实现共赢

2017 年 5 月,习近平主席在"一带一路"国际合作高峰论坛开幕式上发表的主旨演讲中指出:"大雁之所以能够穿越风雨、行稳致远,关键在于其结伴成行,相互借力。"这说明,大雁"团队"之所以能远行,主要在于其是一个为了实现某一目标而相互协作的高效率群体,各成员只有通过互相合作、互相借力,才能够相互促进,最终达到穿越风雨、行稳致远的目的。

团队运作是群体动力学的体现,这是美国著名心理学家库尔特·勒温(Kurt Lewin)在研究群体影响个人态度方面时提出的理论。群体动力学(group dynamics)也被称为"团体动力学",该理论试图通过对群体现象的动态分析发现其一般规律,其主要观点是个体的行为是由个性特征和场(指环境的影响)相互作用的结果。简单来说,群体动力学指的是在群体中,在有别人在场的情况下,一个人的思想行为会和他独自一人时有所不同,这是因为他无法避免地会受到其他人的影响。勒温把个人在群体中的活动主要分为两种,一种是主动型,另一种是被动型。主动型的人一般会积极参与群体的各项活动,参与群体规范的制定,能够主动自觉地遵守群体的各项规范和要求;被动型的人则一般会服从于权威,听从别人的安排,倾向于遵守群体的规范和要求。一个团队就如同一个人的五根手指,成员各不相同,有着各自的长处和短处。但在这种情况下，如果团队内部没有明确的分工，就极有可能无法发挥出团队组合的优势，甚至带来别的副作用。群体动力学理论通常认为，在一项工作中，如果有3～5个人参与，可以解决主要矛盾冲突；有5～7个人参与，能取得高质量的决策，并比较容易达成共识；有7～12个人参与，则能为群体作出高质量且复杂的决策。在群体动力学的理论指导下，律师事务所进行团队运作时，可以让每个人做其擅长并喜欢的工作，扬长避短，分工合作，根据自身的情况最大化发挥专业优势。

一家律师事务所通常由很多具有不同专业技能的律师团队组成，但有的律师事务所可能只有一个律师团队，也有的大型律师团队的规模甚至大于一个普通律师事务所，不一而足。此外，随着市场经济的发展，一些律师团队的人员组成更加广泛，成员可能分别来自几个不同的律师事务所，或是联合国内外的其他相关行业、其他专业人士共同组成。

无论是律师事务所还是律师之间的“团队运作”，指的都是团队内的各个体之间，或者团队与团队之间形成的一种比较稳定的伙伴关系，并通过这种伙伴关系充分激发个体的优势，再通过解决矛盾、协调平衡各种利益关系，不断完善团队的合作运行机制，最终实现各方共赢。

（二）专业化、团队化、一体化互相促进

众所周知，律师的专业化知识和优质服务是其成为客户心目中“成功律师”的关键，而团队运作则是专业化建设的重要实现方式之一。

团队运作是实现人员最优化配置的一种发展模式，可以充分发挥群体效应，做到人员互补、互相促进，起到1+1>2的效果；团队运作是实现专业化建设的必经之路，科学有效的团队化发展可以促进专业化建设进程，为专业化发展铺平道路；团队运作是专业化建设的初级阶段，高效协调的团队运作可以突出团队优势，创造团队专业化法律服务品牌特色，为律师事务所的长远发展奠定坚实的基础。换言之，一个团队就是一个小型集体，在树立团队的服务理念和服务领域的同时，采用本团队独特的营销推广方式，充分发挥团队优势，最终实现团队专业特色服务。团队不断专业化，也终将成就律师事务所的专业化。

专业化建设是团队运作的有效保障。法律业务不是一种简单的商业行为，更是更为复杂的“人的商业”。团队的发展需要以案源的积累为基础，没有案源，就没有生活保障，就难以实现团队运作的最优化发展。专业化建设正是为解决这一难题应运而生。专业化能够让律师团队在竞争激烈的法律服务市场中独树一帜，再借助互联网的“快车”，极易实现“弯道超车”，使全国各地的客户慕名而来。相较于传统的获取案源方式，这种方式高效直接、易于获取案源。形成专业性较强的团队对提升律师事务所的整体竞争力至关重要，团队的专业化最终凸显的是律师事务所的专业优势，团队配置不仅有利于竞争高端复杂业务，也为团队发展提供了契机与保障。专业化建设和团队运作在促进彼此发展的同时又不断自我完善，更加精细的专业化服务，更加稳固的团队运作，必将创造出我国律师事务所特有的发展模式。

游击队要变成正规军，其间的距离可谓是鸿沟。因此，律师团队化发展中的细节和规范一旦成功，带给客户的感受和体验将会有质的飞跃。就如交响乐团，不能缺少任何一种乐器，否则将无法奏出一曲美妙的旋律，律师事务所和律师只有团队化运作才能获得更为长足的发展。

一体化则是团队化建设的高级阶段，通过一体化进一步实现律师团队中人才、市场、产品、知识等各种要素的最佳匹配，从而获得最大效益。近年来，我国已有多家律师事务所完成了规模化的扩张，但是，由于缺乏有效管理与一体化建设，往往大而不强，无法与国际一流水平的律师事务所同台竞争。随着市场的发展，客户对律师服务专业水平的要求越来越高，同时，随着科学技术的突飞猛进和经济全球化，律师服务的方式和组织结构都将会出现变革。其中一种趋势就是形成注重管理的一体化律师事务所，进而满足市场与客户更高、更新的需求。

（三）科技驱动法律，为律师团队发展提供有力技术支撑

随着通信技术的发展，律师的日常工作已进入了互联网和大数据时代，随着5G时代的到来，人工智能时代也越来越近。每个人都手持智能手机，实时上网，掌握工作的第一动态，在这样的时代背景下，律师如何为当事人提供更加优质的法律服务，更好地保护当事人的合法利益呢？显然，只有借助如今的先进技术才能进一步提供更为优质高效的法律服务。如今，我国的法律文书可以在裁判文书网等网站上实时查询，工商基础档案也能通过国家企业信用信息公示系统等App实时查询，各种律师办案工作软件、律师事务所管理软件也纷纷登上法律服务的舞台。此外，法院也在构建信息化平台，利用区块链技术建设电子证据平台，应用于电子证据核验、网上立案、

网上调解、网上开庭等司法信息化场景。这些科技手段的出现使律师团队化建设有了有力的技术支撑。

荀子曰:“君子生非异也,善假于物也。”律师的时间和精力有限,当可视化、大数据以及人工智能等最前沿的技术纷纷融入法律服务的每个模块时,律师借助这些先进的高科技技术手段,不仅能更好地提高其所提供的法律服务的准确度,增强客户对法律服务的满意度,而且可以为当事人提供更高效、更优质的法律服务。

(四)国际交流、合作发展——律师团队化新的市场空间

近年来,在国际贸易中,专利、商标等知识产权贸易的增长速度已经超过了有形的国际贸易。无论是国家的“一带一路”倡议,还是日益增多的律师协会、律师事务所组织的国际交流与合作论坛,均为律师行业不断壮大的国际合作提供了机会和平台。其中,较为引人瞩目的有中华全国律师协会于2019年12月9~10日在中国广州举办的“世界律师大会”,大会设嘉宾主旨演讲和分论坛环节,包括中国在内的多个国家和地区的600名律师、司法部门高级官员、专家学者、企业界代表等出席了会议。

在实际业务的办理中,外国律师事务所的确更加精通国际业务,但在涉及中国的具体法律事务中,尤其在起草涉及中国法律的文件方面,却不如中国律师有优势。然而,外国律师在跨国投资融资活动、国际贸易、跨国公司收购等方面的优势也不容忽视,而且他们还拥有更加丰富的操作、合作经验,以及更大范围的机构支持。因此,想要拓展国际市场,中国律师事务所除了“走出去”,即直接赴境外投资设立分支机构(如金杜、君合的美国分所,中伦的英国分所,德和衡的俄罗斯分所)外,与外国律师事务所的合作也是一种理想方式,也有很多成功的范例。

中外律师事务所合作的典型方式有缔约联盟、合并联姻两种。

缔约联盟方式可以快速实现国内外律师事务所之间的合作,如君合加入Lex Mundi、中伦加入World Law Group、方达成为Ius Laboris组织的中国律师事务所成员。另外,可喜的是近些年也出现了由中国律师事务所发起的国际律师联盟,如2017年7月由国浩以及香港易周等律师事务所发起的20余个国家和地区的律师事务所参与建设的“一带一路”律师合作平台;又如,2019年4月,中国精品律所联盟(ECLA)更名为全球精品律所联盟(EGLA),20多家境外律师事务所参与其中,通过业务合作、协同服务的方

式共建国际法律服务合作平台。

合并联姻方式则为法律服务国际化提供了更好的一体化紧密平台,该方式一般为派生性组建新的联营实体,或者吸收性保留单一实体。前者如广东前海等地与我国港澳地区律师事务所的联营、上海自由贸易试验区与外国律师事务所的联营;后者如澳大利亚历史最悠久的万盛国际律师事务所与北京金杜律师事务所合并、全球十大律师事务所之一的德同国际律师事务所与北京大成律师事务所合并。

国际交流的多种合作方式的出现,说明中国处在经济全球化发展过程中较为活跃的区域,法律服务市场处于一个高增长的状态。但在国际化创新道路上,要想走得更远,律师服务的团队建设需要在各方面都做得更好,包括人才培养、产品设计、薪酬制度、品牌营销等。这要求律师事务所以新的视角、新的思维构建好国际市场与团队建设之间的关系。

本书在正文中将通过研究律师团队化发展道路,以理论和实践相结合的方式与读者探讨律师团队的组建与协作、法律服务产品的打造与营销,以及团队薪酬分配管理等核心问题。希望能与越来越多希望走律师团队化以及在律师团队化路上继续前行的法律人共勉。

深圳市律师协会团队建设研究课题组

目 录

第一章 律师团队的发展定位

第一节　律师团队概述

一、律师团队的概念

（一）团队概述

“团队”，从字面上可解释为有“口”，有“才”，有“耳”听，以“人”为本的队伍，与只讲不听，很“火”（冲动）的“团伙”有本质的区别。“团队”在现代主要作为管理学概念而被应用，简言之，即是为达成同一个目标而协作的一群人，具体定义为：由企业员工与管理者组成协作共同体，通过合理运用每个成员的知识和技能协同工作，解决问题，最终实现共同的目标。根据凯洛格管理学院雷伊·汤普森教授的定义，所谓团队，就是一群在情报、资源、技能上相互依赖，为实现共同目标而一起努力的人。

（二）律师团队的定义

律师团队本质上仍是团队，只不过其成员都是（或主要是）律师。结合目前的理论与实践来看，律师团队是指在团队带头人带领下，由两位以上执业律师和其他类型人才组成的相互依赖、合作分工、充分发挥各自技能及优势、形成互补，以实现业绩增长或专业品牌塑造为共同目标，并为实现该目标而努力协作的高效专业的法律服务团队。通常，律师团队以各有优势的律师为骨干，再配以律师助理及其他辅助人员，由统一的组织纪律和业务规范引导，以高效高质地提供专业法律服务为基本目标。

一个典型的律师团队应当由擅长不同专业的成员组成，擅长销售的负责市场开拓，擅长管理的负责团队运行，擅长研究的负责产品研发和业务深耕……从而改变一直以来一人既做专业又做市场的“万金油”式的律师业态。总之，“让专业的人做专业的事”，不仅适用于其他行业，律师行业内部亦如此。

(三)律师团队组建的必要性

1. 法律服务市场的需求

中国律师制度恢复重建至2020年，已走过40个春秋，历经了发展变革，不仅发展速度非常快，外部环境也日新月异。律师业务范围从传统的劳动人事争议、合同纠纷、婚姻诉讼等，已逐步扩展到了专业的房地产、投融资、项目建设、公司改制、并购重组等各个行业和领域。市场的多元化发展不仅拓宽了律师的业务范围，丰富了律师的眼界，同时也对律师的专业素养提出了越来越高的要求。另外，客户对律师的专业要求也越来越高，专业的法律业务要找专业的律师处理，逐渐成为客户的普遍意识。但是单个律师的知识水平、知识结构、外部的人脉关系及体力、精力、时间都具有很大的局限性，无法满足市场对律师服务的高水准要求，因此律师团队合作是市场发展的外在要求与必然结果。

2. 律师事务所发展的要求

现阶段，法律服务市场竞争日益白热化，客户需求使法律服务走向专业细分与专业团队发展。一个具有竞争力的律师事务所必然是一个拥有数个优秀专业律师团队的专业组织，这个组织需要众多高素质、有专业特长的律师人才合理搭配，以及完善的内部合作协调机制进行辅助。

据调查，在北京、上海、深圳等经济发达地区，排名在前的律师事务所的共同特点就是拥有合作科学高效、凝聚力强的律师团队。加拿大一位律师事务所的管理专家曾言，“当律师事务所学会以团队方式运作后，他们就会繁荣。团队有利于平衡客户、雇员和律师的各项需求。”因此，想要估测一个律师事务所的业务发展水平和发展前景，只需要考察其团队的合作情况。而对于律师事务所的合伙人而言，如果想要让本所稳固占据市场、建立地位并迅速发展，那么他不仅需要认真考虑团队合作问题，而且需要脚踏实地逐步付诸行动。一个没有专业分工与团队协作的律师事务所，显然无法平衡客户、雇员和律师的各项需求。

（四）律师团队的优势

1. 提高单位时间产能

通常，一位律师一个月内办 3 ~ 4 起案件，身体就可能达到超负荷状态。而且，诉讼案件的周期一般较长，短则耗时 3 ~ 6 个月，长则耗时 1 ~ 2 年。案件持续时间越长，要同时承办的累积案件就越多，大大限制了律师单位时间内的产能，即使律师愿意承接更多的案件也没有相应的时间与精力。相反，如果组建律师团队，扩充律师规模，在团队的分工合作下，就可以接洽更多的案件，提高单位时间的产出。

2. 分工合作，提高办案效率

一件案件的代理，从接洽沟通、接受委托、签署合同，到案件资料复印、整理、装订等，需要耗费一天甚至几天时间。随后的法院立案、出庭诉讼等更是需要大量耗费时间和体力的工作。客户购买律师的法律服务需要的是高效准确地解决问题。如果法律服务过程中的基础性事务工作交给助理完成，让律师把宝贵的时间花在接案、办案的核心环节，专心研究案情，不仅可以提高办案效率，而且可以保证办案质量。空余时间，律师可以参与相关社会活动、座谈交流，或进行专业学习，扩大自我发展空间。其中，公司制团队的团队带头人可以集中精力进行市场维护、战略研究、对外交流与团队管理，不必将大量时间耗费在案件的冗杂细节上，而无暇顾及机制的设置、团队的学习提升等有利于团队持续发展的方面。在分工更精细的公司制团队，上述工作甚至可以交给更加专业的人分担——市场开拓交由销售能力强的合伙人负责，团队的战略定位聘请专门的咨询机构负责，团队制度的建设则由深谙管理之道的职业经理人负责。或许在外界看来，这样一番合作景象对于律师来说是天方夜谭——律师团队里怎么会存在非法律专业的人员？但在欧美国家的很多拥有上百年历史的大型律师事务所中，这些都是必不可少的配置。具体到业务层面，擅长研究学习的律师可以负责跟踪立法趋势，定期组织学习交流培训，撰写团队学术报告，作为团队的智囊，使团队在相关业务理论上保持领先；擅长实务操作的律师可以作为团队的业务骨干负责制定办案策略、出庭、谈判等实务。

3. 实现资源共享

公司制团队中，每个合伙人都需要从创收中拿出高比例份额贡献给团队，以作为团队共同经营的资金。通过调整分配机制，可以实现资源的有效共享,令资历较老、资源丰富的合伙人将资源用于扶持业务能力强而缺乏资源的合伙人,以实现共同将"蛋糕"做大的目标。在资源共享的理念下,只要有充分的制度保障,团队成员比起各自为政,钩心斗角,都更愿意齐心协力将团队做大做强。同时,贡献给团队的大量资金也可以确保公司制团队集中力量办大事:置办先进的团队管理软件、办公设施,定期组织全团队成员的业务培训、团队建设,吸引顶尖的法科毕业生等。

4. 形成良好的工作氛围

在制度保障下进行团队分工协作和资源共享,每个成员都能被安排在最合适的位置,发挥其最突出的优势。在人性化管理的公司制团队中,每个人都会因为自己的特长获得最大化发挥而产生成就感、归属感,从而更加乐于为团队奋斗。

5. 获得高额法律服务对价

律师提供给客户的产品就是法律服务。在竞争激烈的法律服务市场上,如何将自身的法律服务产品以较理想的价格营销出去,除了自身的营销能力外,能否以团队形式在客户面前展现专业面貌也非常重要。当然,这并不是说以团队去谈案就可以把律师费谈高,但以团队去谈案,一定比个人有更足的底气和信心获得更高收费。从心理学角度,客户都渴望被重视,相比于一位律师提供法律服务,收费 3 万元;另一个律师团队七八位律师同时服务,收费 10 万元;客户折算发现后者聘请律师的均价仅为 1 万多元,从心理上会感觉性价比更高,往往也能接受。

6. 赢得重要法律项目竞标

越来越多的政府或企业在采购法律服务的招投标过程中,对拟参与投标的律师事务所规模或团队资质提出了明确的要求,或要求律师事务所拥有执业律师 20 人以上,或要求律师团队有 3 位以上执业满 5 年的律师,等等。从目前的法律服务招投标市场看,基本不允许单个律师或小规模律师事务所参与竞标。当然,也有部分律师采取组建临时性团队的方式参与竞标,项目完成之时,所谓的团队就解散。这样的合作方式依然对团队的组建有着利益分成、分工合作等各方面的要求,而且临时性团队往往不太容易达成一致意见。此外,通常情况下,这次合作方是甲律师,下次合作方就变成乙律师,不容易形成长久稳定的合作关系。

不仅是招投标,律师团队作为企业常年法律顾问,或进行重大专项法律服务时，比个人律师也更有优势，还更容易在企业日常经营管理中挖掘出新的业务。比如，律师团队常年为企业提供法律顾问服务，遇到企业有新三板挂牌或 IPO 需求，而团队又恰好具备这方面的专业律师，那么在已形成良好信任关系的情况下，企业极可能顺理成章就此类专项法律服务与该律师团队形成新的委托。

7. 实现律师专业化

律师专业化建设与团队化运作有着密切的共生关系。律师单独执业时，首先要满足基本的生存需求，然后才谈得上发展。因此，个人律师对案件基本没有选择的余地，只要价格合适，都会接受委托。而律师进行团队化运作，就可以充分发挥群体的智慧，在基本生存需求得到满足的情况下，更多考虑如何长远发展，如何塑造与众不同的品牌形象，使团队在法律服务市场中独树一帜，以团队化促进专业化实现，以专业化保障团队化运作。

公司制团队实现了分工协作、各取所长、资源共享、紧密团结、纪律严明。这样的团队不仅能够形成内部高效协作，外部行动一致的工作模式，还可以最大化成员的战斗力，以最饱满的状态应对疑难复杂案件，提供专业高效的法律服务。

二、律师团队的类型

律师团队分有不同类型。从某种意义上讲，律师事务所也是一个大的律师团队，但从大多数律师关注的角度出发，律师团队的分类重点应放在律师事务所内部。故笔者在本书中不会将律师事务所本身作为律师团队进行进行研究和讨论。

（一）按团队发展阶段分类

我国律师团队发展起步较晚，从发展阶段的角度看，存在自发合作、制度合作和专业合作 3 种团队类型。

1. 自发合作的律师团队

这种团队的组合源于“案找人”，系律师团队的初级发展阶段，通常由主力律师（一般是案源较多的合伙人）加上一至多名协办律师或律师助理组成。此类律师团队的组建目的是解决主力律师时间精力不足和协办律师案源不足、收入过低的问题。该类型团队的优点是组建简单、快速，缺点是主、协律师之间的分配制度粗略、缺乏科学性。例如，以案源为分配基点，主力律师仅因案源即可分配到50%或以上收入，而协办律师承担了80%～90%的程序性工作，可分配到的收入却低于或等于50%，久而久之，极易造成团队律师之间利益分配矛盾。同时，长期利益失衡的负面情绪易导致办案效果1+1<2，也会有诸如小团体内外部离心、主力律师对团队合作产生疑惧和异议的问题。如不及时变革，则会导致律师团队分崩离析。因此，这种类型适合律师团队发展的早期阶段，但应尽力缩短其存在时长。

2. 制度合作的律师团队

此类律师团队是真正意义上的律师团队，对团队管理与协调、专业分工与培训、科学分案与质量控制、收入分配与奖励等制度的构建，保障了该类型团队的运行稳定与持续发展。根据团队合作的不同动因，又可以将该类型律师团队分为“因案找人”与“因人找案”两个不同发展阶段。

“因案找人”是团队形成的初级阶段。简言之，某时期出现了某类型大业务，但这一类型业务的性质决定了律师个人在其中的作用较小，且律师个人无法单独完成，需要多人紧密合作，需要更多的律师参与进来。团队的成员也不是随意组合的，而是有机互补，充分发挥团队的集体效能，即可产生N人组合大于N的效果。这种情况下，形成团队是唯一的选择，与之配套的各项团队合作的必备制度，包括分案与质量控制、收入分配与奖励、管理与协调等制度也应运而生，并不断完善。这些制度不仅可以合理调配每位团队成员的知识技能进行协同工作、解决问题，同时能够保证案件业务的高效、高品质。

“因人找案”是“因案找人”团队在合作基础上进一步拓展了合作的优越性，同时在合作基础上实现业务技能的不断提高和程序化，以现有团队为基础，以团队的竞争力为手段开始进入开拓同类型业务的高级阶段。此类型团队在开拓和完成业务过程中需要不断优化制度和人员。如果说“因案找人”是一种客观的朴素需求，“因人找案”则是遵循主观追求的主动出击。

制度合作的律师团队无论在哪个发展阶段，都需要具备业务、制度和人员3个核心要素，其中制度是基础。制度建设不仅是极富挑战性的任务，也是团队稳定发展、团队成员凝聚向心力的关键。

3. 专业合作的律师团队

此类型律师团队中，每位律师的专业技能、知识、经验技巧、公共关系等都已成为团队的共享资源，彼此都因对方的存在而在收益上获得显著良性扩增，同时，个人利益的增长也使得团队集体效益成倍增长。个人之间、个人与团队之间是相互促进、彼此增益的关系。合作共赢深入人心，成为每名团队成员的首要行为准则。个人行为方式与团队合作方式高度统一，团队业务成为所在律师事务所的主导业务，并具有一定品牌效益，而维护品牌的声誉也是团队成员最重要的任务。

（二）按团队规模分类

按规模大小可将律师团队分为小型、中型、大型和特大型团队。律师团队的规模受制于业务量的大小。

1. 小型团队（2 ~5 人）

一个小型团队通常由律师与律师助理组成，该类型在业界最为普遍，是典型的“个体户”，而大部分平台型的律师事务所都是由众多“个体户”组成的。在独立律师掌握了一定程度的案源，无法独自应对烦琐的各项事务后，便会雇佣助理协助处理辅助性的工作，如起草法律文书、立案、与法院或当事人联系、处理团队行政事务、处理律师的私人事务等。小型团队的业务水平受制于独立律师的水平，大部分小型团队主要处理低端业务，满足市场上相对简单的法律需求。因为人数少、结构简单，小型团队通常没有明确的工作纪律与业务规范，管理上依靠“人治”，具有很强的随意性。小型团队结构松散，人员流动性强，“铁打的老板，流水的兵”是对其最为贴切的形容。也正因为上述特点，小型团队并非本节意图阐述的真正意义上的律师团队。但不可否认的是：小型团队作为律师群体的主要组成部分，解决了市场上大部分法律服务需求。

2. 中型团队（5 ~10 人）

当一个小型团队的业务逐渐饱和乃至超载，就会逐渐发展成为中型团队。此时，团队带头人已经难以兼顾市场开拓和案件处理，而律师助理尚不能独当一面，就需要引入团队律师来处理业务。在中型团队中，团队带头人——团队律师——律师助理的层级初具雏形，并有了简单的分工：团队带头人作为灵魂人物，负责市场开拓、维护客户关系、确定重大复杂案件策略；团队律师作为业务骨干，负责处理案件、指导律师助理；律师助理则负责协助团队带头人、团队律师处理案件，并兼顾其他杂务。相比小型团队，中型团队在业务的质和量上都会有所提升。得益于人数增多，中型团队能够处理较为复杂的案件或者有一定规模的项目。同时，为了保证团队的有序运行,中型团队会形成一套简单的业务流程和内部管理制度,单纯的“人治”状态有所削弱。面对较高的用人成本,中型团队带头人也需要学习如何管理团队,平衡不同成员的需求,以稳定团队,保持团队战斗力。

制约小型团队发展为中型团队的因素通常有两点:第一,团队需要足够的案源收入以支撑团队扩张带来的高昂用人成本;第二,理念相近或一致的团队律师可遇而不可求。不少律师都曾感叹:寻求一个合适的合作伙伴难过寻求爱情。另外,引入团队律师意味着团队带头人利益的让渡,这就要求团队带头人要具有分享和牺牲精神。

3. 大型团队(10~15 人)

当业务的质与量进一步提升,团队带头人不断吸纳拥有不同专长的律师进入团队,就会逐渐形成大型团队。团队带头人的工作重心会进一步向外部市场与内部管理倾斜,而骨干律师除处理业务之外,也可能参与一部分的管理工作。因为分工逐渐变得明确,下层的律师助理将更多地负责业务协助,而团队的日常事务会交由专门的行政秘书负责。一个大型团队已经相当于一个小型企业,若管理不当,极易变成乌合之众,因此大型团队的高效运作需要一套科学合理的协作体系。另外,大型团队的规模优势具有天然的宣传效果,也更容易拿下各种大型项目。

4. 特大型团队(30 人左右)

特大型团队是大型团队进一步发展,自本地扩张至全国主要城市的状态。特大型团队面向全国主要城市的客户,为主要客户在各地的分支机构提供服务,同时还能够整合不同资源,提升专业处理能力,实现团队的异地合作,加强交流学习。

值得注意的是:中型以上团队也可能采取松散的结合方式,比如以若干个小团队抱团取暖的形式形成大团队,意在互通有无、扩大宣传效果。

(三)按组织形式分类

按组织形式可以将律师团队分为松散合作型与紧密型两种团队类型。

1. 松散合作型团队

由若干律师以友谊式合作的方式组成,团队内部彼此独立,没有系统的业务规范和管理制度,仅按约定的比例分配利益。该类型团队或是因某个具体项目而临时组建,或是单纯因共享资源而组建。在崇尚自由的律师行业里,松散合作型团队是最受欢迎也最普遍的一种组织形式,大部分的律师事务所就是以这一形式而存在。在律师们眼里，松散合作型团队与生俱来的优点就是“公平”，因为它提倡按劳分配、多劳多得、自负盈亏，符合人们心中对公平的理解。同时，由于它也与大多数律师团队和律师事务所的发展路径相契合，故在我国法律服务市场上拥有强大的生命力。

2. 紧密型团队

即公司制团队，这类团队将团队权益、合伙人利益紧密捆绑在一起。公司制团队拥有一套完整的制度，包括合伙人协议、利益分配机制、人才准入机制、薪酬机制、财务制度、考核机制、培训机制、产品研发机制等，名副其实地将团队按照公司的标准管理。我国顶尖的律师团队与律师事务所大都采用公司制。

三、律师团队与律师事务所

根据我国《律师法》规定，律师不能以个人或个体名义单独从事律师业务，需要依附律师事务所进行执业。律师事务所需由符合条件的执业律师出资设立，并受司法行政机关和律师协会的监督和管理。符合条件的执业律师是指合伙律师事务所的合伙人律师或者个人律师事务所的设立人，合伙律师事务所的合伙人律师需具有3年以上执业经历，且3年内未受过停止执业处罚，个人律师事务所的设立人需具有5年以上执业经历，且3年内未受过停止执业处罚。律师事务所除了设立人与合伙人外，还有提成律师、授薪律师、实习律师、律师助理等法律专业人员以及行政人员、财务人员等辅助人员。传统的律师事务所仅是律师的集合体。在传统律所，律师之间相对独立，各做各案，除个别复杂法律业务外，业务上少有交集。有人形象地比喻律师与律师事务所的关系是“麻袋装土豆”的关系，律师事务所仅是一个平台。但即使律师之间的关系松散，也会有自发组成的律师团队，律师团队的产生对律师事务所的发展壮大具有重大意义。

（一）律师团队对律师事务所的作用

1. 冲破律师事务所专业化发展制约，实现混合背景层次的分工协同

专业化在传统律所中是因个别律师的个人经历偶然产生的，而且还需要一定的时间，这是一个逐步积累的过程，很难刻意在短期内形成。青年律师执业初期较为艰难，生存压力迫使其难以花时间沉淀自我、积累经验进行专业化发展。由于青年律师在律师行业占比较大，因而可以得出结论：生存

压力是中国律师事务所专业化发展的最大障碍。除此之外，造成这一困境的原因主要有以下 4 点：

（1）组织管理。律师以个人为单位入伙律师事务所，导致大多数律师为了个人生存发展，只考虑个人利益得失，不关注律师事务所整体发展。律师们单打独斗、貌合神离，无法形成律师事务所的核心价值观，不能保障刚性业务类型分类、业务类型转介等专业化制度的实行。

（2）分配制度。提成制是合作制律师事务所时代采用的分配制度，至成书时仍是我国律师行业的主要分配制度，即律师个人收入为扣除税收和管理费后的业务收入。为追求利益最大化，律师更愿将时间精力专注于收费高的业务领域，持续的专业化进程因眼前利益而被搁置。当然，也有少数公司制律师事务所积极推进专业化，但由于其实施固定薪酬加绩效奖金的分配制度，职级确定和绩效考核要求较高，故律师往往转投业务提成比例高的律师事务所，造成专业化发展仍屈从于短期效益的尴尬境地。

（3）人力资源。专业化律师需要比“万金油”律师在理论和实践上付出更多的努力。律师事务所层面只能做到对全所的业务部门进行初步专业划分，但难以解决如何合理投入资源、产出后如何划分利益的问题，所内各专业部门也很难得到诸如专业培训、业务转介、案源拓展等支持。因此，很多立志专业化发展的律师无法熬过专业细分市场的漫长成长期。

（4）案源拓展。“案源是律师乃至律师事务所之间竞争制胜的唯一法宝”，这句话一直被业界奉为金科玉律。目前，我国大部分律师事务所尚未形成品牌化建设的意识，也没有相应的能力。案源拓展部门不具有充足战斗力，仅简单负责来访接洽、网站维护、律师事务所宣传等被动性工作，依然需要凭借律师的个人影响和实力进行案源拓展。案源不稳定、专业案源分散，严重阻碍了专业化的形成与发展，执业初期的青年律师也因此囿于专业研究与案源拓展的两难境地。而律师团队则具有人员结构合理、案源互通、专业互补、成本分摊等优势，可以很好地解决上述问题，较执业律师个体而言，更容易实现专业化。

2. 促进律师事务所组织架构优化，实现战略发展目的

律师事务所内部构建专业化团队，给予律师团队宽松的发展氛围与必要扶持，有利于律师事务所发展专业化、规模化、品牌化的长期战略，而且能够有效克服当下律师事务所专业化发展的障碍。具体来说，团队运营有以

下4点优势：

(1)律师团队人数较律师事务所更少，拥有共同的业务发展方向和相近的职业规划理想，易形成一致的核心价值观，具有长期稳定性、管理协调性的特点，能够克服律师事务所层面上的各自为政、难成合力的缺点。

(2)律师团队会聚了核心价值观一致的成员，在追求一番事业与分配眼前利益上拥有更高的包容度。因此，团队具备律师事务所难以实现的分配制度改革环境，能依据团队成熟度，深思远虑地建立、收放自如地调整分配制度，达到各尽其职、各取所需的理想状态。

(3)律师团队具有更为合理的人员配置，能做到分工协调、沟通高效、权责明晰、群策群力。团队能尝试并完成律师事务所难以执行的相关工作，同时还不必受制于律师事务所的管理局限性，在一定程度上降低了管理成本。

(4)律师团队会聚了核心价值观一致的成员，能更有计划性、目的性、针对性地开展市场拓展工作，相对个人发展而言，在专业领域内更易得到稳定案源支持。降低团队成员生存压力的同时，还能在较短时间内提高成员在专业领域的业务能力。

(二)律师事务所对律师团队发展的作用

1. 推动律师团队组建，提供团队构建基本平台

无论是律师个体还是律师团队，都不可能脱离律师事务所发展，律师团队尤其需要依托律师事务所这一基本平台。律师事务所是律师执业的法定机构，在新时代背景下，正逐步向"规范化、专业化、精细化、品牌化、规模化"方向发展，以期达到思想统一、目标统一、规则统一、行动统一。"五化""四统一"要求律师事务所要有准确的战略定位、合理的团队配置、有效的运营管理、科学的业务规划，律师团队因此应运而生。负责实现律师事务所规范化、品牌化、规模化的是管理合伙人团队，让律师事务所各合伙人通过委托管理的形式实现行使投资人重大事项参与决策的权利；负责实现专业化、精细化的是以各合伙人为带头人的专业律师团队(以下简称合伙人律师团队)，律师事务所对合伙人律师团队的专业设置与业务创收一般都有一定要求，由级数区分合伙人。管理合伙人团队与合伙人律师团队的良好配合犹如一辆汽车中的发动机，是律师事务所发展的核心动力来源，另外律师事务所的发展也离不开行政团队、营销团队等公共支持系统的运作。

2. 提供律师团队合作平台，实现效益最大化与资源共享

保障律师团队生命力活跃的基本要素之一是业务，除自身业务拓展外，律师团队还迫切需要合作共赢。近年来，律师事务所普遍推行律师业务实行“一主两辅”或“一主三辅”的专业要求，客观上造成了专业律师非专业案源富余的情况，使律师为实现更多的利益而寻求合作。规模化、机制健全科学的律师事务所本身具有律师人数多、团队数量多、专业分工明确等方面的天然优势，律师在律师事务所内部即可找到合作伙伴。所内合作相较所外合作的优势在于：合作伙伴拥有共同的律师事务所机制和沟通结算方式，可以便捷地实现案件效益最大化。规模化、机制健全科学的律师事务所有利于所内律师团队实现案源分享、案件合作、让渡利益、形成梯队、互惠共存。

第二节　律师团队发展定位及其意义

一、律师团队发展定位概述

何为定位？被定位的可以是一件产品、一项服务、一家公司、一个组织，甚至可以是一个人。定位是围绕潜在客户的心智进行的，也就是让自己在潜在客户的心智中与众不同的过程。美国营销战略家杰克·特劳特曾说：“《韦氏词典》对战略的定义是针对敌人（竞争对手）确立最具优势的位置，这正好是定位要做的工作。”即指根据客户的心智特点，在客户心中找准可以战胜竞争对手的优势位置，使自己赢得优先选择继而胜出。定位的关键是掌握客户心智，即客户需求。随后，需要围绕客户的需求，确立竞争环境，分析市场地位，认清市场机会，再决定采用何种策略。定位不是创造新事物，而是对客户心智中已存在的认知进行重组、重塑，使之与众不同，从而对客户产生影响。

所谓律师团队发展的定位，就是律师团队要做什么的方向，这主要取决于律师团队领导者的意志，故领导者的决定极为关键。定位是选择方向，只要方向对了，路就不会远，但方向错了，再多努力都会白费。很多律师并不愿意花时间在个人发展定位上，这样就会导致律师自身发展方向有所偏差。不努力不可怕，可怕的是沿着错误的方向努力。

二、律师团队发展定位的意义

就律师团队发展而言，定位的意义在于寻求团队自身特点及其与市场环境的动态结合点。通过律师团队对业务的准确定位，可以持续保持竞争优势，维持长期高效的业务增长。

（一）律师团队发展定位的实质内涵

律师团队发展定位的本质是选择与取舍。在团队的领导者看来，定位是对业务发展的主动选择，在团队成员看来，定位往往意味着利益分配，即团队领导者根据团队未来发展，把资源投到最有前景的业务方向。律师团队发展定位的关键是选择做什么。做什么不应仅以过去业务为参考，也不能仅以团队成员内部意见为参考，而应该面向市场进行考虑。法律服务市场并不是一成不变的僵化市场，在移动互联网等科技飞速发展的冲击下，市场内早已暗流涌动，此时，律师团队最该做的是把有限的资源投入到一个快速增长的法律服务领域中去，而不是均分资源。投入同样的时间开发法律服务产品，有些团队就能获得丰硕的成果，然后顺利将其转换成新业务，获得良好的收益；而有些团队的效果就很不理想，无法转化成收益。这是因为有些业务拥有累累硕果，有些业务只有所剩无几的果实。所谓定位，就是在利润分布图上寻找合适的位置。收获从来都不仅仅由付出决定，做什么比怎么做、做得努力不努力更重要。

律师团队的领导者最重要的任务不是团队的日常管理，而是确定并不断修正团队的定位。要保持正确的定位，就要时刻思考团队是否需要调整发展方向。如果在新趋势新业务模式的萌芽阶段，传统律师行业无法感受到任何影响；新趋势逐渐清晰化，传统律师行业仍故步自封，对新业务新办理模式不屑一顾；等到新业务新办理模式被证明是更好的方式时，传统律师团队就会面临巨大压力，此时旧模式被淘汰，想转型又太晚，不得不继续死守传统业务。因此，定位不仅仅是要行动，而且应该是彻底地行动，其精髓是集中力量办大事，找准定位，集中有限的力量，努力进行重点突破，以实现目标。

（二）律师团队发展定位的价值追求

1. 明确团队目标，树立一致价值观

只有明确律师团队的目标，才能找到共同业务发展方向和相近职业理想规划，才能形成一致的核心价值观，才能有利于团队发展的长期稳定性与

管理协调性，才能克服律师事务所层面各自为政、难成合力的障碍，以有计划、有目的、有针对性的姿态开展市场拓展工作。在价值观相同的团队里，合众为一、协同作战，在案源开拓、业务协作办理方面都能有较好斩获，团队成员在专业领域也可以获得更稳定的案源支持。这样，既降低了律师个体的生存压力，也能在较短时间内提高个人业务能力。

2. 成为分配制度科学改革的先行者

"要让马儿跑，先给马吃草。"即使是价值观相同的团队成员，也会有不同的利益诉求。每个人都需要通过薪酬分配体现自身价值并满足生活需求，如何制定科学合理的薪酬分配制度并激发各个团队成员的积极性和创造力，将直接影响团队的士气和效能。合理的薪酬分配制度，不仅体现每个成员的价值，而且也能有效凝聚团队向心力。团队领导者需要依据团队特点与发展阶段深谋远虑，科学建立或调整分配制度，以达到团队成员各尽其职、各取所需的理想状态。

3. 建立诚信合作、实现双赢的合作理念

价值观相同的律师团队，还应在协作执行方面具有诚信合作、实现双赢的合作理念。"我为人人、人人为我"的意识是每个团队成员都必须具有的，团队发展与个人发展有机统一、互为支撑、共同进步。团队需要优化人员配置，分工协调、沟通高效、权责明晰、群策群力，以建立诚信合作、实现双赢的合作理念。

三、影响律师团队发展定位的要素

（一）规划维度

1. 确立团队发展战略

一个律师团队要想在专业水平、业务收入上得到发展，首先应当确立一个好的战略定位，选择团队类型；其次应当确立战略目标，这是团队理念、精神形成的前提，没有目标的团队只是一群"异梦者的梦游"，没有方向的乱闯。

2. 培育形成理念共识

建立团队理念共识并获得团队全体成员的认可，形成团队共识的核心价值。形成理念共识的过程很重要，但更重要的是团队带头人、团队全体成员都要认可并自愿接受该理念的管理。由于每个律师团队的发展历程不一，自身的理念和价值观也不尽相同，所以团队应该重点挖掘并树立本团队异于其他团队的核心价值观与核心理念。

3. 建立健全行为共识

固化团队的观念形态文化、制度行为文化是其核心理念在实践中“落地生根”的强力保证。通过加强制度行为文化建设，促进律师团队文化与经营管理融合，实现文化、理念与管理制度之间的有效对接，促进律师事务所团队化蓬勃发展。

4. 制定科学系统的制度体系

良好的制度能为观念文化提供支撑，为团队提供科学的规则，能督促团队严格执行制度，坚持脚踏实地、履职尽责，强化执行力建设。

（二）专业维度

1. 团队的建立

要进行律师事务所业务团队化，首先应对律师事务所进行分类，根据每个团队业务专业化程度的不同，量身制订团队化计划。律师事务所团队化能够帮助每项法律服务在微观层面和业务实操层面快速落地。传统业务部门可以在不改动原专业方向的前提下，升级为原专业方向团队，同时也最大程度保证了团队的业务专业水平。若律师事务所内部没有具体部门划分，也可通过收集曾经律师事务所提供的法律服务的反馈、分析客户来源的市场领域、了解团队内各律师业务专长等因素来确定团队的专业方向。

2. 带头人的确定

律师事务所团队化的核心配置，应由原来的主任管理全体律师的模式转化为合伙人各管理一个团队的模式。具体而言，可以将全体律师划分为数个团队，并根据合伙人规模为每个团队分配 1 ~ 3 位合伙人作为管理者，由其中一位资深合伙人作为带头人，带领团队其他合伙人对律师事务所负责，实行由合伙人主导的律师团队化管理。若出现没有合伙人，或合伙人不愿管理团队的情况，可选择业务骨干作为团队带头人，主要以是否具备专业能力、公心与决心为带头人选择标准。专业能力与专业水平决定了带头人是否有能力把旗帜举起来，而公心和决心则会影响旗帜能举多久。带头人的专业能力如果不能使团队成员信服，将会影响其在团队内的威信和决策力；同时，带头人具有公心，团队才能凝聚起来；具有决心，才能带领团队向前冲刺并取得成绩。

团队带头人要具备高水平的法律专业能力，熟悉律师行业管理，有较强的组织、协调、管理、拓展能力,同时还能兼顾团队间的社交活动。主要需负责:组织合伙人会议、律师团队会议,贯彻落实合伙人会议指派的工作;处理团队的行政人力资源、财务管理工作;统筹安排团队的业务建设工作。

3. 成员的选择

律师事务所团队化需要慎重考虑承办人员的配置,团队在选择成员时,应综合考虑个人性格、兴趣爱好、阅历经验、专业背景、可能拥有的机会类型等因素。同时,也鼓励律师根据本人专业特长申请加入相关的律师团队。秉持双向选择的基本原则,即可组建专业的法律团队。每位律师都应归属于一个团队,但也不是每位律师都能适应团队,对于不认同团队、缺乏团队意识的律师,在不得已的情况下也只能放弃。

团队一般由主办律师、协办律师、助理及秘书等人员组成,团队内成员各司其职,保证团队系统运行。主办律师及协办律师负责担任案件的辩护人或代理人参加诉讼业务、办理非诉讼法律事务、为单位提供法律顾问服务、研究业务疑难问题、为律师助理提供业务指导等工作。助理负责协助律师取证、抄写文书、摘录案件材料、起草并整理相关文书材料、处理有关来信来访等辅助性工作。

4. 业务操作流程的规范

建立以受理、办理、结案三大环节为重点的业务操作流程规范,将收案、委托(合同)、收费和分案统一化,同时进行执业公示。在案件的分配管理上,区别于传统律师事务所,律师团队实行案源与业务分别管理的办法,即不论案源由哪位律师开拓,都一律交由律师事务所相应的专业部门进行管理。将案源与业务分开管理的同时,案源律师与承办律师的收入也能有所区分,案源收入由案源律师获得,承办收入由承办律师获得。在案件分配和收入分配模式已经明确的基础上,还需注意:分配案件应考虑案件的专业要求与难易程度,选择合适的主办律师、协办律师和助理。如果案源律师和委托人事先指定了具体的承办律师,则以尊重他们的要求为先。最后还需明确收入分配的比例与方式,在案源律师与承办律师之间进行合理分配。

(三)管理维度

1. 组建小组

团队带头人可以分别从以下 3 个维度组建小组,以保证民主、集中、高效及有序的团队管理:首先从民主与集中的决策维度建立决策小组;其次从高效与有序的管理维度建立管理小组;最后从民主监督维度建立监督小组。

2. 选择小组成员

决策小组由合伙人组成,负责组织合伙人会议,对团队战略、改革、发展等重大事项进行决策。管理小组由骨干律师组成,负责团队的行政、人力资源与财务管理工作。监督小组也可以由骨干律师组成,负责对决策、管理小组进行监督,具体包括:监督决策程序、执行机构工作是否尽责;对非规范行为进行问责;考核、评价工作效绩。应注意的是:同一名律师不能同时作为管理小组和监督小组的成员。

(四)文化维度

1. 制定切合实际的团队文化

制定律师团队文化时,应考虑到律师的职业特点,同时结合团队成员的性格特点,这样才能制定出人性化的团队文化。在人性化管理的基础上创建精准、清晰、系统的团队文化,只有这样才能推动律师团队的持续发展与进步,使团队能最大限度地满足社会和客户的需要。只有形成让团队成员普遍认可并自觉践行的团队文化,并全面渗透到团队运行的整个过程,才能充分发挥其作用。

2. 打造并宣传律师团队品牌文化

首先,为团队选择能够突出团队特点的名称,设计团队的 LOGO 等 VI 标识,并规范标识的管理和使用。其次,通过团队办公环境、管理作风,团队成员精神面貌、着装等形象管理和办案风格反映团队精神和核心价值观,进而使客户形成感性认识,加强客户对团队信任。

想要扩大团队的影响力、提高团队的知名度,不能仅在律师界内部打造宣传效果,对社会各界均需利用各种传媒加强宣传。律师团队可在以本团队文化体系基础上,积极采用多种方式对外输出文化,如参与公益活动、开展法律援助、使用新兴媒体等。

(五)营销维度

1. 拓展客户

想要赢得有价值的目标客户,首先需要通过对外开展业务营销,其次需要通过高质量的法律服务维护客我关系,进一步拓展新客户。

2. 明确分工

由团队带头人负责组织策划、实施和评价营销业务,制定相应的规章制度，开展营销技能业务培训与指导，研发法律服务产品等工作。团队成员在带头人的指导下，开展接洽客户、建立客户信息档案、提供专业法律服务、获取客户评价反馈、协调对外关系、管理公共关系等工作。

3. 建立营销制度

建立网络、知识、业务、感情等渠道的营销制度，重点通过建立专业网站，组建网络法律团体，进行网络法律咨询的方式，与媒体合作开办律师在线、律师专访、法律援助等窗口，提升律师事务所及律师团队的专业影响。另外，还可以通过对客户和市场进行调查，深刻理解当事人需求并为其量身定做解决方案，进一步提升团队声誉；通过建立信息库，利用节假日、服务周年纪念日等时间联络客户，保持客我之间感情；通过专业论坛、春节年会等社交活动，进一步挖掘客户需求。

第三节　如何做好律师团队的发展定位

一、律师团队发展定位的时代背景

律师团队发展定位应围绕当今我国时代背景展开。党的十九大和十九届二中、三中全会围绕新时代党和国家事业发展新要求，对全面深化改革、全面依法治国提出了新任务，对深化党和国家机构改革、深化司法体制改革作出了新部署。党中央从全面依法治国的战略全局出发，决定将原司法部和原国务院法制办公室的职责进行整合，重新组建司法部，将中央全面依法治国委员会办公室设在司法部，赋予司法部更大的政治责任和全新的历史使命。为认真贯彻落实党的十九大和十九届二中、三中全会精神，主动适应新时代新任务新要求，司法部研究制定了《全面深化司法行政改革纲要(2018－2022)》(以下简称《改革纲要》)。

2019年1月29日，司法部印发了《改革纲要》。根据《改革纲要》目标，2022年，全国律师总数达到62万人，每万人拥有律师数达4.2名，同时设立国家律师学院，作为司法行政系统干部和律师等法律服务人员教育培训工作的主渠道，为大力加强队伍建设发挥基础保障作用。

在2019年至2022年的4年里，全国律师人数将增加22万人，即自2019

年起平均每年增加约7.33万人。党和国家在迅速推进社会主义经济事业建设的同时，不断加大法制建设步伐，加强律师行业资源投入力度，这意味着，随着社会对律师服务要求与日俱增，未来律师行业人数不断提升，业界竞争将更加白热化，专业分工将更加细致化，行业变革势在必行。律师团队化运作、专业化分工是迎接挑战不可阻挡的趋势。只有结合当今时代背景，做好团队发展定位，才能顺应经济趋势，自信应对竞争，取得长远发展。

二、常见律师团队不同发展阶段定位变化

律师团队在不同的发展阶段，有不同的定位。不论是战略性还是战术性定位，均应根据当前阶段的际遇、专业背景、城市环境、法治环境、个人考量等各种因素进行动态调整。律师团队依发展历程、所处阶段不同，可按层次分为初始、进阶、高阶团队。不同类型的律师团队在不同阶段会呈现不同的特点，定位准确的团队才能快速向高层次进行迭代，若定位不恰当，则可能会止步不前甚至萎缩倒退。下文笔者以广东省律师市场为例，以具体律师团队案例介绍不同背景下的常见团队类型及其不同发展阶段的定位转变。

（一）传统型自给自足律师团队

本章第一节详细探讨过律师团队的定义与类型，在独立执业后，业界的优秀律师会逐渐崭露头角、脱颖而出，进入团队组建阶段。在团队组建的初始阶段，除了一些有丰富阅历与战略眼光的优秀律师外，大多数执业者是从聘请几位助理帮助消化自身难以完成的烦琐业务开始的。

团队的初始阶段往往并没有完善的规范制度，意识组建、团队文化、品牌创建、制度建设、分配机制、法律产品打造等核心团队理念多处于萌芽状态。此类型律师团队的发展阶段大多是从“活下去”进阶至“活得更好”。

此类型律师团队一般由一名主力律师（案源较多、经验较为丰富、执业年限较长的资深律师）、若干授薪律师、若干律师助理组成，其实质是“一个人当老板，其他人打工”，由传统师徒关系、主要律师与辅助律师模式发展演化而来，类似“君主制”模式。团队业务（案源）主要来源于老板，工资也由老板制定，但具体工作主要由授薪律师负责。此类型团队初始阶段的优势是有绝对的核心领导人，也可称为“团队带头人”，能有效解决主力律师时间精

力不足的问题,也能使刚涉足法律界的青年律师摆脱案源不足、经验不足的困境。

此类型团队的团队带头人的付出无疑是巨大的,从成立之初对团队发展的思考,到实际进行组建团队的进程,到逐步培养团队成员的能力,到释放个人利益协助团队发展,每一步都离不开带头人的倾情奉献。团队带头人不仅需要具有专业知识,更需要具有奉献和牺牲精神。但此类型团队结构过分一元化,对团队带头人的个人依赖性也非常强,故团队的正常运转不仅对带头人提出了极高要求,同时也需要带头人在团队管理上注入大量精力。团队带头人的思想、理念、行为及专业背景,甚至是个人喜好,都可能影响到团队的质量、团队发展的速度以及团队的前景。但仍然需注意的是此类型团队成员具有打工心态,难以将目光放得更长远,故其具有不稳定性,易使团队因此而毁于一旦,正所谓"成也萧何败也萧何"。

综上所述,传统型自给自足律师团队要如何做好发展定位的问题,笔者建议可以学习公司法人的运作方式,形成并不断加强自身文化建设、规范团队管理制度。同时,团队带头人应不断吸收优秀团队成员为合伙人。以广州某大所某成功进阶的团队为例,其发展初期即属于上文所述的传统型团队,但该团队带头人在发展后期作出了重大改变:首先摒弃"君主制"模式;其次通过挑选高忠诚度合伙人入伙吸引更多青年律师一同构建合伙"铁三角";最后将薪酬分配改为"计点制",逐渐引导团队进行一体化转型并最终取得成功。

(二)松散型个案合作律师团队

律师们在独立执业后,不同程度地存在无法聘请助理、案源不稳定的问题,此时通过松散的个案合作即可一定程度地实现资源共享。在此类松散型团队的合作初期,彼此不存在领导及被领导的关系,类似于"松散型联营"。团队成员可能因志趣相投而选择合作,但彼此之间业务自由、相对独立,本质仍然存在两个以上的小"山头",并不是一体化团队。

此类型团队一般由两个以上合伙人组成,合伙人长期固定合作并整合各自的资源及知识,各取所需、资源共享、优势互补。合伙人的长期合作融合促进彼此快速成长并最终形成质变,使价值观、思想理念一致,有更高发展需求的合伙人走在一起,形成一个有统一名称的团队。此类型团队的不同合伙人之间可以利用各自擅长的不同领域知识相互配合,提高服务效率和质量。但此类型团队也存在天然劣势:合伙人之间的合作由松散关系发展而成,其经济、人格相对独立,有时可能会因分配制度、个案角色、性格理念、预期目标、价值观等不一致而产生摩擦,致使最终出现分道扬镳的局面。此类型律师团队在发展定位阶段,应当在价值观与基本理念一致的情况下,进行长期业务合作,逐步做到磨合了解、坦诚沟通、相互包容。而不是为了“快速整合”而强行糅合。当团队内部出现不同意见时,应以事论事,求同存异;以专业领域、专业特长为导向,制定更为契合的目标。

团队发展到成熟阶段,团队内部的非合伙人律师和人员统一从属于团队,不分属于某一合伙人;业务进入团队后也由团队统一安排,举全团队之力共同服务客户。此类型团队在成熟阶段后期往往能形成统一的愿景、使命、价值观,最终进阶为真正的一体化团队。

(三)若干前景较好的执业律师发展成的律师团队

此类型律师团队,也可解释为由两个及其以上的一或二型团队整合而成。若干发展态势较好的合伙人或者律师团队,因共同的愿景、一致的战略目标走到一起,进行资源共享、跨专业领域合作。此类型律师团队的起点相对较高,能相互借鉴经验,并为团队引进不同的法律服务产品,若团队发展后期能妥善解决薪资分配、人才引入、人才培养、客户归属、业务导向等核心问题,就可以逐步实现向更高级公司制律师合作团队(公司制律师事务所)发展的进阶之路。

三、如何进行律师团队发展定位

(一)律师团队发展定位需要思考的问题

上文介绍了几种不同类型的律师团队,只有团队做好定位,才能缩短从低阶向高阶的迭代周期,甚至产生跳跃式发展。但做好定位并不容易,团队定位时容易犯的错误是,在没有弄明白问题所在和客户本质需求之前,只靠凭空想象的市场的模样寻找答案。笔者建议,律师们得出团队定位的结论之前,先有步骤地思考清楚当下团队处境、团队成员的结构层次,以及团队擅长做什么、市场需要什么的问题。为帮助读者厘清思路,笔者认为读者可以尝试思考以下几个问题,希望给大家带来一些启发。

1. 团队是否已标签化及团队已拥有何种定位

笔者认为,团队可以通过逆向思维,从客户的角度思考并定位。首先,客户可能在心中早为团队贴上了一些特定标签,比如刑事律师、房地产律师、劳动法律师、婚姻家庭律师、证券律师等。这是由于团队曾为老客户提供此方向法律业务、法律产品,或是由于潜在客户了解过团队过往的宣传、报道而形成的标签感。如果老客户和潜在客户已经对团队打上了固有标签,要改变客户的认知状态就需要花费很大的力气。举个通俗的例子,只要提起七喜汽水,就会想到这是柠檬味饮料;而提到碳酸饮料,就会毫不犹豫地想到可口可乐,这就是客户对产品(品牌)的固有印象,当然也可以归功于品牌的成功宣传。其次,律师们在做团队定位时,应当思考团队的服务产品和既有标签是否能符合市场的需求,是否能解决客户的痛点。如果答案是否定的,那就应当先弄清楚客户对团队的标签是什么,然后逐步淡化和改变原有标签化印象。本团队的产品和服务应不断适应市场、切合热点需求,更新客户的标签化印象。这样的定位可能更易使团队得到高速发展。

2. 团队想拥有何种定位及是否一定要改变现有定位

律师团队标签化的意义在于能使团队更有辨识度,切合市场热点需求的标签定位也能使团队发展得更快。但仍需要思考的是,长远来看,团队的最佳定位是什么,是否有所谓的“最佳定位”?或者,团队想拥有什么样的定位?

笔者了解到,市场上有些专业化做得不错的律师团队,因政策变化、市场萎缩等各种原因逐渐露出颓势,但这些团队又不想放弃原有的专业化业务,只能向综合性律师团队进行“痛苦”转型。他们改变原有的宣传与规划,向原有客户、潜在客户传递新的定位信息以改变自己曾经的标签化印象,但仍可能十分艰难且难有成效。在客户心里,老标签根深蒂固,新定位不够清晰、过于宽泛,或者新定位已被更有名的团队占据。因此,适合的才是最佳的。团队可以根据市场热点、客户需求、成员特长等具体情况不断调整自我定位,但无须因看到别人的定位与成功,而刻意去改变现有的定位。

(二)做好律师团队发展定位的具体举措

1. 明确律师团队战略规划

要做好团队定位,首先要做好团队规划。团队规划包括团队的整体规划和成员的个人规划。团队的整体规划应当是团队成员认同并遵守的,以共同业务方向及一致职业规划为前提的共同纲领,如果没有共同的业务方向,那么该团队仅是人的集合,无法真正进行团队运作。对于崇尚个性与自由的律师而言，个体与整体的冲突无法避免，但这种冲突也是可以调和的。团队应当建立积极的沟通机制，使团队成员可以充分构思、求同存异，设计出成员均满意的方案；不顾个体感受，一味要求个体让步于整体无疑是不可取的。在团队成长初期，关于团队是走专业化道路还是坚持全面发展的问题是最容易产生分歧的，如果成员毫不妥协地拒绝或者出走，则将会对本人和团队都带来致命的打击，阻碍专业化发展。在团队成长的稳定阶段，团队的核心问题则是如何建立合理高效的分配制度。因此，律师团队的战略规划应当有计划、有动态，做到既公平又统一。

2. 号召团队成员做好职业生涯设计

律师按照发展阶段可以划分为成功律师、成熟律师及成长律师。成功律师的客户群体广泛稳定，业务层次较高，服务对象多为大型或知名企业。但这些优质客户群体需要成功律师将大量时间精力投入到业务关系的维护及应酬中，可能无暇顾及自我知识管理；成熟律师主要经营诉讼业务，客户群体以一定数量的中小企业和个人为主，其“瓶颈”在于如何保证业务持续稳定、保证知识持续更新、提高现有客户忠诚度；成长律师学得快、理解得快，顾名思义，他们乐意提高业务水平，钻研知识技能，有快速成长的知识技能优势，是明日之星，其缺陷在于案源不足、不喜应酬、不擅交际，仍需依靠其他律师。通过对团队成员做好分类，根据不同阶段律师的水平和能力高低，安排不同的职责，并分配相匹配的待遇。因此，团队带头人应当号召成员做好个人职业生涯设计，有目标才能更加明确未来的道路，才能正确领导律师团队。

3. 选任合格团队带头人

上文所述的团队战略规划以个体的角度出发进行讨论，虽然团队战略规划的确需要由全部成员协同达成，但是最终的方向仍需由团队带头人拍板。团队带头人是经验丰富的合伙人律师，拥有稳定的案源和充足的资源，同时还可在事务所层面进行良性交流。带头人想要引领团队齐头并进，就必须纵观大局，明察秋毫，不能对团队成员有任何遗漏或偏袒，同时积极承担领导应该负担的责任。所以合格的团队带头人需要符合多项条件：能够制订团队整体规划，协助并引导成员制订自我规划；能够跟踪、监督、调整团队和个人规划进程，保证二者和谐统一；能够进行有效财务评估并分析团队的年度财务、盈利状况，并根据分析结果制定行之有效的策略以保证利润；

能够设计相应机制以跟踪分析团队的工作质量与服务成果;能够保证事务所内外部保持有效的交流学习。

4. 分配适合的团队成员角色

角色模糊、过载、冲突、错位、缺失是团队成员角色分配的大忌,一旦出现就会损害团队氛围,降低工作效率,甚至导致团队的灭亡。要成为一支高效的团队,就必须有清晰明确的角色划分。团队成员的职责划分将直接影响团队整体效率,团队成员必须认可各自的职责。同制订个体规划的道理一样,成员的职责划分要充分考虑其个性,以人为本,着眼于个体的优势、特点、水平,从而做到最适宜的职责划分。只有这样,才能形成每个成员"海阔凭鱼跃,天高任鸟飞"的自由成长良性局面,使每个成员的主观能动性得到充分发挥,最大化团队效率。"天生我材必有用",每个人都有其特长之处,所以在划分职责时,要一视同仁、平等对待、全面调动,帮助成员完成自我认同、实现自我价值。此外,划分职责应当脚踏实地,帮助团队成员清楚认识自身,明确期望,进而划分相应的角色。律师行业常常以"让专业的人做专业的事"进行标榜和宣传,对于律师团队内部,也应同样如此。

5. 加强团队交流,在交流中促发展

每个律师团队都是一个圈子,是一个具有开放性、包容性而不是封闭狭隘的圈子。要建立一个开放包容的律师团队,需要加强对内及对外的交流合作。对外交流,既可以与事务所内部其他团队交流,也可以前往事务所以外(国内,甚至国外)参观、学习,到那些优秀成功的律师团队中"取经"。"请进来"是指团队应当邀请法律共同体大圈内的法官、检察官等专业人士进行专业互动,通过座谈、交流等方式逐步缩短认识差异、形成专业共识。不同形式的交流必然促进团队以及团队成员的发展进步,进而增进团队收益。

6. 打造规范化、民主化团队

为了充分发挥团队成员的主观能动性,加强团队凝聚力和协作力,保持团队成员工作的积极性、创造性,就需要打造一个规范化、民主化的律师团队。团队需要制度来约束和规范,既包括客户洽谈制度、办案流程制度等业务相关制度,也包括财务分配制度、绩效激励制度等薪酬相关制度。团队核心领导人的判断、决定和意见等固然重要,但团队也需要尊重每一位成员的意见。团队建设需要用发展的眼光来看待,只有秉持着民主公开议事的基本原则，处理好团队运行的日常事务，团队才能走得更长远。

7. 加强专业化团队建设

现代社会专业化分工不断精细化，法律服务内容不断多样化，市场竞争逐步白热化。培养专业律师，建设专业化律师团队是在激烈竞争中的生存之道。专业化律师团队中所有成员分工明确，都具有一定专业方向知识的积累，通过团队内部整合资源的方式即可最大化提升法律服务质量。专业化团队建设不是一蹴而就的，而是一个长期的过程，需要建立相关制度、培养优秀人才、科学划分业务、进行合理分工等步骤。首先，专业化律师团队应该有一个准确的业务定位，如银行、保险、公司、房地产、婚姻家事等业务方向；其次，专业化律师团队应积极引进专业人才，并加强对团队成员的专业化培养。对青年律师的一般法律实务技能的训练，应该在实习期或者取得执业资格之后的一两年内完成，随后即可进入专业律师培养期。专业律师培养期主要由团队内部主办律师、资深律师以“传帮带”等方式帮助青年律师深入专业领域，但青年律师也应参加一些专业领域的系列讲座、定期培训，撰写相关理论、实务文章来锻炼其法律思维和专业技巧。

第四节　参考案例

一、华商林李黎(前海)联营律师事务所

(一)团队的定位

华商林李黎(前海)联营律师事务所(以下简称华商林李黎)于2014年11月7日正式获准成立，作为中国第一家跨法域、跨地域的联营律师事务所，华商林李黎肩负着内地、香港和澳门法律事务跨区域、跨法域合作的战略性使命，致力于实现粤港澳三地合作共赢，助推实现跨越式发展。

成立以来，华商林李黎立足粤港澳大湾区建设，紧跟国家“一带一路”倡议，积极响应深圳先行先试示范区建设，放眼全球走国际化道路。华商林李黎秉持“法律创造价值”的服务理念和勇于承担社会责任的精神，采用不断创新的专业服务模式，向社会各界展示其专业风采。自成立以来，律所曾荣获深圳市2014年度和2016年度“十大法治事件”；两项举措获评“改革开放

40年广东律师行业走在前列40个事件”；入围《亚洲法律杂志》(ALB)2016年度最佳中国南部律师事务所大奖；荣登前海风云榜“十大港企”；四度被中央电视台《新闻联播》报道。

（二）团队的律师结构

华商林李黎现(2020年)有各类专业人员60余人，均毕业于国内外知名法学院校，其中多名律师担任仲裁员和调解员，拥有中国香港、中国澳门、美国、英国、新加坡等地区和国家的执业资格。事务所包含内地合伙人10名，香港合伙人3名。事务所律师中90%以上拥有研究生以上学历，其中博士3人；1/3以上拥有海外留学背景。律师事务所现(2020年)有中国证监会发行审核委员会原委员1人，中国证监会上市公司并购重组审核委员会候选委员1人以及中国证监会发行审核委候选委员1人。团队成员具有丰富的专业知识和社会实践经验，团队采取高度专业化分工，与内地、港澳地区、海外律师密切合作，互鉴互赢，在金融资本、房地产、涉外业务等各自细分领域为客户提供大量增值服务。

（三）团队的文化理念

华商林李黎的团队文化是合作共赢、不断创新、勇于担当。华商林李黎致力于为团队提供国际化、专业化、多样化的发展平台，为年轻律师提供与港澳地区、海外的霍金路伟、道琼斯、普华永道等四大会计师事务所等国际一流法律、金融服务机构的交流学习机会，鼓励律师事务所成员不断创新法律产品和服务模式，勇于担当深圳律师先行先试的模范先锋。同时，律师事务所作为坚强后盾为律师个人发展提供强大的经济和资源支撑，吸引了大批粤港澳大湾区年轻有干劲的中青年律师加盟。

（四）团队的产品

华商林李黎秉持“法律创造价值”的理念，立足粤港澳大湾区，拥有跨区域、跨法域的法律资源和强大的专业化律师团队优势，致力于为客户提供高端、高效、高品质、有高度的法律服务。华商林李黎的法律产品立足于五大优势，形成了律师事务所高效服务的五大引擎：

1. 粤港澳融合优势

华商林李黎引进多家香港及澳门律师事务所联营合作，聘用近20位港澳律师及海外律师，设立香港分所并与香港本土所及6家内地在香港的分所联营，内地、港澳地区、海外律师在业务开展中，密切合作，互鉴互赢，以更为便捷、高效的法律服务为内地和香港地区的客户创造法律价值。

2. 国际优势

华商林李黎是国际顶级律师事务所——霍金路伟国际律师事务所的战略合作伙伴，牵头打造了全球华语律师平台，业务通达包括美国、欧洲、亚洲、中东、拉美和“一带一路”沿线国家等70余个国家和地区。

3. 专业优势

华商林李黎的金融、证券、房地产、产业、知识产权、跨境投资等核心业务突出，与国内外众多金融、法律、证券以及相关机构进行密切合作，在业界拥有良好声誉。

4. 资源优势

华商林李黎是与深圳一同成长的本地大规模综合型律师事务所，与本地各行各业客户均拥有长期、稳定、密切的合作关系。同时是国内最大国际律师事务所联盟——中世律所联盟发起人之一，与国内20余个省市的一流律师事务所成员之间紧密合作，共享资源。

5. 创新优势

华商林李黎一直紧跟国家发展战略和时代潮流，以前瞻性的视角为政府、企业客户以及律师业发展提出创新、高效的政策建议、法律服务方案，为法律服务事业开辟了一条新的发展道路。

（五）团队的创新服务模式

在市场拓展方面，华商林李黎也走出了一条拥有自身特色的创新道路，打造了多种创新法律服务模式，获得了令人欣喜的回报和业绩。

1. 深港跨境投融资联盟发展模式

组建“前海深港跨境投融资联盟”，联合境内外银行、证券、保险等金融机构以及泛珠三角地区的知名企业、上市公司等，依托“一带一路”倡议及广东自贸区政策，以金融改革创新为主线，搭建集投资专业服务以及海外金融服务为一体的高水平专业服务平台，为泛珠三角区域企业拓展海外市场和业务、进行跨境融资提供有力支持和保障。

2. 产业集群发展模式

组建华商城市发展联盟，聚集代表深圳创新发展综合水平的“发展模式设计 + 资本市场规划 + 金融证券投融资服务 + 生态规划设计 + 文化创意”产业集群。凭借在投融资、生态规划、城市发展等方面的优势，联盟已形成面向内地的综合服务产业链，为内地城市的绿色生态建设及产业转型升级提供支持。

3. 率先成立华商合规中心、华商区块链法律研究院、律师调解工作室等创新专业服务机构

华商合规法律服务中心是深圳首家律师事务所成立的合规专业服务机构，旨在搭建中国企业内部合规体系，加强内港澳三地律师合作，助力中国企业“走出去”，符合国际合规要求。华商区块链法律研究院是深圳在开展数字货币研究与移动支付等创新应用的合规板块先行先试，打造创新、立法与监督相结合的具体举措。律师调解工作室充分发挥华商律师事务所和华商林李黎在国内民商事和涉外资源的优势，试点和改革探索，着力打造市场化的国际商事争议调解平台。

(六)团队的平台建设

为践行习近平总书记赋予前海的“依托香港、服务内地、面向世界”的战略定位，落实“比经济特区更特”的先行先试政策的工作思路，华商林李黎开创性牵头成立了前海香港商会、粤港澳大湾区企业家联盟、深圳市前海“一带一路”法律服务联合会、深圳创客法律中心等平台。前海香港商会是以注册在深圳前海蛇口自贸片区的港资企业为主，自愿结成的联合性、地方性、非营利性社会组织，以深港合作为基础，以前海蛇口自贸片区港资企业为依托服务港资企业，推动前海自贸片区繁荣。粤港澳大湾区企业家联盟通过构建政商沟通对接、银企互助共赢、企业交流合作、公益慈善助贫等多种平台，履行社会责任，打造成粤港澳大湾区经济界精英组成的高层次社团，助力粤港澳大湾区建设。前海“一带一路”法律服务联合会致力于促进深港及粤港澳法律服务深度合作，推动法律服务跨法域、跨领域混业合作，搭建“一带一路”华语律师网络合作平台，助力深圳打造法治先行先试示范区与国际一流营商环境。深圳创客法律中心是全国首个针对创客群体提供全生命周期、一站式公益法律服务的平台，在创客培养、创业起步、创新加速、创产联盟等各阶段全流程提供法务指引。

目前，华商林李黎还在广州设立全国首家粤港联营律师事务所分所，并与我国香港、澳门以及美国、欧洲、东南亚、南非等国家和地区的多家律师事务所建立了战略合作伙伴关系。

二、卓建中致政府法律服务团队

（一）团队定位、愿景

中致政府法律服务团队（以下简称中致团队）是广东卓建律师事务所（以下简称卓建）创立的致力于政府法律服务的专业团队，浸润于卓建的“团队文化”“家文化”“学习文化”氛围，深耕于政府法律服务业务。团队的核心理念孕育自《论语》中的“吾日三省吾身，为人谋而不忠乎？与朋友交而不信乎？传不习乎？”致力于做好“信”与“习”，忠于客户委托，践行律师的执业信仰。

中致团队成立于2016年，团队核心成员于2012年从司法调解法律服务领域起步，历经8年的发展，已成为覆盖十几个专业领域的政府法律服务团队，在政府依法履职、依法行政、制度体系完善、重大行政决策制定、行政执法、社会矛盾纠纷化解等领域发挥着积极作用。中致团队积极参与“法治政府”建设，践行视法律为信仰的团队使命，时刻铭记在深圳这个“先行示范区”作为政府法律服务律师的“示范使命”。

（二）团队律师结构

中致团队目前（2020年）有32名成员，主要设置为团队负责人、主办律师、助理律师、律师助理、团队秘书等岗位；分为主管律师会议、主管律师、主办律师三个层级；设有三个团队功能架构板块：业务学习提升板块、业务执行板块、业务拓展板块，并在各业务板块下开设工作小组。

1. 业务学习提升板块

业务学习提升板块包括工程、物业、政府采购、政府资金监管和行政执法五个专业小组，此板块由主管律师担任负责人，支持成员自愿报名，每位成员可以选择一个专业作为其主要业务方向，该专业通常与其工作内容直接相关；同时，还可以根据爱好选择一个辅助方向。

专业小组的目标是实现专业交流、提升，同时将工作成果作为团队产品推向市场。专业小组于每年年初提交工作计划，再依据工作计划提交中期报告和年度报告，进行小组评比。

2. 业务执行板块

业务执行板块是团队业务跟进的核心板块，目前（2020年）共有8个执行小组，负责跟进深圳市、区38个政府职能部门，25个街道及15个国有企业的常年法律顾问及各专项工作。执行小组组长由主管律师担任,一个小组下辖3~7个主办律师,一个主办律师跟进1~2个项目,再根据政府需求决定是否配置派驻律师或律师助理进行辅助工作。

3. 业务拓展板块

业务拓展板块主要由团队负责人及两个主管律师形成业务拓展核心,进行新进拓展;由其他主管律师和主办律师在不同业务上进行深度衍生拓展。

4. 团队管理机制

在三个板块的架构下,还形成了10个管理机制进行团队管理,具体如下:

(1)制度化管理机制

自2016年团队成立以来,制度化建设日趋完善,经过数年的积累,在卓建管理制度的架构下形成了团队内部行之有效的管理制度。

(2)承诺机制

团队认为,团队管理的核心是最大限度地激发每个人的善意,承诺就是表达善意。承诺机制贯穿团队专业学习、业务执行的全过程,是团队成员积极进行自我评估的重要标志。各专业学习提升小组在年初通过工作报告的形式,将学习计划、研究成果、完成时限等向团队做出承诺,并在团队秘书处进行备案,最后在年底进行考评。

(3)属地管理优先机制

业务执行小组由8个主管律师组成,各律师根据个人擅长的专业领域主导客户服务并跟进工作,但在案件执行分配上,则优先考虑地域便利,以便组织学习和团队交流。

(4)会议机制

团队会议包括定期会议和不定期会议,定期会议主要有月度团队全体会议、月度主管律师会议、半年度中期会议、半年度1~2天户外拓展、年度述职会议、年度3天以上大型团建;不定期会议包括专业小组学习会议、团队内部专项研讨会会议等。

(5)行政人事规范化管理

在卓建行政人事制度架构下,团队内部根据团队需要,细化行政人事管理制度,由一名主管律师和团队秘书共同负责行政人事管理。

(6)薪酬与奖励机制

团队依据薪资管理制度进行薪酬管理，薪酬层次构成如下：基本工资(按照级别设置)、案件拓展费、案件执行费、集体奖金、个人奖金、利润分享，其中利润分享主要集中在主管律师层面。

(7)考核机制

中致团队采取分级考核和综合评定相结合的考核标准，分级考核包括主管律师考核、主办律师考核、律师助理考核、业务学习提升小组考核和业务执行小组考核；综合评定则主要用于团队优秀员工考核。在考核机制主导下充分尊重成员的认同感，以期做到相对公平并进行成就激励。

(8)学习与交流机制

学习文化是卓建的三大文化之一，一起学习是卓建文化的核心。中致团队充分贯彻"一起学习、共同进步"的理念，将团队的学习分为律师助理工作培训、团队专业交流、团队整体提升三个层次。

(9) 风险分担机制

团队工作机制是分担与协作合力作用的机制，分工可以让成员在各自的岗位上学会担当，同时辅以连带责任和集体责任承担机制，推动成员间协力合作。

(10) 人才流动与培养

中致团队致力于将团队助理流动率控制在20%～30%，主办律师流动率控制在5%～10%，主管律师流动率控制在5%，实际上，团队自组建以来主管律师流动率为零，已形成相对稳定的管理和业务支撑。

团队人才培养是依据团队整体业务规划、成员贡献力及成员综合能力评估而定的。在团队中期会议、年度会议时，主办律师、主管律师会提报重点培养人才名单，经表决纳入团队人才培养计划。纳入人才培养计划的成员在专业提升学习、岗位调配以及福利待遇调整等方面会被优先考虑，获得更多独当一面的机会。

(三)团队文化

中致团队秉承"承诺"的信念，最大限度地激发团队成员的善意，在工作中贯彻"习与性成"的工作理念，即专业、磨砺、坚持，在日复一日的工作中沉淀出品质。在团队管理过程中，充分贯彻七个管理理念：

(1)目标清晰可达成，目标可以拆分；

(2)通过团队制度建设,营造公平的团队氛围;

(3)帮助团队成员成长,提供独当一面的锻炼机会和平台;

(4)推动乔哈里视窗模型在团队的应用,建立高效的沟通和反馈机制;

(5)管理好团队情绪,学会授权和容忍;

(6)在团队逐步推行 QC 活动程序,提高交流质量;

(7)做好人才储备。

(四)团队服务产品

团队在服务过程中,主要在以下方面形成了相应的产品(包括产品纲要、产品方案及操作指引):行政诉讼、行政复议、行政执法、行政处罚听证、行政检查、行政非诉执行、案卷评查、法治政府建设、政府信息公开、PPP 法律服务、规范性文件起草、政府专项培训与普法、代建法律服务、政府采购、招投标、物业管理、国企改制、企业国有资产监管、重大行政决策、土地整备与城市更新、政府债券发行、引导基金、政府投资等。

(五)团队的营销策略

团队以"水到渠成"的理念规划销售市场,团队的营销体系包括市场规划和销售。市场规划按照年度由负责人提议,主管律师会议确定;营销的核心是销售,销售团队由团队负责人和两名主管律师组成三角拓展阵营,采取综合拓展、梯队衔接、分级跟进的展业模式,做到市、区、街道三级业务纵向贯通,提高拓展效率和锤炼专业水准;服务接入后进行二次深度拓展分析,再进行服务深度和广度拓展。

三、广和律师事务所

(一)广和律师事务所概况

广和律师事务所(以下简称广和)成立于 1995 年,总部设立于深圳,是中国"十大规模律师事务所"(ALB 2008)、被法律读库评选为 2015 年度"中国十大品牌律师事务所"。自成立以来,广和致力于为各领域客户提供全方位的专业法律服务。历经 20 年的稳健发展,广和已成为华南地区规模最大的综合性律师事务所,目前在全球设有 11 个分所及多个海外联络机构。

(二)广和律师结构

广和以其强大的软硬件条件吸引了一大批拥有良好法学教育背景的律师人才加入,诸如具有法学硕士、博士学位,具有海外留学经历并拥有境外律师资格的律师人才。广和律师凭借自身深厚的法律功底和丰富的执业经验赢得了良好的职业声誉。

(三)广和律师团队

在团队建设方面,广和适应律师行业市场化、专业化发展要求,处于向市场律师、管理律师、业务律师、专家律师等方向发展的趋势。广和律师团队间密切合作、相互研讨,面对疑难复杂案件,经办律师会提请集体讨论定夺。广和律师的团队建设注重法律服务的实际效果,通过专业服务实实在在维护客户利益,了解客户真正的权益目标,为客户制定权益最大化的解决方案。

(四)广和优势

1.显著的规模优势

广和的600余名执业律师在业务上各有特长,已经整合并构建以专业化分工为基础的团队服务模式,针对客户不同需求,指派最适合的律师团队提供一对一的法律服务。在处理客户纷杂多样的法律事务时,充分发挥团队优势,使客户得到最专业的法律服务。

2.专业的法律服务

广和一直将专业化作为立所之本,业务涉及房地产开发经营、建设工程、知识产权、争议解决、金融证券、并购与重组、私募股权与风险投资、国际投资、海事海商、互联网金融、环保和新能源、反垄断与反不正当竞争、婚姻家庭与家族信托、劳动、税务、医疗、交通、保险、外贸、海关等领域。广和拥有众多法律业务领域的资深律师,可根据客户的具体法律服务需求,提供多领域及多层次的法律服务。

3.广泛的服务网络

广和已建立辐射全球重要城市的法律服务网络,与中国境内各大城市以及美国、加拿大、澳大利亚、日本、新加坡等国家的律师事务所建立了良好的业务协作关系,高效满足国内外客户全球化法律及商务服务需求。广和在北京、成都等地设立了11个分所,并在欧洲设有海外联络处。

(五)广和文化

广和文化的核心是广纳专才、和内顺外。首先,以海纳百川的心胸,引进法律服务的专门人才,尊重并善待每一位走进广和的法律人,鼓励每一位广和律师成为专家型法律人才。其次,注重营造合伙人与律师、律师与律

师、律师与律师助理、律师与行政人员之间和谐相处的工作环境,倡导彼此尊重、相互理解的合作精神。推行广和文化的最终目的是使每一位客户得到满意的增值服务。

(六)广和理念

广和秉持"诚信、勤勉、团队、实效"的理念,努力贯彻"提供国际视野下的优质法律服务"的立所宗旨。

四、大成律师事务所

(一)团队定位、愿景

大成律师事务所(以下简称大成)成立于1992年,是中国成立最早、规模最大的合伙制律师事务所之一。20余年来,已经发展成为在中国境内拥有45家办公室,覆盖中国所有省会城市和主要商业中心的专业化、品牌化、国际化大型综合性律师事务所。

2015年11月,大成与Dentons国际律师事务所合并,成为全球十大律师事务所之一。大成与Dentons律师事务所的合并,堪称中西方最具影响力律师事务所的最广泛、最深入合作,是大成迈出国际化发展的实质性一步,也是世界律师发展史上的一个重要里程碑。

(二)团队律师结构

大成是世界上第一家全球多中心的律师事务所,在中国拥有执业律师5500余名。在全球,大成采用"瑞士法人结构",在约74个国家的182个地点开展业务,总人数超过17,000名,拥有逾10,000名律师,是目前全球最大的律师事务所之一。

开拓国际化业务,需要有国际视野的法律人才,大成的多数律师毕业于国内外知名法学院校,其中许多律师取得了美、英、法等国一流法学院学位,并拥有国际著名律师事务所的工作经验。相当数量的律师还具备国际贸易、金融、建筑工程、工商管理、会计、税务等其他专业背景。

(三)团队文化

大成秉承"志存高远、海纳百川、跬步千里、共铸大成"的核心文化理念,激发大成人的价值追求和向心力,为广大客户提供专业、全面、优质、高效的法律服务。大成全球主席乔·安德鲁(Joe Andrew)曾说道,"我们从来没有遇到过想要10,000名律师的客户,他们只需要一名律师。但从数学上讲,我们更有可能找到一个最合适的团队,他们拥有相关的经验与背景,做过同类业务,或者处理过同类纠纷。我们是在'万里挑一',而不是'千里'或'百里挑一'。"这无疑体现了大成人绝对的专业自信。

(四)团队全球化产品

大成的业务遍及美洲、欧洲、非洲、大洋洲、拉丁美洲和加勒比海地区及整个亚太地区,能为各地客户提供丰富的本土经验。除了分支机构外,大成于2015年成立了下一代法律转介网,各地的精英律师事务所可以免费申请加入该网络,通过审核后与大成协同合作,满足客户在当地的法律需求。

大成仍在全球范围内寻求与更多的律师事务所进行合并。大成全球主席乔·安德鲁深信,本土化和规模化这一模式是法律行业的未来。"我们不仅在中国有40多个办公室,也将在非洲拥有相近数量的办公室。我们将成为第一家真正意义上的泛非洲律所,以及第一家真正意义上的泛拉丁美洲律所。"另外,在大成中国区,律师们在各类评级机构的排名逐年上升,获奖领域也愈加丰富。其中,登录国际权威法律评级机构钱伯斯的榜单的律师人数从2015年至2019年实现了大幅跃升。

大成专业团队包括公司综合类业务、公司收购、兼并与重组、证券与资本市场、私募股权与投资基金、国企改制与产权交易、银行与金融、外商直接投资与外资并购、境外投资、反垄断与国家安全审查、税务、国际贸易、国际贸易救济与WTO业务、海商海事、知识产权、房地产与建设工程、矿业、能源与自然资源、诉讼仲裁、刑事辩护和劳动法,等等。同时,大成还成立了18个行业组,如金融机构、制造业、房地产与建设工程、医药卫生等,组建律师团队深耕客户所属行业,为客户提供综合性的法律服务。

(五)团队的营销策略、代表业绩

大成的全球核心战略是"From Largest to Leading",即"从最大到卓越"。

1.专业化建设

大成通过专业化建设,打造了各个专业领域的优秀律师团队。同时,通过开展内部培训、巡回演讲等活动,以资深合伙人和顾问授课的形式培养了一批又一批年轻的骨干律师,不断提升和优化大成的整体人才结构。除此之外,大成在全球范围内进行专业、行业组跨区域交流,便于各地大成律师掌握全球范围内的政策变化以及对应的解决方案。每年大成各专业、行业组通过举行内部会议,或参加大成全球合伙人大会的形式,回顾过往一段时间的成绩,总结业务经验,共同探讨、研发和构建具有前瞻性的法律产品和更高效的服务模式,进一步推动以客户利益为中心的法律服务变革。

2. 重视内部市场

大成是目前全球分布最广、律师人数最多的事务所,这意味着大成拥有庞大的内部市场。事务所鼓励交叉合作,并组织、协调、指导、支持律师的跨地区和跨业务领域合作,既满足了客户需要当地优秀律师为其服务的需求,又深度挖掘了客户综合法律需求的可能。业务组的内部会议和全球合伙人大会是大成各地律师熟悉和了解彼此的重要平台,通过交流掌握同事的业务特点和客户情况,就未来的协同合作打下基础。

3. 传递专业知识

大成律师通过不同渠道传递和分享着专业知识,包括在多语种网站、平台或杂志上发表专业文章,参加学术论坛研讨会并作演讲,出版业务类书籍,参加各类评级机构的年度调研和评选,参与高校或机构组织的专业授课、参与各类社会公益活动等,这也是推广自身团队品牌行之有效的方法。

五、绿建律师团队

绿建律师团队成立于 2011 年,从成立时的 2 人团队发展至现在(2020 年)的 7 人;从成立时无环保业务也无人认可的零基础状态,到目前建成在国内拥有一定的知名度、专攻环保法律服务的专业品牌。绿建律师团队明确了团队愿景和规划,独创了环保核心业务,克服了种种困难,初步完成了团队建设的进化历程。

“找对路,做对事,用对人,守初心”是绿建律师团队 9 年来的发展总结。“找对路”是指团队确立“只做环保法律服务”的专业定位;“做对事”是指团队明确了“共建卓越的综合生态环保法治服务百年强所”的发展愿景,此外,绿建清晰规划了四个五年规划,聚焦于环保合规业务,并不断扩大业务实施路径;“用对人”是指团队共建“事业共同体”团队的实践;“守初心”是指团队一直坚守环保法律服务的初衷,不畏困难,不受诱惑,稳步向前发展。

“进化”是绿建律师团队发展历程的最好表述。因为在团队发展的过程中,一切都是在逐渐明确、形成和优化的。“进化”在不同方面表现为不同内容,如聚焦、蜕变、聚变、合作、创新。

(一)团队定位——通过"聚焦"完成

1."聚焦"过程

绿建律师团队的专业定位经过了从关注到并存，再到专注，最后到聚焦的过程，一共历时9年。现在，团队也依然会根据团队发展情况进行细微的调整。

第一阶段，从关注到并存。从2009年首次接触环保法律服务，绿建律师团队开始对此进行持续地关注和投入，并在此过程中发现了环保法律服务所蕴藏的巨大服务机会，开始将业务向环保方向迁移。2011年，绿建律师团队成立了广东绿建律师事务所，将环保法律服务作为事务所两大主要业务之一。这在"绿建"这个名字中也有所体现，绿建中的"绿"是指绿色环保，"建"是指建筑房产。这一阶段，团队对于环保法律服务的关注点主要在诉讼方面。

第二阶段，从并存到专注。在环保成为主要业务后，团队进一步加大了对环保法律服务的研究。经过思考，事务所之所以认为生态文明建设更需要非诉服务，是因为其作用更大、效果更好、空间更广阔。并且，团队中之前研究非诉服务的律师将主要精力投入到了非诉环保法律服务的研究上，并在该业务中取得了一些成绩，获得了领先优势，赢得了业界认可，环保业务收入有所增加，从而基本保证了团队的正常生存。2017年年初，为进一步聚集力量，做好环保法律服务，团队再次调整策略，开始了"只做环保法律服务"的新阶段，真正实现了从并存到专注的转变。这一阶段，团队关注的重点已经转移到非诉业务，但类型较多，包括绿色建筑、企业环境法律风险防控、合同能源管理、排放权交易、循环经济、垃圾分类等十多种类型。

第三阶段，从专注到聚焦。团队进入第二阶段后，虽然只做环保法律服务，但因为团队规模不大，专业人员培养速度较慢，所以仍然存在精力不够，难以保证服务质量的情况。这迫使团队进行更深层次的思考：如何做好专业、该做哪些专业、该怎么做。2019年，团队决定将现阶段的业务重点聚焦于环保合规服务上。同时明确了"共建卓越的综合生态环保法治服务百年强所"的愿景，实现远期目标与近期规划的有效衔接，既坚守总体定位，义保证有效实施。至此，绿建律师团队实现了从专注到聚焦的转变。这一阶段的重点是环保合规业务，简单概括就是"一二三"，即聚焦环保一个专业，服务政府、企业两类主体，扮好政府参谋、企业智囊、律师伙伴三个角色。

2. 两点启示

第一，定位是动态的。团队对于环保法律服务的定位是明确的，是坚持不变的，但每个阶段的策略、路径和方式等规划都需要围绕总体定位不断调整和优化。

第二，专业需要坚守。团队在环保专业的发展过程中，经历了很多困难，面对了很多诱惑，如果团队不能坚守，就会偏离。

（二）"事业共同体"团队——通过"蜕变"形成

和大多数律师团队一样，绿建律师团队最初采用的也是律师加助理的模式。运行过程中，同样存在人员流动大、缺乏积极主动性、融入感不强等问题，不利于进行团队建设和实现长远目标。为此，打造事业共创、利益共享、风险共担的共同体成为当时最紧迫的工作。经过长期的思考，团队借鉴企业管理的成功经验，探索并制定出一套符合事务所和律师团队的事业共同体薪酬体系，将团队成员与团队利益绑定，让团队的事情变成团队每个成员的事情，充分调动全体成员的积极性和主动性，形成共同创业的环境。事业共同体的薪酬体系，主要通过事前确定、比例调整、鼓励创新、互助合作等制度，将成员收益与总体收益，与成员贡献、能力、创新等挂钩，从而形成激励上进、共创辉煌的利益共同体。

（三）团队产品——通过"聚变"产生

环保合规是绿建律师团队目前的重点核心业务，团队经历了多层聚焦，最终形成了"政府决策生态环保合规评估""企业环保合规管理"两大创新业务和"环保专项法律顾问""环保课题研究"两项衍生业务。

首先，环保合规是环保非诉业务领域内的聚焦。其次，政府和企业是服务主体的聚焦。最后，决策合规和合规管理是具体事项的聚焦。经过层层加码的聚焦，范围更小，专业度更强，服务要求更高。

"政府决策生态环保合规评估"是绿建律师团队首创的新业务，这是团队在研究中央环保督察数据时，针对政府部门普遍存在的决策困境而专门研发设计的针对此类困境的有效解决方案。该业务通过对决策事项中涉及的生态环保因素进行专业评估，为政府决策提供环保方面的专业建议，供决策者进行决策参考，从而帮助其科学决策、防控决策风险。存在该业务需求的部门多、市场空间大，可以提供相当数量的专业服务。

"企业环保合规管理"是绿建律师团队针对企业系统所需的全面、高质量环保管理而研发的，主要帮助高端客户有效掌握环保风险，助力企业健康快速发展。绿建律师团队将该服务总结为“12369”合规管理体系，梳理整理出34大类、299项的责任要求，通过“五段、十字诀”服务流程，保证服务有效开展。根据现阶段情况，团队已经锁定高端客户为目标，包括上市公司、有较强成长性期待的公司、央企、国企等。

环保专项法律顾问和课题研究是基于合规业务衍生出来的业务，是合规服务的派生业务。

（四）合作——营销着力点

专业必须合作，这样不仅能打破专业局限，也有利于提升专业质量，有效避免恶性竞争。

第一，合作是绿建律师团队研发新业务的出发点。团队将主要精力投入开拓有一定门槛、市场空间大且在较长时期内可以保持持续增长的业务类型上，为业内专业合作奠定了基础，也因此产生了团队的环保合规业务。

第二，合作是绿建律师团队获得客户的重要途径。一方面，团队通过撰写论文、组织培训、参加专业交流等方式，向政府和企业等目标客户进行营销。另一方面，团队选择其他领域的专业律师作为合作伙伴，帮助解决其客户在环保合规方面的需求，开展专业合作，构建合作双方和客户三方共赢的局面。

第三，合作是绿建律师团队提升服务质量的方式。团队通过与行业协会、其他相关技术机构合作，最大限度满足客户多方面需求，赢得市场认可。

（五）创新——在团队成果中随处可见

“创新”是绿建律师团队专业成果中最普遍的体现。

多年来，绿建律师团队参与了大量的立法、执法、普法、专业服务等专业工作，取得了大量的成果，主要有主导《〈深圳经济特区环境保护条例〉立法后评估报告》《深圳环保法规法典化编纂研究项目》《〈深圳市生态环境违法行为举报奖励办法〉修改》《深圳市生态环境环保党政责任体系及数据平台建设研究》《深圳市环境违法分类规范研究》《律师承办决策生态环保合规评估业务建议操作流程》等课题，服务深圳市生态环境局、深圳市环境监察支队、深圳市龙岗区政府等单位，为深圳、东莞、中山、珠海等地执法机构和企业进行了数十场培训。在这些成果中，处处都显现着绿建律师团队的创新，包括内容、形式和观念的创新。

截至本书出版时,绿建正在参与修改《深圳经济特区环境保护条例》,并提出了构建新型、高效的现代治理体系的建议,其中也包括结构、制度等方面的创新。

六、信达资本市场业务团队

信达律师事务所(以下简称信达)经广东省司法厅批准,于1993年8月成立,是深圳最早获批设立的合伙制律师事务所。信达带着改革创新的光环出现在中国法律服务市场,经过27年的发展,已具备约300员工(其中近200名律师)的规模,业务方面也从较为单一的证券法律业务扩展成为围绕资本市场延伸需求提供的综合性法律服务,并致力于为资本市场客户提供"一站式"法律服务。自成立以来,信达始终将资本市场业务作为核心业务,伴随着资本市场的完善和壮大,信达资本市场业务团队也经历了不断完善、风险控制、提升市场竞争力的过程。

(一)团队定位、愿景

近20年来,资本市场业务发展迅猛。随着资本市场规模不断扩大、品种不断丰富,客户对法律服务的要求也不断提高,律师开展法律业务的风险也与日俱增。

在这种形势下,相对于规模很大、分所众多的律师事务所,信达资本市场业务团队更愿意在适度规模上做专、做精,保持自身境内外资本市场业务在财经媒体中的一定关注度和曝光度,不盲目追求人员和业务规模扩张,努力平衡好市场知名度和风险把控的关系,尽量避免产生较多内部利益冲突。

根据这样的定位,信达要求资本市场业务团队熟悉资本市场的各环节,做到专注、专业,同时,信达注重培养团队成员洞悉客户长远利益和诉求的能力,帮助客户在合规基础上找到符合其特点的管理结构和商业模式,提升客户的商业文化。《论语·学而》有言,"信近于义,言可复也"——放在现代经济环境中,则可以理解为:客户的模式和行为符合市场规范,才更容易赢得市场各方面认可。另外,随着客户的成长,信达和业务团队也得到了长足的发展,即《论语·雍也》"己欲立而立人,己欲达而达人"的发展理念——帮助客户发展壮大,从而凸显信达律师的核心价值。

（二）团队律师结构

信达资本市场业务团队已经历了老中青的迭代更替，最早从事证券业务的律师大多已经退出一线工作，目前，20 世纪 90 年代加入事务所的律师是信达的中坚力量，21 世纪初期加盟信达的年轻人则是现场工作中最活跃的身影，21 世纪初入职的“学生兵”也已成为基础工作的主力军。

资本市场业务要求律师具有较广的知识面，较高地把握客户核心需求、控制风险的综合能力，这就需要经验丰富的合伙人带队。但资料收集整理、会议讨论、文件起草、现场核查、网络核查、客户走访等烦琐的证券业务工作事项，也需要年轻律师或助理进行深度介入，所以资本市场业务已经完全依赖团队作业。经过多年的发展，信达已经通过“传帮带”形成老中青有机结合的资本市场业务团队。

除资历较深的老律师是本科学历外，近十年来，信达招收的律师助理或年轻律师几乎都是硕士及以上的学历，很多甚至有国外学习和工作的背景。在信达资本市场业务的土壤中，不仅涌现出了中国证监会发行审核委员会委员、深圳证券交易所上市委员会委员、深圳证券交易所中小企业培训中心资深法务讲师、多家证券公司的内部项目审核委员、多地政府上市办公室的专家，也培养出了大量证券公司投资银行部门、投资机构、拟上市公司、上市公司所需的专业人才。

（三）团队文化

律师行业是典型的服务行业，没有实物的产品可供客户先测试后选择，所以如何让客户拥有良好的被服务体验，接受律师事务所的软性服务，是律师除法律专业技能外，必须同时具备的职业素质。

客户的类型千差万别，客户的诉求也是层出不穷，怎样才能抓住服务的“根”呢？信达资本市场业务团队要求成员清楚自己是法律服务提供者的定位，始终要具备服务意识，应当常常换位思考，体察客户的感受和心态，做到沟通交流的方式和礼仪都让客户感觉舒适、顺畅。同时，客户求助于律师是因为其法律方面的欠缺，所以绝不能简单顺应客户的要求，在形式上满足客户，而是要站在更宏观、更长远的立场，透过客户表面、无序的诉求思考其根本、深层次的利益需求，综合系统地解决客户的问题。只有客户觉得律师是真正“懂”他们的人，才会产生“黏”性，保持长久、充分信任的合作关系。

当然，风险控制毫无疑问也是资本市场业务中非常重要的事项。各项业务都需要经办律师"尽责"，即使是一些简单的业务，也不能想当然，或者轻信他人的陈述直接作出判断，一定要亲自把各项基础事实核查清楚，获得一手的资料或依据，再做出判断。资本市场业务所涉及的利益和影响一般都具有较大规模，相应的监管要求也较高，因此，将自己的工作过程一一反映在工作底稿和法律文件中，是防范业务风险的基础要求。为此，信达资本市场业务团队建立了严格的内部审核程序，组成了专职的内部审核团队，由内部审核人员核查经办律师的底稿是否齐备、内容使用是否适当，再由经验丰富的资深律师集体讨论项目的重大或疑难问题，以保证信达资本市场业务团队所出具的法律文件足够严谨、系统、充分，最大程度降低职业风险。

强调团队协作也是信达文化的重要组成部分。随着政府对资本市场的要求和监管日趋严格，大部分资本市场业务都必须依靠团队协作，个人很难顾及项目的方方面面。这样的工作模式就需要项目团队中的每位成员都要具备协作意识，在保质保量做好自己工作的同时，有意识地分享可能涉及其他同事、其他合作机构需求的关注事项，为工作的下一程序预留时间和空间，保障工作有序、高质量地开展。

（四）团队服务产品

首次公开募股（IPO）是信达资本市场业务的拳头产品，信达自成立起就开展了 IPO 业务。27 年来，信达已经无法准确统计为多少客户提供过 IPO 服务，从国有企业改制到如今的各 A 股上市板块、以香港市场为主的境外 IPO 市场，信达都活跃其中，在境内外财经媒体关于 IPO 的统计、评选中，也总能发现信达的身影。

在积累了众多的上市公司客户后，信达的上市公司再融资业务也就顺理成章地发展起来，信达资本市场业务团队每年都会办理大量的上市公司增资发行、非公开发行、可转债等再融资业务。

收购兼并也是信达不可或缺的资本市场业务。无论上市前还是上市后，收购兼并总是形影相随，显现出资本市场整合资源、放大效应的专有属性。

投资和基金业务是资本市场生态链中极其重要的环节，信达与资本市场的投资机构、基金保持着千丝万缕的联系，相互提供资源、探讨问题，共同辅助拟上市或已上市的客户在资本市场取得一次又一次的成功。同时，信达也为投资机构的投资行为保驾护航、排除障碍，是投资机构可靠的合作伙伴。

另外，在股权激励、新三板、外商投资等方面，信达资本市场业务团队也都取得了不俗的成绩。

（五）团队的营销策略、代表业绩

尽管信达的综合规模并不大，但仍在资本市场获得了众多国际、国内法律媒体的关注和推荐，包括钱伯斯、汤森路透《亚洲法律杂志》、《商法》、瑞恩资本、新财富、36Kr、IPO 头条、梧桐树下等。

随着互联网技术在中国的发展，国人在获得资讯、进行交易等方面已经越来越依赖网络手段。然而，资本市场的业务，仍旧严重依赖于市场和生态链中的声誉和推荐。所以，虽然信达在不断提升自己宣传推广的能力，但信达人更相信“有口皆碑”的力量，努力做好每个经办项目，获得每个客户和合作伙伴的认可，就是对自己最好的宣传！

信达在其成长过程中，与众多上市公司建立了良好、长期的合作关系，创造了不少资本市场的经典案例，如首家 B 股转 H 股上市（万科），首批 A 股分拆 H 股上市（中集集团和杉杉股份），非上市公司转债（茂炼转债），蓝思科技创业板 IPO，蛇口工业区吸收合并招商地产同时上市，招商蛇口收购中航善达，方邦电子首批科创板上市、嘉元股份 IPO 等，这些案例均获得资本市场的广泛关注和一致好评。

七、杜芹家族律师团队

（一）团队简介

杜芹家族律师团队是一支只办理家事法律事务的专业律师团队，拥有专属办案系统、案例研究院、心理财经税务专家顾问团，每年办理家事家族类案件和项目超百宗，深受好评。其办案风格刚柔并济、情理法交融，同时具备超强斡旋谈判能力，不仅深谙家企财产错综关系，洞见争端根源，前瞻家族隐忧，而且对诉讼和策略方案的筹划与实施独具匠心。团队成员严格遵循“专业、智慧、责任、爱心”的办案守则，可使用普通话、客家话、粤语、英语作为工作语言，工作地点遍布深圳、珠三角等全国各地。团队曾编著《婚姻律师这么做才专业》《并购重组法律智慧》等专业书籍，也常年为大学、妇女联合会、银行、保险等机构提供家事法和财富管理培训讲座,得到广泛赞誉。

(二)团队律师结构

杜芹家族律师团队的架构分为团队负责人、案件主管、资深律师、律师四级。

团队负责人杜芹律师是高端婚姻家事律师,钻研家事法和财富管理十余载,擅长处理重大、特大、疑难、涉外的婚姻、继承、析产等家事诉讼,还擅长对家族(企业)财富管理与传承架构进行系统设计和落地实操,是多家家族办公室的顾问律师,具有强有力的业务创新能力。

在杜芹律师的领导下,数位专注于家族法律事务的精英女性律师一起组成了该优秀的家族律师团队。

(三)团队文化

由于家事家族案件的特殊性,杜芹家族律师团队要求团队成员必须以耐心、细心、负责的态度与客户交流。另外,成员之间各自专长的领域有所不同,力求做到不断深耕研究,相互交流,对婚姻家事领域进行专业细分。

(四)团队宣传

以专业宣传为重点的媒体法律评论解说、授课著书是团队的主要宣传方式。杜芹律师是深圳都市频道、财经频道《第一现场》等栏目的常驻律师评论员,同时,担任清华大学、深圳大学、全国各地律师协会、深圳各区妇女联合会、图书馆等的特邀授课讲师,此外,还编撰了《婚姻律师,这么做才专业》《并购重组的法律智慧》《盈科十五周年优秀案例集》《盈科婚姻家事典型案例集》等专业书籍。

团队其他成员也经常参与各新闻媒体的法律评论解说。

(五)团队服务产品

1. 代理诉讼:离婚、继承、同居析产等各类家事案件。

2. 婚前筹划:婚前协议、股权债务安排、家族观念教育等。

3. 企业家家事规划:各类财产协议、资产归置、家族股权架构、信托和国籍身份设定等。

4. 婚前家庭危机处理:婚姻财产尽职调查、取证建议、代理谈判、协助调解、危机公关协助等。

5. 离婚全程指导:离婚协议、离婚及离婚后诉讼、协助协商与谈判、子女抚养安排与诉讼等。

6. 家庭财产传承安排：遗嘱、遗赠、遗赠抚养协议、意定监护协议、协助保险和信托设立等。

7. 继承执行指导：遗嘱设立与拟定、遗产尽职调查、遗产分割处理、继承诉讼等。

8. 家族办公室法律顾问：家庭、家族、家族企业财富传承方案，境内外保险与信托，移民与国际税务筹划等。

9. 家族财富管理与传承指导：家族股权、信托、保险、移民等方案设计、风险防范与落地实施。

10. 讲座培训：针对私人银行、保险公司等金融机构，涵盖各类家事和家族财富管理与传承。

第二章 律师团队的组建与协作

第一节　律师团队组建及其意义

一、律师团队组织结构模式

（一）律师组织结构的定义

关于律师团队组织结构目前并没有一个准确完整的定义，因此笔者从组织结构的含义入手，以此来定义律师团队组织结构。

狭义上讲，组织结构是为了实现组织的工作目标而对组织体系内各部门、层级、个体之间进行排序的方式；而从广义上讲，组织结构在此基础上还包括组织间相互关系的类型。

律师团队在工作内容上与其他行业相比有显著不同，相应的律师组织结构与其他行业相比也具有其特殊性。从狭义上讲，律师组织结构即为团队组织结构，主要指律师团队成员在日常工作中为实现共同目标进行分工协作，在职责、权利、工作流程等方面所形成的组织体系，是团队成员间相互关系的一种模式与框架。

律师团队组织结构是动态结构，从本质上讲，是为实现团队的共同目标而采用的协作体系，故其会伴随着团队工作目标的调整而改变。

（二）律师团队组织结构建设的要素

现代管理学创始人彼得·德鲁克曾指出：在一个组织中，组织结构是经过设计者系统分析和研究之后设计出来的，不可能是“自发演变”而产生的。

设计组织结构时，首先是对组织结构的基本构成单位进行识别和组织。其中组织结构的基本构成单位是指那些在组织结构中具有重大贡献并承担整个组织结构灵魂的业务活动。组织战略决定组织结构。所谓战略就是对"业务是什么、应该做什么和要做成什么"这些基本问题的回答。战略决定着团队中哪些步骤是最关键的环节，而结构只是实现战略的手段，以使组织结构与战略在效率和合理性上相适应。组织结构是否有效，要看这些关键性的活动是否能够正常运行并取得明显绩效。日常的业务管理和人员管理工作必须处于同一组织结构之中，组织结构必须以任务和人这两大要素为中心，以权力与责任并重为轴线。

因此，律师团队在设计组织结构时，必须要考虑几点因素：专业化、正规化、部门化、集权与分权、命令链、控制跨度。笔者在下文将对律师团队组建的关键因素逐一进行论述：

1. 工作专业化

20 世纪初，工作专业化随着亨利·福特的成功而享誉全球。他通过把工作细化成较小的、标准化任务的做法，让某一位员工重复性地进行某项特定工作。由于工人反复进行的是相同的操作，熟能生巧，生产效率随之明显提高。如今，人们用"专业化"来描述组织把工作任务划分成若干步骤的细化程度。当下，律师团队进行工作专业化仍具有重大现实意义并广受推崇。

工作专业化的实质是将一项工作分解成若干板块，每个板块分别由一个人独立完成。大多数组织结构中，往往只有少量工作只能由技术高的员工来完成，而普通员工不需要经过特殊训练就能做好其他大部分工作。如果工作的每个步骤都让员工参与，那么所有的员工就必须同时具备完成简单任务和复杂任务所需要的全部技能。然而，高技能员工对应着高薪酬，让高技能员工拿着高薪酬做着极其简单的工作，无疑是对组织资源的极大浪费。

通过对重复、简单的工作实行专业化，员工的工作准备效率将得到大幅提高。同时从组织管理效率的角度来看，实行工作专业化也有利于提高组织对员工的培训效率。

但是，越来越多的证据表明：工业专业化会导致工人的厌烦感、疲劳感、压力感等情绪高涨，这类非经济性因素对工业化的影响也越来越大。

现如今，在工作自由度高的行业实行工作专业化依然有效，比如高度自由化的法律、会计等咨询服务行业。管理者往往在运用工作专业化来提高工作效率的同时,也会进一步丰富团队成员的文化娱乐活动,以降低团队成员的厌烦感、疲劳感、压力感。

2. 团队部门化

律师团队部门化的基础是对工作内容进行分类,团队管理者通过专业需求再对工作进行任务细分,之后再按照工作类别进行分组,以协调成员共同完成一项工作。

律师团队可以根据团队服务产品的类型进行部门化。例如,在地产法律服务团队,其三大主要专业领域(土地招拍挂、房地产开发与销售、旧城改造)分别交由3位主办律师统筹。团队特定服务产品的相关活动都只由一人指挥,各成员在同一主办律师的指导下完成的同一系列服务项目,有利于团队提供质量稳定的服务。

此外,还可以根据客户的特定身份来进行部门化,理由是:每个部门所对应的特定客户对法律服务的需求存在共性,通过为其配置相应领域的专业律师,将能够更好地满足其特定法律需求。目前,全国的一些较大型律师事务所都会根据其服务对象是法人还是个人来分设部门。

综合性律师团队可综合利用上述方法进行部门化。近年来,律师团队进行部门化有两个倾向:第一是为了更有效地对客户需求的变化作出反应,故以客户需求进行部门化的团队越来越多;第二是固定的职能性部门正逐渐被综合法律团队所替代。

3. 命令链

命令链曾是组织设计的基石,随着社会技术的发展,其重要性已大不如前。不过,律师团队管理者在设计团队结构时仍需慎重考虑。命令链是从组织顶层到基层的连续权力路径,它能够解答团队成员对"遇到问题,我应该去找谁?"的疑问。

在讨论命令链之前,读者需要明白两个辅助性概念:权威和命令统一性。权威是指行使管理职权的管理者发布指令并期望指令被全面执行的固有权力。每个管理者为了促进协作并完成相关职责任务,在命令链中都对自己的位置授予一定的权威。而命令统一性则有利于保持权威链条的完整性,要求一个人只对一个领导负责。

随着时代的变化,组织设计的基本原则也在不断变化。由于远程终端技术的发展和分布式授权潮流的冲击，命令链、权威、命令统一性等要素的重要性不断下降。如今，多数律师团队都用到了团队协作办案软件，如iCourt。团队负责人、主办律师、协助律师、助理、文员等人，都可在办公平台上对案件的办理流程及下一步工作一目了然，也可准确无误地了解工作时间要求。

4. 控制跨度

控制跨度对律师团队结构设计非常重要，在很大程度上决定团队要设置多少层次，配备多少协助人员。在相同情况下，控制跨度越宽，团队效率就越高。假设有两个律师团队，其办案人员均为 8 人，如果一个团队的控制跨度为 2 人，另一个为 4 人，相比之下，控制跨度宽的团队在管理层次上少一层，即可以少配备 2 名管理人员，故从成本角度看，控制跨度宽的团队效益更高。但跨度宽所带来的效益不是无限的，如果控制跨度过宽，易导致主办律师没有足够精力为下属提供必要的领导和支持，从而给工作绩效带来不良影响。

由于网络协同办案技术的出现，律师团队有加宽控制跨度的趋势，在IPO 项目中尤为明显。加宽控制跨度可以显著降低管理成本，使决策过程更加高效，但为避免因控制跨度加宽而导致员工绩效降低，各团队都会同时加强培训力度。团队管理者现已认识到：只有让成员充分了解工作，才能有效控制跨度过宽带来的负面问题。

5. 集权与分权

有的律师团队走向高度集权的极端，所有的决策均由管理者做出，主办律师只负责执行即可；还有的律师团队走向高度分权的极端，即团队管理者把决策权全部分解下放给主办律师。

集权式与分权式团队对外部环境变化所采取的应对措施有本质的不同。行动快、解决问题速度快是分权式团队的优势，由于团队大部分人愿意为决策提供建议，所以分权式团队员工与决策者几乎没有隔膜。由于团队中的直接办案人员对有关问题的了解比团队管理者更翔实，成员对自己职责内的问题处理也会更得当，因此近几年来分权式决策的趋势比较明显，使团队更加灵活和主动地作出反应。

6. 正规化

正规化是指律师团队日常工作考评标准化的程度。管理者期望通过工作说明书、律师团队规章制度来使团队高度正规化,并以同样的方式投入工作来保证稳定产出。但由于个体权限与律师团队规章数量基本成反比,因此标准化程度越高,成员自主选择的权力就越小。

团队内部的不同工作环节的正规化程度差别很大。众所周知,诉讼出庭工作正规化程度很低,工作自由权限比较大,对团队中从事该部分工作的律师而言,不要求法庭用语标准划一,仅需要每周交一次工作报告并对案件材料准备情况提出建议。另一种极端情况是那些负责案件研究、法律检索工作的团队成员,他们被要求准时出勤、在规定时间内完成工作任务,还必须遵守管理人员制定的一系列详尽的规章制度。

通俗来说,好的律师团队组织结构优良程度是一个律师团队实现内部高效运转、取得良好绩效的先决条件。律师团队组织结构通常表现为团队的人力资源、职权、职责、目标、工作关系等要素的组合,是组织在"软层面"的基本形态,其本质是实现律师团队各种目标的手段。

(三)律师团队组织结构的基本模式

随着社会发展,组织结构不断演变,先后出现了直线制、矩阵式、事业部制等组织结构形式。基于对工作内容、服务对象、工作要求的不同取舍,不同行业的律师团队的组织结构模式也会不同。从不同的角度出发,律师团队的组织结构主要可以分为以下几种形式:

1. 以工作指令传达方式划分

(1)直线制。直线制是最早形成也最简单的组织形式。其特点是团队内部从上到下实行垂直领导,统一指挥管理权,明确责任权限。此类型律师团队主办律师需要对所属单元的一切问题负责。直线制的优点是:结构简单、权力统一集中、决策迅速、责任分明;缺点是:要求团队负责人有亲自处理各种业务的能力。

由于组织系统刚性大,对外界变化的反应不够灵敏,故直线制只适用于规模较小,法律服务产品单一的团队,对团队法律服务产品较多的大团队并不适宜。

(2)职能制。职能制强调大跨度和管理职能专业分工,由总负责人将相应管理权力交给职能负责人,后者即可在其职权范围内直接指挥成员,发挥专业管理特长,提高各职能团队的工作效率。职能制的优点是:能适应综合性法律服务领域中法律关系较复杂、管理要求精细的工作,如 IPO 业务;缺点是:下级项目负责人除接受直接上级指挥外,还需要接受职能管理人的领导,不利于建立健全各团队负责人和职能团队的责任制,易出现争功诿过现象。因此,现在的律师团队一般不会完全照搬职能制。

(3)直线职能制。直线职能制是由直线制和职能制相结合而成的。它将直线制和职能制取长补短,汲取这两种形式的优点,将管理机构和人员分为两类:一是直线指挥机构,成员在自己职责范围内拥有一定决定权、指挥权和命令权,按命令统一原则对各级组织行使权利,对自己部门负责;二是作为直线指挥业务助手的职能机构,成员专业从事团队的职能管理工作,作为直线指挥人员的参谋,对直接部门进行业务指导。在此责任制下,各级领导都配有职能机构人员助手进行参谋,同时职能人员也能够发挥专家作用,提高管理水平。每个部门都由同一领导人指挥,可以满足统一协调组织和严格责任制的要求。

此类责任制在我国大型律师事务所及团队被广泛采用,如 IPO 及上市律师团队、资产并购、产业整合业务团队。直线职能制律师团队的优点是:能保证律师团队管理体系的集中统一,同时在各级项目负责人的领导下,充分发挥各专业管理机构的作用;缺点是:职能部门之间的协作和配合性较差,办事效率不高。

2. 以团队决策方式划分

(1)"君主制"。"君主制"是指团队负责人一人有权决定其他律师的薪水及工作的制度。此类型责任制一般要求律师团队负责人预先设定薪酬方案,并于年末调整年终奖。目前国内专注于以量取胜(如劳动法业务)或特定资源(如 IPO 业务)专业领域的团队多采用此制度。如果由公正、信服力强的管理人负责薪酬分配,团队就能运作良好。"君主"单一决策有助于提高效率,但一旦员工对薪酬有异议,"君主"应立即说明决策理由,并解释成员获得其薪酬的原因。当其他律师也逐渐成长为团队吸金者,沟通或处理不好薪酬配比,团队就会运转不灵。此时,"君主"可能根本没有意识到问题何在,或是错误认为团队归属于自己而非大家,从而导致独裁管理。此类型团队一般缺乏忠诚度和团队意识,一旦有其他律师成为团队吸金者,就会引起"政变",要么使独裁"君主"下台,要么获得权力分权。由于空降人才的薪金易打破现有人才的薪酬结构,故实行"君主制"的团队不宜采用横向吸纳人才的方式,即支付更高的薪水吸引人才。君主制律师团队的优点是:信息沟通快捷,执行力强、高效,成本低;缺点是:缺少民主监督和制约,试错成本高,团队人员不稳定。

(2)事业部制(“邦联制”)。事业部制是一种高度(层)集权下的分权管理体制。此类型制度主要在律师事务所层面运用较多,适用于规模庞大,法律服务产品繁多,技术复杂的大型团队,如广东中熙律师事务所。事业部制将律师事务所按法律服务产品类别分成若干事业部,事业部及所属律师负责法律产品的设计、成本核算、推广,实行单独核算;事务所只保留人事决策,并通过利润、预算控制等指标对事业部进行管理。实行事业部制不仅可让团队领导摆脱行政事务管理,集中精力研究团队发展的经营战略;还可以使事业部最大限度获得管理权,以利润中心实行独立核算。

因此,采用事业部制可让不同法律服务分离,从而进行针对性管理经营。事业部制律师团队的优点如下:第一,每个事业部都有自己的服务产品和市场,能迅速对市场新情况作出反应,有极佳的市场适应性;第二,各事业部自行经营管理,能让高层管理者有更多时间实行决策职能,提高管理层的效率,发挥各自的职能;第三,事业部独立经营能让事业部管理者得到良好锻炼,为团队未来发展储备人才;第四,事业部使事务所层面能更好地了解各法律服务产品的情况,有利于评价每种法律服务产品对总利润的贡献程度,协助管理层制定未来发展战略;第五,事业部有利于其对各自专业领域的法律服务产品进行研发论证和推广;第六,自主管理可增强事业部自主性,更大的权力也意味着更大的责任,有利于激励事业部管理者;第七,各事业部之间能形成良性竞争,使律师事务所更有活力。

(3)“共和制”。“共和制”又称委员会制,是律师团队组织结构中的一种特殊类型。一些律师事务所的中大型律师团队采用委员会形式,如以刑事案件为主的大型律师事务所。事务所按业务内容和工作对象设有刑事辩护、刑事合规、刑事控告等部门,在刑事辩护部门中又按专业设有经济犯罪、毒品犯罪、走私犯罪、职务犯罪等辩护团队。此时,为了整合和平衡各刑事团队,一般会成立刑事委员会。

“共和制”律师团队的优点是:集思广益,防止权力过分集中,方便沟通与协调,有利于集体审议与判断,代表集体利益,信任度高,促进管理人员成长;缺点是:责任不明,议而不决,决策成本高。

3. 以团队成员专业分工、协作文化建设划分

(1)“野牛”式。每头野牛都身强体健,若单打独斗,其战斗力与狮子、老虎等猛兽相比也毫不逊色。但若是一群野牛,其整体战斗力反而有所下降,甚至跌为负值。这是因为野牛群遇到危险时,哪怕面对的只有一只狼,都会丧失战斗决心,向四面八方横冲直撞、各自逃命,最终被各个击破。“野牛”式团队的特点是:没有团队灵魂人物,成员大多盲从,团队合作时力量微薄。

(2)“螃蟹”式。一只竹篓里放有几只螃蟹,即使竹篓没有盖盖子,也少有螃蟹能爬出来,这是因为“我好不了,你也别想好”的思想在螃蟹群中作祟。任何一只螃蟹向上爬,其他螃蟹都会用爪子勾着爪子,攀附在向上爬的螃蟹身上,在这样互相制约和拆台的情况下,谁也爬不出去。“螃蟹”团队的特点是整体绩效通常十分低下。“螃蟹”式律师团队的优点是:团队组建筹备阶段即团队创建之初即可发现志同道合的伙伴;缺点是:缺乏带头人、没有共同目标、专业方向不明、随波逐流、内耗严重。

创业初期的团队正处于组织生命周期第一阶段,以案源为核心,由管理者和协助律师组成。此时,还不涉及专业化和正规化,团队创立者拥有绝对权力创造团队文化。这种团队适合变化莫测的环境,可以快速调整思路,但其没有后续力量支持,一旦受到冲击就很容易失败。

(3)“飞雁”式。大雁是一种非常讲究团队协作的动物,在飞行时会本能地排成特殊的队形,前面的大雁为后面的大雁创造有利的上升气流,互相依托,减少阻力以减轻体能消耗。想要形成“大雁团队”的凝聚力和向心力,首先需要严明纪律,让团队成员在制度范围内活动;其次要形成统一的文化和价值观,让成员大方向、大目标保持一致;最后整个团队才会为了共同目标而不断努力。“飞雁”式律师团队的优点是:成员团结一致,目标、专业方向明确,人员相互依存,相互学习,执行力强、高效,有利于人员梯队、专业积累;缺点是:个别成员积极性不高,易生内耗。

(四)常用组织结构模式

一群人可以是一个团队,也可以是由乌合之众组成的团伙。团队意味着精神上的契合,目标上的一致,行动上的配合,困难中的鼓励;团队意味着即使感到孤独也不是一个孤独的存在,当你需要帮助时,队友就会向你伸出援助之手,团队就在你身后扶持,是“胜则举杯相庆,败则拼死相救”的真实写照。

律师团队要想保持平衡，不仅需要每个人各尽所能，更需要内部能量的不断供给。所谓的内部能量，来自团队的凝聚力和向心力，来自团队的活力和创造力。律师团队管理者一方面要加强发动自我能力，另一方面则要提高自己的领导力，调动成员的创造力，带动团队的活力，最终使团队形成协调发展、互动互守的运动态势，使团队充满活力，安定有序。

笔者经过观察走访发现，在我国现阶段法律服务市场上，律师团队组织结构主要为群龙无首的"螃蟹"式、一人全挑的"君主"制，还有极少的"飞雁"式。这3种组织结构各有优劣，在团队组建和成长的不同阶段均可存在并具有一定合理性。上文已对"螃蟹"式、"君主"制的缺点进行说明，没有经过提升和规划的团队大都属于这两种。笔者认为，"飞雁"式是最适合律师团队组建与管理的结构模式，下面笔者将进一步解析。

大雁十分注重群体配合，在其飞行时会随时调整队形，任何一只大雁都可能因天气状况或自身能力而被推荐为头雁。笔者从中总结出团队建设的6则启示：

1. 团队：大雁呈"人"字形队列飞行，每只大雁振翅高飞的同时也为后面的队友提供"向上之风"，使每只大雁最大限度节省体力。

2. 沟通：大雁通过叫声传递信号指令，在变换队形或领头雁时，彼此会通过特别的叫声传递信息，顺畅沟通为团队协作提供保障。

3. 领导力：在雁阵中，头雁的任务最为艰巨，作为整个雁阵的领导者和决策者，需要更大的勇气，也需要全部大雁的拥护与支持。

4. 目标：大雁从不会盲目起飞，在飞行过程中也目标坚定，始终保持整齐的队列朝着共同的目标飞行。

5. 纪律：大雁飞行从北到南路途遥远，但没有一只大雁会在飞行途中擅自离群。无论什么时候，大雁都是以整齐的"人"字形队列进行飞行，纪律严明且自主自发，这是本能使然，也是行为长期重复的产物。这说明想要打造"飞雁"式团队，不仅要建立严格的奖罚制度，更要构建一种正确的价值观，长期进行重复宣导，将之融入每位成员血液里，成为团队本能的行动指导思想。

6. 分工：不管是领头的、压阵的，还是队列中间的成员，都会自觉承担各自的工作，互相鼓励，成为默契的合作者，这就是有着相同目标、明确分工、协调合作、有序竞争、恰当组合、宽阔胸怀、无私奉献的大雁精神。借鉴大雁团队中相互信赖、互相协作、共同进步的精神，营造和谐的团队氛围，是打造高效团队的有效方法。只要律师团队能将大雁精神移植到自己的团队中，就没有做不到的事情、达不到的目标。要成为“飞雁团队”，需要更深刻的提升和转变。

（五）律师团队组织结构优化的注意事项

律师团队组织结构优化并不会经常发生，但当对其进行组织结构优化时，则应当采用合适的方法进行。通过对团队组织结构进行优化，最终达到团队管理科学、效益提升的目的：

1. 确保组织结构稳定性过渡或稳定性存在

在律师团队组织结构优化的过程中，新设置的组织机构需要具有一定稳定性，能够稳定好当下经营管理活动，将旧有机构、人员平稳过渡到新的机构和岗位中，确保不适应新岗位的原成员平稳离职，避免因个别人离职导致员工对律师团队失去信心。是否具备稳定性，取决于团队优化调整时部门设立是否做到了“三适”：

（1）适应：是否适应律师团队发展和科学管理的基本要求，团队的规模、产品的市场需求是否具有内在调整需求。如果团队效率提升速度与团队规模扩大速度不匹配，原有的部门和岗位不能适应团队的发展需求，就应该主动进行团队优化。

（2）适时：律师团队是否到了不调整就不能取得更好效益的处境；是否有助于律师团队在发展中踏上新的起跑线；是否能促进律师团队快速提升业绩及管理水准；是否具有“退半步，进一步或进两步”的效果，等等。

（3）适才：是否有合适的人员参与优化调整；是否能为律师团队发现、引进急需的专业人才；是否能最大限度发挥现有人才的作用和潜力。其中，能最大限度地合理使用人力资源是关键。

2. 以有利于考核与协调的准则进行分工并明确责任

为避免今后可能存在的问题，对现有不协调的组织关系进行有效改进，最终应做到部门权责清晰、职能明确，有利于团队管理工作高效协调，团队管理制度有效进行。

3. 岗位设置与人才培养相结合

综合考虑人员职能属性，优化调整当前部门和岗位。综合考虑现有人员品行，团队发展所需能力、潜力等，在品行有保证、培养风险小的价值前提下，有意识地将部门、岗位和人才培养相结合，让“律师团队是个人的发展平台”这一理念得到体现。

二、律师团队组建的意义

团队完成定位后，最重要的工作就是团队组建。然而在现实中，团队定位定型往往是在团队组建后，甚至有些团队定位直接取决于团队的组建工作，可见团队组建工作意义重大。总而言之，团队组建的意义可体现在两个方面。

（一）团队组建是当前律师业发展的需要

如前文所述，团队组建是法律服务市场与律师事务所发展的共同要求，其积极意义在于增加单位时间产出、分工合作提高办案效率、实现资源共享、形成良好的工作氛围、获得高额法律服务对价，有利于竞标重要法律项目，实现律师专业化。

目前，律师在业务方面依然普遍存在单打独斗的情形，通常是一名律师带一两名助理，待助理们拿到执业证，又开始重新培养下一批徒弟。师徒制传承往往存在问题：徒弟认为被剥削剩余劳动价值，没有学到真本事；古语有云“教会徒弟，饿死师傅”，师傅也觉得有必要留一手。随着时代的变化，法律服务市场与律师事务所的快速发展促使律师业务类型分类更专业化，类似于医院的科室设置，律师也如同不同科室的专科医生，而非包治百病的全能医生。

（二）团队组建是团队发展的基础

如今，法律服务市场越来越注重团队建设，团队组建前往往需要完成团队定位，即团队的目标导向，包括团队的发展愿景与战略。这将直接影响团队文化、核心竞争力的形成，专业方向的选择，以及包括但不限于的人才、产品、市场等各项法律服务市场要素的集中与优化。

1. 团队具有凝聚功能。任何组织都需要凝聚力，凝聚人心、凝聚共识，而律师团队尤其需要。一方面，传统律师执业后习惯单打独斗，缺乏团队合作的意识和习惯；另一方面，市场及客户对律师在专业化与团队协作方面的要求越来越高。由此可见，离开了团队的律师，其发展空间将会越来越窄，而具有强大凝聚力的团队，则会发展得越来越好！

2. 团队具有激励功能。每位律师都被当事人施加了各种期许，因此律师从事的实际是高强度劳动，不仅需要处理各种棘手问题，还需要实现各种交易诉求与风险规避。由于经常处于高压工作状态，因此律师的身体、心理素质均需达到极高要求。团队精神可以激励团队成员自觉要求进步，向最优秀的成员看齐；也可以激励团队成员保持良好心态和耐力。一个人走得更快，一群人走得更远！

3. 团队具有约束功能。众所周知，律师行业具有天然的合伙性与个人能动性。个体行为需要被约束，群体行为也需要协调。团队精神所产生的约束功能是通过团队内部所形成的观念、力量、氛围来规范个体行为。团队约束是由硬性控制转向软性内化控制；由约束短期行为转向约束价值观和长期目标，这种约束更为持久且有意义，易深入人心，从而帮助完成团队及个人的使命和愿景。

◇ 第二节　律师团队的组建

一、选人育人

“选人”是组建律师团队的基础，也是律师团队发展、壮大的重要环节。如何通过招聘“选人”，如何辨别各种招聘途径的利与弊，如何找到适合团队的招聘形式，如何安排面试、笔试以及试用期，如何将人才留住，如何有针对性的“育人”，这些话题都将在下文中进行介绍。

（一）招聘

1. 制订招聘计划

律师团队与企业一样，除了临时用人的招聘之外，同样需要制订招聘人才的中长期计划。“选人”之前制订好招聘计划，能起到事半功倍的效果。根据律师行业的特点，笔者建议招聘计划可以包括但不限于下列要点：(1)需求清单；(2)发布招聘信息的渠道和途径；(3)成立招聘小组；(4)拟定考核方案；(5)拟定费用预算；(6)拟定招聘工作时间表；(7)拟定招聘广告样稿。（见图2－1）

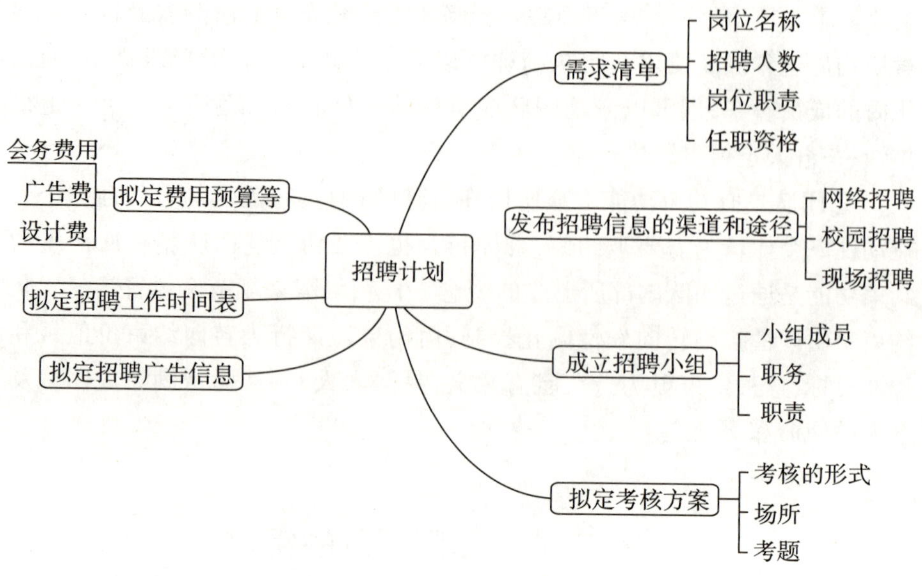

图2-1 招聘计划流程

2. 常用招聘途径

(1)网络招聘。这是一种覆盖面广、招聘成本低、针对性强的招聘方式。律师行业可通过大型综合性招聘网站、专业招聘网站、律师协会网站等进行招聘。网络招聘具有以下优势:第一,传播迅速、覆盖面广。互联网的发展,特别是移动互联网、智能手机的迅猛发展使网络招聘具有更明显的独特优势。不论是需求方还是求职方,均能够及时和全面地获取信息。第二,时效性强、便于沟通。在制订好招聘计划后,可以即时将招聘信息发布于常见的招聘门户网站以及律师协会官方网站中的人才交流板块。与传统招聘方式相比,网络招聘不受时间、地域限制,可以即时、快捷地传递需求信息,还可以根据需求的变化及时更新信息。第三,节约时间、成本较低。相较于现场招聘、校园招聘等招聘形式,网络招聘更能节约时间、缩减经济成本。

但网络招聘也存在信息量大、成功率较低的弊端:第一,求职信息处理难度大。网络信息传播具有广泛性和及时性,极大地提高了招聘需求,特别是专业需求的传播力。对于专业和能力要求相对较低的团队岗位,容易得到大多数求职者的青睐,即会同时产生众多的求职信息。此时,如何进行高效筛选和辨别,就成为难点。第二,成功率较低。网络招聘能更便捷、迅速地获得简历,但大量的无效信息也会增加真正合格的候选人被漏选的可能性。同时,不同于现场招聘会的面对面交流,网络招聘所获得简历的成功率也相对较低。

(2)校园招聘。特别是法学专业院校的校园招聘,是律师团队吸纳优秀专业法学毕业生、推介自身团队的良好时机。校园招聘是仅次于网络招聘的有效招聘方式,也是律师团队招录后备人才的最好渠道,包括学校信息海报、学校专场招聘会、校企联合专场招聘会等方式。

(3)现场招聘会。一般有大型综合性招聘会和专场招聘会两种。其中,各形式的专场招聘会是律师团队获取优秀人才的传统渠道。团队律师可以直接与求职者面对面交流,可以较为直接地展示团队实力和特点。总体上成本支出低、工作效率较高,可以快速淘汰不适合的人员,控制进入下一阶段的人员数量和质量。

自2018年起,深圳市律师协会每年举办的法律人才招聘会得到了许多律师事务所与求职者的认可。但由于每次希望参与招聘的求职者众多,场地相对较小,故实际参会人数受到极大限制。

(4)同行或朋友的引荐。是律师团队获取新成员的另一种途径,但需要慎重使用。

综合来看,上述途径各有其优缺点,故笔者提出以下建议供读者参考:第一,根据团队不同发展时期、不同战略下的不同需求,确定选聘方式;第二,人才的选聘和培养需要形成梯队,制订后备人才计划;第三,招聘体系做到规范化和流程化。(见表2－1)

表2－1　常用招聘途径总结

渠道类别		优势	劣势	整体分析及使用建议
网络招聘	律师事务所或团队网站	成本最低,既可以用于招聘,也可以推广律师事务所或律师团队	点击量较低、受众面窄	可以长期放置招聘广告,定期更新,以“守株待兔”的形式进行招聘
	专业招聘网站	可以随时发布、更新招聘信息;受众面广,简历数量大;费用较低	简历筛选工作量大;应试率相对较低;岗位针对性不强	可以作为助理、文员等一般岗位的首选渠道;不太适合专业要求较高的需求

续表

渠道类别		优势	劣势	整体分析及使用建议
网络招聘	博客、微信公众号、App推广等其他形式	受众针对性强	需要一定的人力和时间	如果有较为成熟的博客、微信公众号等资源，可以加以利用
校园招聘	校企联合招聘会	储备后备人才的良好途径，长期效果好，黏度高，人员流失率低； 应聘人员集中，还能展示律师事务所或团队形象	经济、人力成本相对较高，对知名或大型律师事务所较适用；培训周期长，投入大	建议在需要大量招聘或者储备人才时选用； 提前做好律师事务所和团队的宣传资料
现场招聘会	大型招聘会或专场招聘会	人员集中、效率高，可以迅速淘汰不适合的应聘者，控制应聘者数量和质量	费用较高，需要投入较多人力，周期短，依赖于展会举办方的影响力和推广能力	适用于一般型人才的招聘
同行或朋友引荐		针对性强、成功率高	受众面小，发现不合适后辞退较难	一般不建议使用，除非遇到较为合适的对象

（二）如何设计笔试

1. 笔试的重要性

笔试，与面试相对应，是用以考核应聘者特定知识、专业技术水平和文字运用能力的书面考试形式。笔试可以有效测定应聘者的基本知识、专业知识、管理知识、综合分析能力和文字表达能力等素质及能力的差异。笔试在招聘中具有重要作用，是把好入门关的关键一环，尤其在进入笔试环节的应聘者较多的情况下，能够有效甄别其是否符合团队的用人需求。

国际通用的九大员工测试方式包括综合素养、性格及能力、职业能力、情商、人际交往能力、职业性格、心理成熟度、礼仪、情绪稳定性等（见图2-2）。为了适配律师团队成员招聘的特点，做到更好的“选人”，掌握每位应聘者以及现有成员的内在特质，笔者将以律师行业内常见的智商测试、情商测试及专业知识测试为例进行阐述。

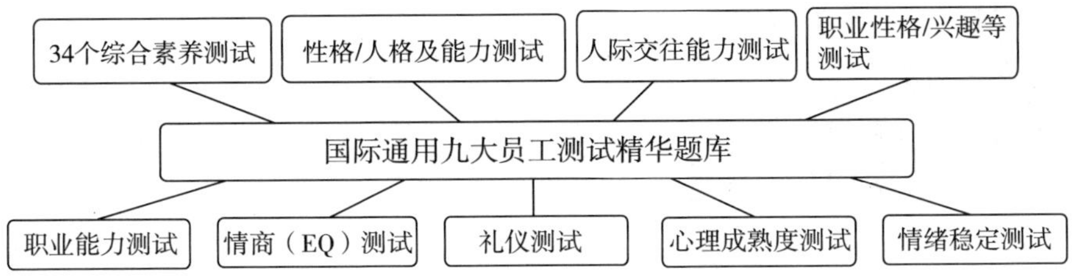

图2-2　国际通用九大员工测试方式

2. 智商(IQ)考察

(1)智商考察因素。

律师行业是一个高智商行业,除了专业能力之外,想要更好地融入团队、服务团队,就需要较高的智商。评定智商高低,涉及多方面因素,包括观察力、记忆力、想象力、分析判断能力、思维能力、应变能力等。

笔者认为新成员适应和融入律师团队,至少应当具备5方面因素:第一,观察力:指大脑对事物的观察能力。通过日常生活和工作中对他人、同行、同事之间的观察,发现新奇事物,对人、事、物有新的认识。第二,注意力:指人的心理指向和集中于某种事物的能力。全神贯注、全身心地投入某项工作或某项具体事务,才不至于半途而废。第三,记忆力:指识记、保持、再认识和重现客观事物所反映的内容和经验的能力。律师执业活动中,程序性、实务性的工作非常多,小到开庭时间,大到重大项目的进度表,等等。理论知识、法律法规更是纷繁复杂,拥有较强的记忆力是从事律师行业、适应律师团队的基本技能。第四,思维力:指人的大脑对客观事物概括的反映能力。要求成员在学会观察人、事、物之后,逐渐把各种不同的物品、事件、经验分类归纳,进行思维概括。第五,想象力:指在已有形象的基础上创造出新形象的能力。想象是在掌握一定的知识和技能的基础上完成的。(见图2-3)

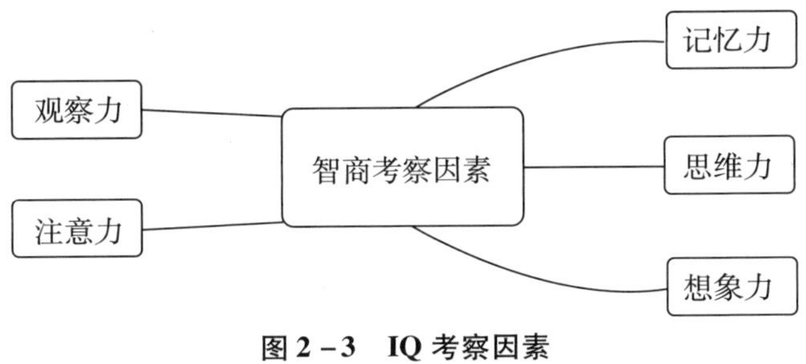

图2-3　IQ考察因素

(2)可供参考的智商测试。

智商测试应以适中难度为宜,根据律师团队所需岗位的不同,选择与之相适应的测试题,互联网及人力资源管理类书籍中均有关于智商测试的介绍和试题。笔者根据自身使用情况,推荐以下 3 个测评工具以供参考:

①全球思维量表(Global Mindest Inventory,GMI),此测评衡量智力、心理、社交三方面的 9 种能力。

②瑞文标准推理测试(Raven's Standard Progress Matrice,RSPM),此测试属于非文字智力测试,用以测试人的观察力及清晰思维的能力。

③全脑优势测评(Herrmann Brain Dominance Instrument,HBDI),用于测评人的大脑思维偏好。

3. 情商(EQ)测试

(1)情商考察的因素。

情商主要是指人在情绪、意志、耐受挫折等方面的品质。律师行业是一个与人打交道的行业,无论是在团队协作过程中,还是在对外开展业务活动中,情商都显得格外重要。情商不高,就无法很好地融入团队,也无法在团队中起到应有的作用。情商,与智商相对应,需要团队带头人在日常工作和生活中进行关注和培养。简言之,就是把不可控情绪变为可控情绪,提高理解团队成员及与客户或他人相处的能力。

高情商的人一般具备以下 10 项素质:①主动自发的性格和工作热情;②具有远大、明确的目标;③情绪控制,特别是负面情绪的控制;④有清醒的自我认识;⑤具有一定的人际关系处理技巧;⑥对自己和他人有清醒的认识,能承受压力;⑦自信而不自满;⑧人际关系良好,和其他成员能友好相处;⑨善于处理、化解生活和工作中遇到的问题;⑩认真对待每一件事情。

(2)可供参考的情商测试。

基于以上情商因素的分析,笔者推荐以下 3 个测评工具以供参考:

①FIROB 心理评测,包括基本(fundamental)、人际(interpersonal)、关系(relations)、定位(orientation)、行为(behavior)5 项,探究"你与他人互动的典型方式"。

②国际标准情商测试,该软件可用于情商和智商测试。

③迈尔斯布里格斯类型指标(Myers - Briggs Type Indicator,MBTI),主要用于了解受测者的处事风格、特点、职业适应性、潜质等,从而提供合理的

工作及人际决策建议。

4. 业务能力考察

新成员业务能力的强弱直接影响到今后如何更快融入团队、如何更好开展律师工作,因此,业务能力测试是最后也是最关键的一个环节。根据所招聘团队成员的职位或分工不同,业务能力测试的范围也不尽相同。笔者建议可以从案例分析、法律文书写作、汉译英(或英译汉)等方面进行测试。

(1)案例分析。案例分析可以考察应聘人员的法律理论知识、归纳能力、转化能力以及法律分析能力。案例不需要从网络或书本上选取,也不需要从司法考试等的试题中挑选,而应当从本律师团队所承办的案件中选取。选取的案例应当以争议不大、法律规定相对明晰为宜,根据招聘岗位的不同挑选难易程度相当的案例,常见的有民间借贷纠纷、离婚纠纷、公司股权纠纷等。

(2)法律文书写作。文书写作是律师的基本功,也是开展其他法律工作的基础。文书写作质量直接可以判断出一名应聘者的表达能力、文字功底和对法律法规的熟悉程度。笔者建议,可以结合案例分析的案例,要求应聘者在规定时间内起草相关法律意见书、律师函、起诉状或答辩状。

(3)汉译英(或英译汉)。汉译英(或英译汉)测试的最终目的不是测试应聘者英语能力,因为某些岗位可能并不需要具有英语能力,或者对此要求不高。测试一方面可以了解应聘者的英语能力和日常学习能力;另一方面可以测试应聘者的诚信意识和应试能力。

(三)如何安排面试

一般来讲,面试通过面谈或线上交流(视频等)的形式来考察应聘者的工作能力和综合素质。通过面试可以初步判断应聘者是否可以融入团队,是否是团队所需要的人才。面试是面试官(或小组)以交谈和观察为主要手段,由浅入深测评应聘者的专业知识、工作能力、社会经验和综合素质等因素的测试。

面试为需方和求职方提供了双向交流的机会,能使双方相互了解,从而可以更准确地做出聘用与否、受聘与否的决定。一般来说,面试有以下几个目的:第一,考核求职者的动机与工作期望;第二,考核求职者仪表、性格、知识、能力、经验等特征;第三,考核笔试中难以获得的其他信息。

面试的组织和实施是保证面试顺利进行、促进其达到预期效果的重要环节。

1. 确定面试对象

面试一般在笔试之后进行，笔试合格者才有机会参加。面试对象数量一般是拟录用人数的2～3倍，具体根据律师团队招考实际情况而定。面试对象确定后，应通知应聘者，做好应试准备。

2. 确定面试考评小组

如果条件允许，面试前应当组建一个面试考评小组（或面试评委会）。面试考评小组一般由3～5人组成，可以从团队或事务所中抽调人员组成，包括团队人事负责人，用人部门负责人，团队主管，外部面试考评专家等。在面试考评小组的人员构成上，可以考虑不同专业、不同性别、不同年龄，进行优势互补。

3. 培训面试考官

一般情况下，律师团队不会形成固定的面试考官团队。因此，在面试前对面试考官进行培训，就相关问题达成一致，是一项重要的工作内容。当然，如果律师团队条件允许，可形成相对固定的面试考官团队，在日常工作交流过程中逐步形成相对统一、固定的面试模式。

4. 安排面试场所

面试场所一般相对固定，不需另行安排。它是面试构成的空间要素，需要按照一定的条件来选择和布置。面试场所宜选在安静、独立、不易受外界干扰的地方，要保持整洁、宽敞、明亮、通风、冷暖适宜，面试室内设主考席、评委席、应试者席、工作人员席和监考席位，需配备相关的材料和标志等。

5. 确定评价标准

面试活动开始前，团队负责人应当根据岗位需求事先确定要测评的内容、各项内容的比重、对应试者回答的评分标准等。

6. 面试内容

面试内容可以根据岗位需求和团队的喜好来设置，笔者的建议如下：

（1）仪表风度。包括外貌、气色、衣着、举止、精神状态等。仪表端庄、衣着整洁、举止文明的人，一般做事有规律、注意自我约束、责任心强。

（2）专业知识。面试团队中的专业律师应当了解应试者法律专业知识和经验的深度和广度，专业知识是否符合所要录用职位的要求。对专业知识的考查应当更具灵活性和深度，注重程序性问题，所提问题也更接近需求岗位对专业知识的要求。

（3）工作意愿和职业规划。考查应聘者的工作意愿和职业规划是否与团队相匹配，是否能在今后的工作中很好地融入团队。

(4)社会经验。如果不是应届毕业生，则应当了解应聘者的社会背景、工作经历等情况，以补充其所具有的实践经验。通过对工作经历、社会经验的考察，还可以判断应试者的社会责任感、工作主动性、思维能力、口头表达能力等多方品质。

(5)语言组织能力。面试中能考察应聘者能否将自己的思想、观点、意见或建议顺畅地用语言表达出来。面试官应重点关注应聘者语言表达的逻辑性、准确性、感染力，以及说话的音质、音色、音量、音调等，根据这些因素给予其综合评分。

(6)反应能力与应变能力。主要考察应试者对主考官所提的问题能否准确理解，能否迅速、准确、具有针对性地回答问题，能否答如所问，能否机智敏捷地应对突发问题。

(7)业余兴趣与爱好。良好的业余爱好是判断应聘者生活态度、性格爱好的重要参考。应聘者工作之余所从事的运动、阅读的书籍及喜欢的电影、电视节目等，都能够反映其能否与团队的愿景和风格相融。

除此之外，主考官还可以与应聘者沟通并介绍本团队及拟聘职位的情况与要求，讨论有关工薪、福利待遇、晋升机会等应聘者比较关心的问题，正面回答应聘者提问的其他问题。(见图2－4)

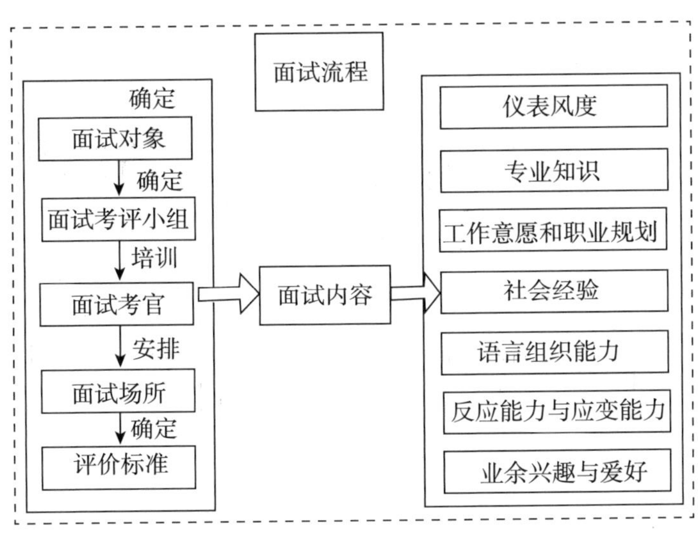

图2－4　面试流程

（四）试用期安排

1. 时间安排

试用期时长一般根据岗位特点和所签订的劳动合同来确定。根据我国《劳动合同法》的规定，劳动合同期限满 3 个月不满 1 年的，试用期不得超过 1 个月；劳动合同期限满 1 年不满 3 年的，试用期不得超过 2 个月；3 年以上固定期限和无固定期限的劳动合同，试用期不得超过 6 个月。

从律师团队成员的工作特点看，助理及其他辅助人员建议试用期在 1 个月左右；执业律师或者合伙人则应当将试用期适当延长。当然，为了激励先进，在试用期间表现特别优秀者，可提前转正。

2. 考核内容

试用期是“选人”的最后一个环节，也是持续时间较长的一个环节。试用期确定后，试用期内需要对新成员开展哪些方面的考核，以及如何进行更好的双向交流和选择，是这一阶段需要解决的问题。

（1）工作技能（权重值:60%）。

①工作效率（10%）：在规定时间内完成交办的工作任务，遇到问题时能迅速反应、有效应对。

②工作质量（20%）：完成的工作是否符合要求，是否达到预期效果。

③岗位熟识度（10%）：是否充分了解各项工作的内容和岗位职责，懂得如何合理、有序开展工作。

④适岗程度（20%）：工作中所表现出来的专业、经验、能力和技能是否与岗位要求契合。

（2）工作态度（权重值:40%）。

①学习能力（10%）：接受新知识、新技能的能力、速度，是否具有向团队成员和其他同事虚心学习的态度。

②责任心（10%）：对自身岗位职责和目标负责，勇于承担责任。

③出勤、纪律（10%）：能否高标准执行团队工作制度和工作纪律。

④团队意识（10%）：熟悉并关注团队愿景、目标，积极与团队成员合作。

（3）可能取消转正资格的情形。

①工作中违反律师行业职业道德或执业纪律。

②纪律涣散，经常无故迟到早退，工作时间擅离职守。

③没有团队精神，工作不负责任，消极被动。

④其他与团队发展不匹配的情形。

(4)试用期考核形式(供参考)。

①餐桌礼仪。律师行业是“与人打交道”的行业,也是个人魅力和为人处世态度并重的行业。一次聚餐,一场餐桌礼仪,就可以对一个新入行的“法律人”或者已经在行业中奋斗多年的“执业人”的“素质”“品性”得出基本判断。具体的考察方式应以团队习惯和用人部门的喜好为准。餐桌上的举止可以反映一个人的修养,席间举止得体,尊重领导、长者、客人或职务较高的团队成员的人,无疑将会得到大家的青睐。

②集体活动。律师团队的集体活动有郊游、聚餐、外出考察等多种形式。在集体活动中,可以考察新入职成员的团队意识、协作能力、为人处世方式。

(五)培训

培训包含入职培训以及工作中的培训,此处笔者主要探讨入职培训。

入职培训是为了让团队新成员了解律师事务所及团队基本情况、熟悉团队工作方式、团队组织架构以及处理团队成员关系所开展的活动,让新成员更好、更快地融入团队。笔者认为:对律师团队的新成员应当注重以下几个方面的培训:

1. 团队愿景、使命、价值观、发展前景

在律师团队的成长过程中,团队愿景、使命和发展规划会不断进行积累、提炼和升华。进行此项培训,一方面是宣传、介绍团队,让新入职成员对团队有基本的了解,跟上团队的发展速度;另一方面也是对团队愿景、使命、价值观的再一次总结和提升。

2. 岗位职责

在工作进程中,通过时间表、任务表等形式让团队新成员更好、更快地了解所在岗位的定位、职责,以及自己与团队其他成员的协作关系。

3. 团队规章制度、工作守则

全面了解团队规章制度,包括但不限于:团队分配模式、奖金、津贴、保险、休假、医疗、晋升与调动等人事规定;工作描述、职务说明等作业规范;绩效标准、工作考评机制等工作要求。

4. 团队组织架构、分工配合

熟悉团队组织架构,特别是新成员所在单元的上下组织关系。

5. 团队主要产品、服务方式

根据新团队成员的岗位职责以及其所接触或参与团队产品的定位，进行产品和服务方式的培训。

6. 团队常用工具

根据律师团队目前所使用的办公软件、协作或沟通软件类型，对新团队成员进行必要的培训。

二、"无规矩不成方圆"

孟子曰："离娄之明，公输子之巧，不以规矩，不能成方圆。"说的是即使有离娄那样好的视力，公输子那样好的技巧，如果不用圆规和曲尺，也不能准确地画出方形和圆形。一个具有良好战斗力的团队，必然有适合自己的"规矩"。

好的"规矩"能最大化激发团队成员的热情、提升生产力和创造力，带动整个团队以生机勃勃的姿态，气宇轩昂地成为行业中的"战斗机"。事务所或团队的发展是永恒的，其采用的规则也呈发展状态，没有固守不变的规则。每一个发展时期，都有与之相适应的管理模式，适合团队当下发展实际情况的规则就是最好的规则。不同团队的管理模式由于其业务特点的不同都会有所不同，即使是完全相同的专业方向和业务，其他团队用起来得心应手的模式，在自己团队手中也可能"水土不服"。世界上没有绝对相同的律师事务所或团队，团队制度必须结合自身的具体情况量身打造。

众所周知，律师团队的规章制度是团队战略、愿景以及文化的细化与支撑，其内容包罗万象，包括合伙人制度、晋升制度、培训制度、薪酬制度、人事制度、行为规范等。如何制定一份团队合伙人制度？如何将团队培训学习制度化？如何安排年轻律师晋升？如何设计合适的薪酬制度？人事制度中如何考勤，如何奖惩？

笔者将在第五章及其他章节重点论述薪酬及有关制度，因此在本节中，笔者仅重点介绍合伙人制度、晋升制度、培训制度的主要内容，并介绍在设计制度时需要注意的3组因素。

（一）重要制度

1. 合伙人制度

合伙人制度主要是指合伙人章程，或者合伙人协议，无论章程还是协议，均是团队合伙人的合作基石，也是合伙人应当统一遵守的最高宪法。一份完整的合伙人章程/协议，必须包括如下具体条款：合伙愿景与战略；合伙原则；合伙人职责；合伙人价值观；出资、减资、增资；工资、补贴、福利；利润分配；债务承担；身份中止、照顾、歇息、离职、退休；合伙人权利；合伙人义务；合伙人级别；入伙；晋升；退伙、除名、降级、处分等。

其中最为重要的是合伙人的具体权利义务，合伙人的主要权利一般应当包括：参加合伙人会议并发言；担任团队职务；选举与被选举权；制度修改建议权；监督决议与财务；晋升、退休，请求照顾与歇息；对合伙形成的财产享有所有权与收益权；利润分配权；提议召开会议；表决权等。合伙人的主要义务一般应当包括：遵守合伙人协议、制度、会议决议；保持职业身份；参加年终绩效考核；忠诚尽职；禁止竞业；保守秘密；禁止从事损害合伙组织的兼职；重大事项报告等。

2. 晋升制度

一般而言，合伙人根据权益的紧密程度分为权益合伙人与非权益合伙人，根据合伙人的级别高低分为初级、高级或者一级、二级、三级。权益合伙人或高级合伙人往往对外承担无限连带责任，非权益合伙人或者初级合伙人则按照协议约定承担有限责任。

初级合伙人及非权益合伙人往往并非真正意义上的合伙人，仅为形式上的合伙人，在现实中普遍存在，作为权益合伙人或高级合伙人的蓄水池与晋升通道，对团队扩张与品牌发展有着积极的作用。

合伙人的晋升往往有一套严谨的程序和严格的晋升考核标准。合伙人的晋升通常需要综合各项主客观条件，具体细化指标可达10多项甚至更多，客观条件包括执业年限、创收能力、身体状况、年龄、股份认购与出资、专业专长、团队任职、重大违纪违法记录等，主观条件则包括价值观、品行、领导能力、合作精神、推荐人意见等。

3. 培训制度

培训对于律师团队非常重要，是团队律师学习成长的主要路径，也是律师团队未来"走出去"进行知识营销的重要组成部分。

根据参加培训对象的不同，可分为内部培训与外部培训，内部培训主要由内部组织实施完成，是律师团队学习成长的重要组成部分，根据团队的不同成员还可以进一步进行细分。

（1）针对新入职律师的培训，主要是团队制度与工作流程，如着装礼仪规范；律师员工接待会客规范；财务报销审批制度；集团人事管理制度；所内律师培训体系；律师晋升机制；律师业务档案立卷规则；职业道德与执业纪律；执业风险防控；品牌知识；团队信息化运用等。

（2）针对执业不满3年青年律师的培训，主要是执业技能培训，如文书写作培训；出庭技能培训；合同审查培训；法律检索培训；客户关系培训；最新法规案例学习；商务谈判；市场拓展与营销；投标；办结的典型案例；团队协作工具的使用等。

（3）针对公共服务人员的管理技能培训，主要是培训其成为一名合格称职的律所管理者，这类培训往往会邀请资深合伙人、外部管理专家进行。

（4）针对合伙人的入伙培训，主要为合伙人制度培训，合伙人的权利、义务，以及合伙人薪酬与费用管理办法等。

不同的培训对象有不同的培训内容，律师团队往往希望培训在时间周期上有序进行，定期定时举办，甚至倾力打造学习型组织，并冠以“学院”“学堂”“沙龙”等名称，树立团队品牌。许多团队还专门设立了培训经费或者专项基金。

除了内部培训，外部培训也是非常必要的，应该积极鼓励团队律师走出去，参加行业内外与法律服务有关的外部培训，开阔眼界，加强交流，提高业务技能。

（二）制度设计的兼顾因素

1. 兼顾战略性与可执行性

战略让律师团队目标清晰，视野开阔，执行让律师团队脚踏实地，不断进步，而制度往往在战略与执行之间起连接贯通和保障激励的作用。

由于律师事务所普遍存在松散式合伙以及简单提成式分配的情况，往往导致律师事务所没有清晰的战略，但是一个公司化的律师事务所不能没有战略，一个有战斗力的律师团队也不能如此。团队应该有一个高于所有合伙人个体利益的集体战略，赋予团队专业精深、团队协作的力量，引领团队行稳致远，这个战略在一定时期里贯彻始终，可以是5年，也可以是10年，甚至更长。而制度就是要为实现团队战略而设计和铺陈的，并将团队战略贯彻在每一个制度中，从而形成一个制度闭环，共同走向团队的终极目标。

再好的制度，也需要被执行，未能有效执行的制度不仅形同虚设，而且还会影响到其他制度,最终影响律师团队实现团队战略。因此,设计制度时一定要施行配套保障,包括制度结构中责任的设置、制度施行流程的可视化、监督机制的设立、制度的定期检视等。

2. 兼顾针对性与系统性

律师团队有很多种类的制度,如合伙人制度、培训制度、薪酬制度、人事制度、业务风控制度等,每项制度都重点关注和解决律师团队某一方面的情况,但也不是孤立存在的,所有的制度都服务于同一个团队的战略与愿景,彼此都是在一个总目标统领下分别的子目标、子系统,互相作用而不矛盾,互相支撑而不冲突。

律师团队的制度设计往往是根据需要而逐项制定、逐步完善的,在大目标的指导下,循序渐进地完成整个制度系统的构建。

3. 兼顾阶段性与可持续性

阶段性是指因时制宜、因地制宜。中国的律师事务所及律师制度都是舶来品,发展起步非常晚,至今只有 40 年历史。因此,团队建设还处于初级阶段,许多律师事务所、律师团队容易好高骛远,直接照搬美国等发达国家的成熟做法,或者自甘于落后,一直保守十数年一成不变。每个律师事务所、律师团队都有自己的发展阶段,同时也有国际化、信息化、团队化、专业化的市场需求和时代背景。因此,设计团队制度既要符合自身发展需求,还要满足市场需求、时代需求;既要脚踏实地,还要仰望星空。

制度的可持续性也是由团队战略目标的时间维度及现实的发展情况决定的,好的团队战略目标具有一定前瞻性和预见性,给团队在发展和竞争过程中留下足够的空间。当然,及时修订制度也是必需的,如果一个团队的制度多年未修订,只能说明两个问题:第一,这个制度从来未执行;第二,这个团队不是一个真正的团队,因为它不需要制度。

米尔顿在其著述的《发展和管理一家成功的律师事务所》一书中详细介绍了如何建立进取性律师事务所模式,深刻影响了中国律师事务所与律师团队的起步与发展。"进取性"理念非常适合律师团队的组建以及相关制度的设计,该书在战略计划、人事管理等章节中介绍的许多做法也非常值得参考和学习,推荐感兴趣的读者阅读。

第三节　律师团队的协作

一、团队内部分工与协作

（一）团队角色与分工

在复杂商业环境里，为增强竞争力、提高服务水平，律师团队需从“一言堂”模式逐步转变为依托团队领导的模式。在复杂多变的情况下，一个领导者的意见、想法和经验已不足以成功驾驭所在事务所或团队，这是目前律师事务所及各团队面临的现实问题。

其中，IBM 和 GE 团队的建设理念值得借鉴。IBM 提出“风眼力量”概念，认为高质量的团队决策力源于团队杰出领导者与团队所有成员的配合与协作。IBM 还以大雁群比喻“分享领导力”（本章第一节中介绍的“飞雁式团队”）。领头雁（领导者）为飞在它身后的大雁挡住大部分的风，使其身后的大雁（下属）受到的气流冲击大大减弱，得以保存体力。但领头雁不可能长期处于风口位置，所以雁群要有秩序地时常更换位置。团队中每个成员都有可能成为领导者，也要随时准备着成为领导者。雁群用鸣叫来鼓励头雁，正如团队成员给领导者以力量。IBM 正是这样不断加强团队建设，从而成为行业领跑者。

前文笔者已提到，“飞雁”式是最适合律师团队的结构模式，因此下文笔者仍将以“飞雁”式团队为例，介绍一下一个优秀的律师团队内部需要有哪些角色及分工：

1. “领头雁”，指团队核心决策者和授权人。主要负责把握团队方向，包括设定团队目标、绩效、薪酬体系，优化内部资源，维护大客户及协调处理复杂疑难问题等，本质即是决策及授权。同时，“领头雁”也需要“分享领导力”和“放权”，保持开放状态。

2. 中层，指合伙人、骨干律师、业务部门负责人等坚定的执行者。在获得领头雁授权以后，执行者即可自主安排项目计划，调配资源开展工作。稳定且年富力强的中层对于律师团队而言尤其重要。中层类似于项目经理，负责具体项目执行、案件处理、培训新人、团队知识管理等团队事务，同时也要随时准备成为领导者。

3. 平层，指专职律师、律师助理、实习律师、团队秘书等人员。负责处理职能性、辅助性、事务性工作。例如，律师助理和实习律师负责包括在诉讼案件中辅助出庭、进行法律检索、撰写案例分析报告和庭审报告、整理文档等辅助性工作；团队秘书则负责安排日程、处理文档管理、发票管理等琐碎的事务性工作。

团队协作意味着从根本上改变由一位律师包揽从寻找案源、办案、设计流程，到市场培育、维护客户“一肩挑”的局面，将各个模块分解并交给团队内部，提高团队工作效率和质量。在具体事务和项目中，可以灵活调换以上角色分工的位置，根据案件需要，结合各成员优势、特长和短板，以项目为核心搭建不同组合，保持整体战斗力。

（二）如何建立高效的团队内部分工

团队内部既要各司其职、互相配合、保持队形，又要有秩序地经常更换位置，培养新鲜血液，激励团队中每位成员随时准备成为领导者。建立高效的团队内部分工，可以从以下几个方面着手：

1. 合理分工，明确责任

团队由个人组成，律师团队中每位合伙人、律师、律师助理的个人经历、背景、优势各不相同、性格有差异、水平有高低。如果组建团队，首先应该充分评估每个人优劣势，再合理结合并最大化发挥每个人的特长爱好，同时应当留有余地，适当兼顾弹性和灵活性。如果团队成员工作不愉快，挑战难度过大，难以建立自信，长此以往会导致工作效率低下，工作效果大打折扣。

合理分工对应着明确责任，分工完成后，每个人的职责也就随即确定。团队管理者需同每位成员重申职责并明确责任，以避免互相推诿、互相等待的情况出现。合理分工和科学的绩效考核挂钩，应鼓励让团队成员自我驱动，以提高成员积极性和主动性，建立正向反馈。

团队分工需根据实际情况制定行之有效的职能。分工方式取决于团队规模、案源饱和度、客户类型，以及团队成员之间紧密程度（邦联制或一体化）。在一体化团队中，分工及责任通常能得到落实，管理者更多考虑分工是否科学合理；而松散的“邦联制”团队则更考验管理者分工及责任划分的水平。

2. 高效沟通,建立有效沟通机制

律师团队分工完成后,在开展团队工作期间,成员必须保证信息在团队内共享、畅通,尤其是工作中互相配合共同完成某项任务的同事,在发现问题时需要及时提出并及时做好记录留痕,同时将这些问题和记录共享给协作的同事,以免造成不必要的工时浪费,以及信息不对称带来的工作滞后。

在律师团队内部沟通时,往往会出现这样的场景:团队领导者要求律师助理完成一项任务,只进行简单交代,就放手让律师助理自己去想办法处理。此时律师助理的反应和处理方式往往分为3种类型:(1)自己摸索成功并达成目标,但花费了大量时间,走了不少弯路。(2)不能达成目标,无法完成工作。(3)找到解决方案,但可能超过了时效。

从效率角度来看,以上工作方式对于团队协助而言都是不可取的,实际没有做到有效沟通和有效工作。领导者在安排工作时,尤其是向新手布置任务时,必须明确告知其工作任务、工作要求、工作目标,明确达成目标所需的具体步骤及方法论,甚至需要拆分至如何达成每个具体的小目标。布置任务后可以让对方复述一遍,以确认双方沟通的信息内容完全一致,不能做"甩手掌柜",让助理自由发挥解决。

律师工作需要高度专注、集中精力、保持理性,因此需要安静的工作环境。如果律师在工作时被多次打断,或采用碎片化时间工作,极易造成思路中断,甚至完全停滞,难以深入思考。这也要求团队负责人将团队例会尽量安排在固定时间段,方便形成稳定的频次,让团队成员形成习惯。例会上组织团队成员进行沟通,了解工作进度,便于成员们更专注地解决案头和法庭的各项工作,提高效率,增加产出。

3. 发现团队"瓶颈",补齐"短板"

实际工作中,律师面临的状况及需要解决的问题往往十分复杂,不能靠单一的"个体强则团队强,个人效率最高则团队效率最高"原则来指导团队。更合理的做法是将整个团队既看成一个整体,又清楚了解每位成员的差别,再去解决效率问题。团队的分工协作就好比是生产流水线,流水线的整体生产效率不取决于流水线上效率最高的环节,而取决于效率最低、速度最慢的环节,当流水线上某一环节出现故障而停滞,整个流水线也随之停滞。所以必须时刻紧盯团队中的"短板",尽一切力量帮助其提升自己的能力。

发现团队"瓶颈"的前提是对内做好基础建设,比如案件信息、工作进展、内部资源共享，定期回顾沟通；对外加强行业交流，了解行业新动态，减少信息不对称。

4. 定期总结回顾，及时调整

团队“瓶颈”不是一成不变的，而是时刻处于动态变化过程中。随着成员能力增强，以及社会需求不断深化变革，团队也一直处于挑战之中。这时就需要团队负责人审时度势，及时进行总结和调整。为了让整个团队工作效率保持在较高且相互匹配的水平，也许需要修正前期工作分工；也许需要调整业务范围，进行流程再造；也许需要改变正在使用的方法、路径和思路，甚至是更换无法胜任相应工作的成员，优化团队内部资源配置。

定期梳理、回顾、总结，不断反思和突破，形成良性循环，有助于优化团队业务流程，与时俱进，进一步提高效率，提升服务质量，增强团队活力和竞争力。

团队是一个整体，是一支队伍，不是依靠某位合伙人或者律师单打独斗，而是在合理分工、责任明确、有效沟通的基础上，激发和挖掘每位团队成员的能量，相互协助、支撑、补充，定期总结复盘和及时调整，凝聚成一个整体，像一支训练有素的队伍，随时整装待发，投入战斗。总之，合理分工和高效沟通是前提。发现“瓶颈”时，需要集合团队整体力量去突破并及时做出调整，才能提高团队协作的效率。

（三）团队内部协作

管理学大师彼得·德鲁克在《后资本主义社会》一书中提出了“知识社会”的概念。彼得·德鲁克指出：“电脑技术员、律师、医生、会计师都是典型的知识工作者。”他提出：要将知识工作者视为组织的“协作者”和“合伙人”。

在知识社会中，团队和个人存在如下关系：(1)个人是成本中心，不是绩效中心，创造绩效的是组织。(2)现代组织越来越依赖知识工作者的新观念、新知识、新技能帮助其有效解决技术和管理问题。一旦组织或团队关键知识角色有所缺位，就会导致组织生产能力降低，组织功能丧失，甚至最终解体。(3)知识员工从事的工作具有专业性、自治性和持续投资性，当组织不能满足其工作、学习或发展需求时，他们可能随时会脱离组织。(4)知识工作者都认为自己不是“下属”，而是“专业人员”，他们也期望从组织处获得相应的待遇。

因此，知识工作者是组织中重要的“协作者”和“合伙人”，组织通过与其建立“双向依赖”“嵌入式”的协作关系,来充分调动和实现其智力资本的潜在价值。具体到律师团队内部,应建立科学灵活的协作机制:

1. 建立平等协作、互利互惠的管理模式

律师团队应改变以往“命令—服从型”的合作方式和理念,给予团队成员,尤其青年律师更多的话语权、决策权和自主权,强调团队成员自我驱动和协作互作。所谓“伙伴”关系,实质上是一种平等协作关系,团队内部的利益相关者,应该进行相互认同、相互信任、相互依存、互惠互利的平等协作,最大限度地集合、放大彼此的知识能量,促进相互之间交换、和谐、互动。

2. 明确团队愿景和价值导向

明确团队愿景和价值导向,建立包括团队成员风格特点的团队氛围和文化,打造一支凝聚人心、业务精湛、团结自信、善于学习、勇于创新、拥抱变化的队伍。明确团队愿景和价值导向,建立开放型、学习型组织,将会让团队保持生机活力。

3. 建立物质和精神奖励结合的全面薪酬制度

在团队内部建立物质和精神奖励结合的全面薪酬制度,实际是为团队成员提供一个自我发展、自我实现的优良环境,同时也能实现人才保障的核心目标。例如,很多律师事务所和团队会组织律师进行团建、国内外度假等活动,也有部分律师团队通过表彰和荣誉制度来肯定团队成员的工作、技能与贡献,帮助团队成员不断进步。通过建立物质和精神奖励结合的全面薪酬制度,强化团队成员忠诚度,提升团队成员工作主动性,推动其对团队创新工作加大投入。

4. 开展学习分享,建立多维度培训计划

平日里,律师们忙于工作,包括开庭、进行项目现场协调、在办公室写邮件汇报工作、与相关方开会等,往往缺少时间也没有意愿去继续“充电”。长此以往,将不利于团队知识更新,错失更好的团队竞争机会。这时,团队应进行内部协调,推动各种形式的学习分享,包括例会分享、学习培训、与同行交流等。同时建立以心智、专业能力、团队协作、谈判等核心要素为基础的多渠道培训计划,以提升团队知识容量及法律服务产品的研发能力。

5. 柔性管理,建立灵活多样化的选人用人机制

律师团队的内部协作,应引入外部视角的审视、评估,以做到客观评估工作表现,同时结合工作目标和工作特点,增强管理的柔性。根据项目情

况，设立富有挑战性的工作目标，适时帮助团队成员充分拓展其职业潜质，建立多样化的选人、用人、培养机制。

（四）紧密一体化

团队各成员在分工负责的基础之上，应推进紧密一体化，从而不断提升团队协作效率。要加强团队整体一体化、提升协作效率、建立完整的思维模式和方法论，可从目标、规则、沟通和工具4个方面入手：

1. 树立目标，指引明确的前进方向

清晰明确的团队目标，可以为团队指明前进方向，提供高效协作的牵引力，是团队成员制定个人目标的前提。团队成员的个人目标紧紧围绕团队目标展开，以团队目标为指引，将大大提高工作效率。同时，个人目标的实现最终也形成对团队目标的支持和补充。

如何树立目标，总的来说要做“加法”和“减法”：“加法”即将团队目标看成近期目标、中期目标和远期目标的总和；“减法”即舍弃与团队定位不符的无效目标。树立目标要确保长期目标和短期目标方向一致。就像足球比赛，刚开始比赛时队员们的战术和思想都保持一致，一旦对手进球，就会出现有人想守，有人想攻的情况，队内分歧就会使局面被动，甚至导致输球。律师团队也是如此，任何时候团队成员都应保持一致，明确现阶段目标和主要任务，然后配合该目标推进团队工作进程。

具体来说，对某一项目或案件而言，明确目标并不困难。比如，设定法律顾问服务一周出一次周报，对诉讼案件证据进行梳理并撰写案件分析报告，书写一份答辩状、代理词等法律文书，都可以是项目目标，主办律师也可以以项目计划的形式来落实这些目标。但对管理者而言，制定好业务团队的目标十分考验管理水平，可将团队目标与团队成员的个人职业发展目标结合起来考虑。

2. 规则让团队成员始终保持住队形

良好的团队规则是高效率团队运作的保证。管理者需明确告诉团队成员，什么行为团队不能容忍，什么是团队不能逾越的底线，并将其归纳形成制度。制度需透明、公平、一视同仁，制度是团队的高压线，必须坚决执行。

制度需要规范进行补充，团队规范和团队工作指引可以告知团队成员，尤其是刚进入团队的新成员应该怎样做。对于新进入事务所的助理来说，文档规范、卷宗规范、文书规范等基础规范可保证团队进行高效率协作。规范不是制度,团队可以容忍一时不遵守规范的情况,但应该保证成员在遵守规范方面做得越来越好,可通过培训,优秀案例、反面教材宣传等方式推行规范实践。另外,规范不是高压线,不赞成对违反规范的成员进行惩罚,最好的方式是对在规范方面做得优秀的成员进行公开表扬。

针对人而言,团队需要制度和规范,针对事来说,团队需要规则,即流程。没有高效率的工作流程,也就没有高效率的团队。对于牵涉多人协作的法律服务工作,即使是一个设计不完备的流程也比没有流程好,流程应该随团队内外部的环境变化而持续优化。

3. 沟通让团队成员凝聚成一个有机的整体

良好的沟通对一个高效率团队非常重要。很多公司搬入新办公大楼后就开始走下坡路,有观察者分析认为,这是因为团队成员在新办公区的座位比以前离得更远,以前与团队成员坐在一起的主管们也搬入了独立办公室,导致团队间原来良好的沟通氛围消失。因此,团队必须保持通畅的沟通渠道,形成良好的沟通氛围。通过现场开会来进行团队沟通已不是唯一的方式,如今律师智能办公软件和移动办公软件层出不穷,已经可以做到随时随地沟通、反馈和响应。

4. 工具是团队高效率协作的倍增器

大多数团队目前所采用的方法是引入适合团队的协同软件。采用合适的团队协同工具支持并配合上文所述的明确目标、制定规范、加强沟通,将会使其更为顺畅地推行。

如何选择一款合适的协同软件?协同软件贵在精而不在多,引入一款功能完备、集成性好的协同软件,可以有效避免引入过多软件而产生信息“孤岛”。侧重自上而下管控的智能系统只在规范团队方面起作用,想要提升团队协作效率,应选择注重实现协作性的系统。

优秀管理者的工具箱中,总是会有各种各样的“利器”。团队绩效、团队竞争等方法都是激发团队成员潜能和斗志的好方法,只要实施得当,就可以显著提升团队成员间的协同效率。一旦项目或者计划确定,则需要强有力地推进执行。工作启动后,各成员应聚焦至具体的项目和案件,各司其职又相互协作地解决各类问题和障碍。执行项目同样需要采用科学的方法,团队应注重以下几个因素:

(1)合理安排。对律师团队而言,时间最为宝贵,需要合理安排和规划团队时间。如果某律师团队总给人留下忙忙碌碌，事情怎么都做不完的印象，团队管理者就需要反思，是否为团队成员添加的任务过多，或是任务难度太大。长期超时间工作，不仅容易使团队成员身心俱疲，也会因不断延期导致团队成员丧失信心、产生过大压力、影响工作心情和状态。长远来看，长期忙碌将使团队成员缺乏深入思考和长期规划，最终可能会错失发展机会。假如将工作量调整为原来的80%～90%，情况可能会有所改善。

（2）易者优先。团队内部讨论时，如果遇到意见分歧，且这些分歧的观点均有一定的道理，那么极易陷入各自说服别人接受自己观点的困境，耗费较多时间。针对这种情况，可采用“易者优先”原则，即设置单任务最长讨论时间，一旦超过讨论时间又无法达成共识，则选择执行最简单的方案，作出成果后交由大家评估，再进行改进和最终确定。

（3）免扰模式。确定项目计划后，应启动免扰模式，即尽量减少外界干扰，专注于工作。如有问题需要讨论，可以梳理问题后发在工作组或者讨论群里，短时间内的回复可能存在延时，但从长远来看，反而能让大家都更深入地思考、更专注地工作，避免过度会议。

（4）状态同步。团队的人越多，沟通成本就越高，尤其在需要知道团队工作的当前状态时。例如，目前进度如何，接下来有哪些事情要做，做完的时候是否需要其他成员帮忙，或者是否已经卡在某些地方等。这些状态的信息同步非常耗时，而协同办公软件就可以解决这一问题，将项目的所有信息和状态实时地同步给整个团队，从而降低沟通成本，大大提高效率。

（5）文书审查。团队不一定能保证每个任务都有充足的评估和审查，但每一份提交给法院的文书，以及文书的每一次修改都必须有专人进行审查校对，通过后才能提交。审查不仅可以发现当事人没考虑到的细节，保证文书质量，而且可以使每个人都能学习到其他律师优良的思维和写作方式。对于做得不好的地方，也要提出改进意见，使团队成员进行沟通和思考，促进彼此的成长。另外，文书审查还能让更多成员熟悉案件和项目情况，如果主办律师有事缺席，其他成员能立刻介入、继续处理。

（6）过程审查。除文书需要审查外，过程也需要审查。不定时开例会进行简单工作回顾，成员各自对这个周期的工作提出意见，然后在下一个周期里有针对性地改进。整个工作过程在这样的迭代式调整和改进中，实践出最适合团队的方式。

(7)健康工作。律师的工作强度和所承受压力较大,需要强健的体魄和强大的心理素质。只有保持健康才可能高效地工作,发挥创造性。因此,工作之余可以组织团队成员进行户外活动、健身、旅游等,让团队成员持久焕发活力。

总之,想要最大限度地实现团队力量,就需要依靠团队内部的科学分工和紧密协作。在协作过程中,应目标一致,确立协作规则并保持良好的沟通,利用智能办公软件和协同工具提高工作效率,增加产出。只有认清律师工作特点和团队工作的规律,掌握科学的方法论,才能最终打造出紧密一体化、具有竞争力和战斗力的团队。

二、团队外部协作

(一)与本律师事务所内其他律师团队合作

社会发展日新月异,律师业务已经遍布社会的各行各业,对律师专业水平和服务能力的要求也越来越高。倘若律师仍保持单独执业的形式,其知识水平、知识结构、时间、体力、精力都存在局限性,将无法满足法律服务市场的变化。因此,律师进行团队合作不仅是法律服务市场的需要,更是律师行业发展的必然要求。

如今,客户需求日益细分、行业竞争日益白热化,想要在法律市场占有一席之地,律师事务所必须拥有出众的团队竞争力,这就需要将众多高素质律师人才的专业特长合理搭配,并建立完善的内部合作协调机制。

在一家律师事务所内部,有若干从事不同业务方向的专业团队,不同团队之间不可避免地需要合作。在专业化程度较高的律师事务所,如果能构建不同团队合作的相关制度,将大大降低团队间的沟通成本,包括分案、律师费分配、成本分摊、奖励、风险控制、客户管理等各项制度。但需要明确的是:律师事务所建立不同团队的合作机制的目标是提升律师事务所的核心竞争力和专业发展,同时使每位成员都能通过该制度获得更大的收益。

律师事务所的传统分配制度已经完全无法适应团队合作发展的新需求,因此事务所内部应完善有关团队合作的分配制度。如何计算案源推荐利益、如何计算合作案件利益、如何定义和计算合作工作量、如何分配合作工作等问题,均可体现律师事务所内部的价值取向和制衡关系。普通律师通常只放眼于当下的利益,但合伙人站在不同的平台,则会有不同的立场、观点和方法。此时,就需要合伙人通过自己的智慧和前瞻力,引导团队并形成合情合理的分配制度。分配制度成功与否的关键,取决于这种制度能否调动绝大多数律师的积极性,尽可能地克服“大锅饭”现象。

（二）与外地律师事务所团队合作

在外行看来,律师执业似乎不受地域限制,但实际情况却并非如此。随着我国国民经济不断发展,新形式商业模式层出不穷,全国各地都有诸多日益发展壮大的企业与社会组织,它们都或多或少地面临潜在法律风险,对律师和律师事务所的发展形势提出了新的要求。以个人或地域性律师事务所口碑为主的“作坊式”业务模式面临着巨大的挑战,这也为律师或律师团队之间的跨区域合作提供了充分的基础。我国幅员辽阔,地区差异较大,跨区域合作势在必行。

与外地律师事务所团队进行合作,首先,能够扩大业务范围和影响力;其次,可以共享资源,有利于为当事人提供更充分的服务,律师长时间在某个领域或者地域执业,就会建立相对和谐、有效和便利的工作环境,可以提高工作效率,产生事半功倍或是意想不到的工作效果;最后,有利于建立律师团队“大家庭”氛围和“荣辱与共、共同发展”的信念。

律师团队拓展新业务,有时也需要和其他律师及事务所进行合作。合作包括各省、市、区律师、律师事务所之间的合作交流,通过参加司法行政机关和行业组织的培训、学习交流经验,探讨疑难、复杂法律事务等方式。不论律师是否处在同一地域,都必须进行合作才能更好地发展,故步自封不可能得到发展机会。律师行业竞争激烈,只有与外界多加联系并寻求合作才能获得更多的机会,在合作中取长补短,获得进步,从而带动区域内律师共同进步。

没有区域合作,律师新业务就很难拓展,区域合作是拓展新业务的有效途径;没有律师新业务,区域合作就少了支撑,拓展新业务可以促进区域合作。因此,律师拓展新业务与区域合作是相互促进的关系。

（三）与境外律师团队合作

律师跨境合作是国家经济合作的必然结果,随着全体经济一体化进程的不断加快,跨国国际贸易日益频繁,全球法律服务市场也不断扩大。中国实施经济全球化发展、中国企业“走出去”的战略,推进中国律师事务所与境外律师事务所进行紧密合作。

近几年相继颁布的《中国(上海)自由贸易试验区中外律师事务所互派律师担任法律顾问的实施办法》《中国(上海)自由贸易试验区中外律师事务所联营的实施办法》《内地与香港关于建立更紧密经贸关系的安排》《关于香港特别行政区和澳门特别行政区律师事务所与内地律师事务所在广东省实行合伙联营的试行办法》等文件,为上海和广东地区的境内外律师事务所进行合作业务提供了空前强劲的法律和政策支撑。此后,浙江、福建等地也相继颁布政策或法律文件,对这一新形式的合作模式予以支持。此前,境内外律师通常是在个人与单独项目上进行协作,此后,双方可以在形式、组织结构上进行规划,进一步推动双方的资源整合,优势互补。

自上述文件发布以来,上海和广东地区先后成立了北京奋迅律师事务所和贝克·麦坚时国际律师事务所(上海自贸试验区)联营办公室、上海瀛泰律师事务所和英国夏礼文律师事务所联营(上海自贸试验区)联营办公室、福建联合信实律师事务所和霍金路伟国际律师事务所(上海自贸试验区)联营办公室、华商林李黎(前海)联营律师事务所等合作团队。根据这些联营合作成果来看,这一新形式的境内外律师业务合作模式已日臻成熟,并逐步发展为境内外律师合作业务的代表性典范和业务创新、市场开拓的新源泉。总结上述境内外合作,就可以发现以下两个特点:

1. 商业模式的互补与借鉴

律师行业是依靠自身知识技能与执业经验提供法律服务并获取报酬的行业,想要发展得更好,就必须准确进行市场定位,树立成熟的商业模式。律师业务在我国尽管已经过了数年的发展,但除"北上广深"等少数经济发达地区外,相对于我国的人口基数和地域范围来说,仍属于"小而精"的行业种类,这也决定了境内律师事务所"小而全"的商业运作模式。境内律师事务所的首要服务目标,便是为客户提供全方位的法律服务,满足其法律需求。由于我国社会相当看重品牌与口碑效应,致使我国大部分法律服务业务集中于部分名声在外的律师个人和事务所。而对于境外律师事务所而言,其法律服务行业已相对成熟,法律服务目标也更为专业和深层,律师事务所将全面关注客户需求的各个阶段,以满足其事前规划、事中参与管理、事后解决争议的不同需求,诉讼只是其法律解决方案的一个环节或手段。由于服务广度和深度的不断延伸,营销推广和律师事务所管理亦是境外律师事务所尤为看重的环节,故其建立并推广极具整合性和市场嗅觉的营销模式以及专门的管理机构和治理方式。境内外律师合作并互相学习借鉴，对优化商业结构具有不可替代的整合优势。

2. 法律市场互补

过去，境内外法律业务往往是割裂的，境内律师习惯单打独斗，面对业务习惯采取迅速占领市场，侵夺客户的策略，但随着国内经济的不断发展、改革开放的不断推进，有先见之明的律师或律师事务所发现了法律业务的新蓝海——境内外法律服务业务。对于境外律师来说，本土法律服务市场高度发展，竞争已经持续饱和，但中国市场有着巨大的开发潜力，如何参与切分这块“蛋糕”也使其研精毕智。市场的互补不言而喻，也为双方的合作给予了充分的前提。可预见的是：不管未来法律服务市场如何变化，在加强境内外合作、优化资源配置、开拓升级法律服务等方面，境内外律师的合作仍将持续进行，日新月异。

尽管我国正持续深化改革、积极推动对外开放，但不得不承认的是：境内律师事务所在合作业务方面仍存在一些限制。在法律服务层面，根据国务院《外国律师事务所驻华代表机构管理条例》及其相关规定，外国律师事务所驻华代表机构只能从事不包括中国法律事务的相关活动，“提供有关中国法律环境影响的信息”，不能以律师身份参与诉讼，驻华代表处不得聘用中国律师，聘用的辅助人员也不得提供法律服务。这一规定在上海自贸区与广东省发布的其他法律文件中也有所体现。律师事务所联营合作仍然面临着各方面的挑战。

（四）外部协作规则

1. 客户合同签署的主体选择

（1）以客户来源为依据。

律师团队往往是先有相关业务需求，再考虑跨事务所、跨地区甚至跨国合作，所以在现有合作模式下，以客户来源（客户提供者）为依据签订业务合同是比较通行的做法。但此模式有一定的局限性，如果客户只是向某律师团队要求提供介绍业务，实际希望委托其他律师事务所或者律师团队，那么要求客户与该团队签订合同显然不合适。

（2）以团队之间的约定为依据。

某些律师团队之间有长期合作关系，在业务收入的分配上有较强默契，在如何分配可以使业务收入达到最大化利益上存有共识，甚至有相关书面协议,这种情况下,可以以团队约定为依据进行分配。这种分配模式对长期开展合作业务的律师团队比较有利,但需要考虑客户的接受度。

(3)以客户的选择为依据。

不论提供什么类型的法律服务,最终落脚点都是为客户提供优质高效的法律服务,故客户的意见是最重要的因素。合作律师团队可以向客户一一陈述相应的优劣利弊,并由客户选择签订业务合同的对象。这种做法要求合作团队之间具备清晰的思路和较强的沟通技巧,同时还要充分考虑客户的需求与偏向,引导客户做出合理的选择。

2. 与客户法律事务的具体对接

为客户提供法律服务的过程中,避免不了与客户就具体问题进行对接、交换有效信息、传达事务进展情况。当不同律师团队进行合作时,客户对接也存在不同的问题。

(1)定期对接与不定期对接。

定期对接是指人为设定一定的周期,在此周期节点进行对接;不定期对接则是以是否有沟通交流的需要为前提,再决定是否进行对接。在为客户服务的过程中,律师团队之间如要实现精诚合作,采用定期对接的方式更为妥当,应提前告知客户对接周期,提醒客户优先安排时间。但是,对于对接过程中的突发情况、对案件有关键影响的新问题、客户存在变化的新需求等情况,定期对接还远远不够,应当灵活应对,就事论事,随时与客户沟通,保持即时信息交换。

(2)单一对接与多元对接。

有合作经验的律师团队之间往往已安排有特定人员与客户进行对接,不论事务大小、专业或非专业,都由该人员进行对接。这种模式能为合作团队节约大量管理成本,也使对接沟通的效率有所提升,但也有其弊端,如果指定人员的专业范畴及决策层级受到限制,则可能在对接过程中无法及时回复客户问题,满足客户需求,无可避免地增加沟通成本,同时使客户体验下降。故应该考虑与客户进行多元沟通,即将团队分工明确告知客户,根据客户需求在各专业领域及分工层级安排相应的对接人员,让客户无论遇到什么问题都能得到及时准确的答复。但是多元对接也存在如果人数太多,客户可能会无所适从,从而降低客户体验的问题。

三、团队协作协助工具

（一）钉钉

钉钉是阿里巴巴集团专为中国企业打造的免费沟通与协同的多端平台，支持手机和电脑文件互传。律师事务所或律师团队可利用该软件实现高效管理和协作。

该软件在以下几个方面为律师团队运作带来了极大的便利：（1）客户拓展方面，通过“办公电话”和“外部联系人”功能即可解决客户资源的人员流动带来的问题。（2）外部电话方面，软件推出企业组织专属电话，不仅可以让每一个团队成员的电话都变成企业电话，便于团队整体跟进，还能避免外部来电转接和漏接等问题。（3）外部联系人方面，主要在团队组织中加入了外部通讯录，所有客户联系方式可在该通讯录中实现组织共见，组织成员均可直接扫描名片一键添加。（4）在客户服务方面，软件提供的“服务窗”含有智能客服、文件共享、业务单审批等功能。（5）业务单审批方面，不需要纸质文件即可完成审批，审批流程中的相关人员也会有清晰展示，打破了时间和空间上的限制。（6）在客户维护方面，通过“业务往来”功能即可将同一客户的业务往来、沟通和拜访情况等面向全员进行透明的协作展示，避免资源浪费，节省内部协作沟通的时间及精力。

（二）Alpha

法律智能操作系统 Alpha 是集律师事务所管理、法律大数据和专业服务为一体的智能办案系统，将可视化、大数据和人工智能三大前沿技术融入每个模块，不仅可以提高律师专业判断的准确度，实时反馈团队成员的参与度，还能增强客户对法律服务的满意度。

对于律师团队而言，Alpha 系统最吸引人的便是诉讼可视化功能，系统将检索案件所得内容分别按整体情况分析、案由分布、行业分布、程序分类、裁判结果、审理期限、法院、法官、当事人、律师和律师事务所、高频法条等 11 个方面进行图表化处理，一键生成大数据报告以供查阅。简便的操作便能使律师在短短几分钟内了解相关案件的处理情况，同时，可视化的大数据报告能直接用于接待诉讼客户的过程中，直观地体现律师的工作量，对律师收费议价也有所助力。

（三）印象笔记

以"整合碎片信息，永久保存"为标语的印象笔记是律师团队协作中不可或缺的工具。团队成员跟进并同步记录案件的重要性自是不言而喻，但是，如何能突破时空限制，让一个成员的工作成果实时呈现给每个成员，避免重复劳动并方便新加入成员快速跟进案件，是每个律师团队想要高效流畅运作所必须考虑的问题。

1. 案件管理

律师工作时，对案件的跟进及推进总是多线进行的，对于同一时间的案件进展需要及时记录，否则容易遗忘。

使用印象笔记，关键是要做好笔记本组——笔记本——笔记的三级分类。比如，可以创立三大笔记本组，如"案件管理""办案指南""客户管理"三大板块；在板块下分别创建笔记本，如"案件管理"类之下可再创建名为"在办案件""结案案件"的笔记，也可以依据业务进行笔记分类。对于需要设定提醒事项的案件，比如开庭时间，可以使用"提醒"功能，避免遗漏，做到忙中有序。另外，使用"标签"功能可实现对类案的管理，比如先设立名为"案件""客户""法律法规"等的主标签，再分别设立子标签。

律师团队的主办律师与协办律师之间对案件进展情况可以通过印象笔记中的"同步"功能实现实时共享，使团队成员心中有数，减少沟通成本，避免重复劳动。同时，特定案件"共享"给特定办案律师而不是团队所有成员，也保护了当事人的隐私。此外，"群聊"功能能够让办案律师就案情进展及时沟通交流，也可以在案件的备注栏直接进行标记，更加方便简洁。

2. 知识管理

团队可以使用印象笔记建立一个专门归纳知识管理的笔记本组，记录不限于法律法规知识的各种内容，可以包括各个法院的特别规定，如每个法院的缴费方式、退费流程，律师会见的材料及注意事项，甚至可以是团队律师的执业证扫描图，便于随时随地打印。运用好印象笔记，便可收集好零散知识并将类案知识系统化。

对于律师而言，许多新出台的法律法规、兼具突发性与社会性的重大案例以及各种微信公众号所分享的专业知识等信息，都需从微信平台上获取。如何将这些零散知识体系化，以便高效系统地将其内化进团队知识体系？关注印象笔记的微信公众号"我的印象笔记"即可将律师们想要保存的微信平台上的各类信息永久保存,同时也便于信息整理。

(四)坚果云

坚果云是一款便捷、安全的专业网盘产品,可通过其文件自动同步、共享、备份功能为律师团队实现智能文件管理,实现高效办公。坚果云服务覆盖全平台,支持 Windows、Mac、Linux、iOS、Android、Windows Phone、Web 七大系统。安装客户端后即可在电脑、平板、手机、网页之间实现互联,随时随地访问文件。坚果云团队版可实现文件共享,同时其还有精细的权限设置功能,充分帮助律师团队实现文件集中规范管理和安全共享。坚果云的最大特点是简单易用,可帮助用户实现文件同步、备份、共享、团队协作、大文件传输、移动办公等功能。

(五)石墨文档

石墨文档是一款支持云端实时协作的企业办公服务软件(功能类似 Google Docs、Quip),可以实现团队多人同时在同一文档及表格上进行编辑和实时讨论,可达到毫秒级的同步响应速度。石墨文档企业版提供诸如权限分级、数据保护等加强功能,注册已超过 2 万家,同时其与钉钉达成深度战略合作,目前总用户数超过 200 万,合作伙伴 10 多家。石墨文档个人版的功能有:实时保存、轻松分享、实时协作、还原历史。

第四节　参考案例

一、广东联建律师事务所等单位的量化面试

很多团队招聘人才后,在试用期会出现以下情况:(1)应聘者的能力和工作经验都让人满意,但入职不久却因"水土不服"提出辞职。(2)应聘者德行端正,能与同事和谐相处,但在工作中找不准自己的位置,也找不到感觉,能力发挥不出来,工作差强人意。(3)应聘者工作能力很强,但是难以融入团队文化,无法领会团队战略,与同事关系处理不好。

出现这些现象,往往是因为律师事务所在面试过程中没有客观评价应聘者,没有将其个人特点与团队实际情况结合考虑。在面试过程中,面试官应避免出现下列效应:

1. 首因效应,即面试官因第一印象影响最终的认识判断。第一印象固然重要,但要注意不要以偏概全,避免“盲人摸象”、以貌取人。

2. 光环效应,又称晕轮效应,即在面试中被面试者简历里所列出的华丽经历和荣耀蒙蔽了眼睛。面试官应该结合团队实际需要判定面试者是否符合岗位要求。

3. 近因效应。在众多竞赛场合,后出场的选手都会获得较高评价分数,往往是由于近因效应作祟。通常,最后的应聘者给面试官留下的印象也最深刻,往往容易造成评价的实际情况有所偏差,从而影响面试的公正性。

要寻找最合适团队的人才,应采用科学方法量化面试结果。首先,面试官应从应聘者与团队文化融合度、业务能力匹配度、个人的诚信度3个层面分步综合考察。其次,面试挑选人才,不仅要考虑岗位的需要,还要考虑团队的需要。广东联建律师事务所创勤团队的负责人周旻律师介绍说:“选人比培养人更重要,我们不是招聘助理,我们是招聘团队成员,就好像我们不只是谈谈恋爱,我们朝着结婚去的。”广东金地律师事务所张戣律师也说过:“我们不是招聘一个人,而是选一辈子合作的哥们。”经过上述3个层面的考察衡量,最后筛选出来的人选必定是最合适的,甚至是唯一的,其在后续工作中才更易得到团队的一致认可。

(一)团队文化的融合度

团队文化包括共同的价值观和愿景。考察面试者与团队文化的融合度其实就是考察面试者的情商。选聘团队伙伴就是要选择认同自己团队价值观和愿景的同行者。根据团队的不同价值观,设计不同场景的面试问题,比如,面试官可说明团队成员都是无偿加班,再询问面试者对于超时加班和加班工资的看法;再如,请面试者陈述自己的5年个人规划,然后面试官将其个人规划与团队发展愿景或者是团队所能提供的资源进行匹配,最终得到合适人选。

一对一的面试除了让面试者从职业规划、求职意愿、读书情况、工资要求等方面进行陈述外,一般还设有追加问题。广东联建律师事务所创勤团队的周旻律师介绍了他们团队在面试新人时必问的一些问题,有些面试问题看似和律师团队选人无关,其实考量的就是面试者与创勤团队文化的融合度。因这些问题对于全面了解面试者具有极强的借鉴意义,特收录如下,供读者参考。

广东联建律师事务所招聘面试复试流程

自我介绍(2～3分钟时间)

籍贯:

毕业院校及毕业时间:

通过司考时间:

着装:□正装　□整洁　□休闲　□松散

目光:□适中　□交流多　□交流少

语速语调:□适中　□较快　□稍慢

遣词造句:□很好　□一般　□词语匮乏

条理重点:□清晰　□一般　□不清晰

把握时间:□较好　□不好

提问:

1. 为什么学法律?

□港剧美剧　□家庭影响　□个性爱好　□法治理想

2. 为什么选择走律师执业之路?

□不喜欢或不适应体制内工作　□律师是自由职业　□律师工作有更大的创造性

3. 你对应聘的职位是否了解。(判断应聘者对职位的态度是否积极)

□业务领域　□文书工作　□与客户沟通

4. 你的职业规划? 未来10年要实现什么? 未来8年,你想到什么位置上? (一般回复有3种状态:有、没有、不清晰,判断应聘者是否有目标)

□实习阶段　□正式执业　□专业方向　□长期规划

5. 你能胜任这个职位的理由。有什么长处胜任此职务。(判断其自信程度)

□学习能力　□业务沟通　□个人品格

□自信合理　□盲目自信　□自信心不足

6. 你有什么不足?

□清晰说出自己的不足　□没有正面回答不足反而说优点　□想来想去,好像没有什么不足

□自我认知到位　□自我认知欠缺

7. 你近两年的读过哪些法律以外方面的书刊？（判断应聘者阅读范围）

□证券财务　□文学科幻　□哲学历史　□管理营销　□时装美食

8. 你的收获以及你对整个阅读领域的有哪些了解？（判断应聘者真诚与否，平时是否积累）

□对生活的理解　□对工作的帮助

9. 业余爱好？带来什么快乐？成绩？（判断爱好是不是真正的爱好）

□体育　□音乐　□旅行

10. 介绍家庭情况？（判断成长环境）

□父亲　□母亲　□独子　□有兄弟姐妹

6 岁以前：□跟爸爸妈妈一起生活　□跟爷爷奶奶生活

12 岁以前：□父母在同城工作　□父母一方长期在外工作

现在遇事会跟谁商量　□父亲　□母亲　□兄弟姐妹

11. 你在深圳是否有亲戚或同学？（有的话，要登记，说明从事哪方面的工作）是否会一起居住？

□有亲戚　□无亲戚

□有同学　□住亲戚家

□无同学　□跟同学住　□同居

□与人合租　□自住

12. 是否有男女朋友？（确定应聘者现在的感情生活状态）

□有男女朋友　□近两年无　□大学期间无

13. 你是否有问题要问我们？（体现公平，双向选择）

□律师事务所规模及专业化团队化建设？

□律师事务所对实习律师的培养？（培训、所内预考核）

□律师事务所有哪些福利待遇？（社保、旅游、文体活动）

□律师事务所加班情况？

（二）业务能力匹配度

业务能力匹配度主要从专业知识、专业技能、专业经验及专业成果 4 个方面进行考察。团队带头人需要精心考虑团队人员结构配置，选聘具有与岗位相匹配业务能力的团队伙伴，避免大材小用或能力不足拖后腿。如果只是选择一名律师助理,那么助理能够胜任工作就足矣,不必以出庭律师的要求去考察他。

业务能力匹配度主要通过笔试进行考察,可根据岗位要求设计涉及的知识、能力、经验等方面的题目。目前很多中国顶级律师事务所在笔试考察环节都有设置汉译英或英译汉的考题,这是因为团队涉及许多涉外业务,岗位本身需要精通英语。

在面试环节可以设立小组讨论或案例分析,通过面试者的小组发言和对案件的剖析,在众多面试者中选择出合适的人选,高效省时。广东金地律师事务所张弢律师介绍道,他的团队面试就是采取的集体面试,通过模拟真实案件的场景,并追加相关问题,选取面试者中的匹配人选。

(三)个人诚信度

诚信乃立世之本。团队作为社会化发展的高级组织形式,看重每个成员诚实信用的品质,团队合作必须以诚信为基础。万商天勤律师事务所的朱斌律师团队推荐了盖洛普优势测试工具,该工具主要从4个象限考察人的影响力、执行力、关系力、思考力。广信君达律师事务所的李万秋律师团队则推荐了九型人格测试工具,该工具将人员分成9种类型的人格,1号完美主义者、2号给予者、3号实干者、4号悲情浪漫者、5号观察者、6号怀疑论者、7号享乐主义者、8号领导者、9号调停者。这些性格和力量测试的结果都有一定的参考价值,笔者认为:一个有着优秀品格的团队伙伴将会是成员彼此的良师益友。

有的律师团队介绍自己的选人经验称:在面试之后,团队会留下有选择意向的面试者组织一次聚餐,通过餐桌礼仪观察面试者的品质。有的律师团队则会在试用期间组织团队集体活动,通过登山、徒步等活动考察试用人的品格。

二、中伦破产业务团队

中伦律师事务所作为最早涉足破产与重组业务领域的中国律师事务所之一,承办了大量的破产与重组案件,已连续多年被国际权威法律评价机构钱伯斯亚太评定为破产重组领域的第一级别,并被知名法律杂志《商法》连续评为"破产重组领域卓越律所",被《亚洲法律概况》连续评为"破产重整领域杰出律所",被《亚洲法律顾问》评为"年度最佳破产重组与清算中国律师事务所”,先后被北京市高级人民法院、深圳市中级人民法院、上海市高级人民法院、广州市中级人民法院、青岛市中级人民法院、成都市中级人民法院、武汉市中级人民法院编入破产管理人名册。

中伦深圳办公室的破产业务团队自2010年以来,通过持续不断的队伍建设和市场培育,仅用8年时间就发展成为中伦律师事务所的核心业务团队,承办了多个在全国具有重大影响力的金融机构破产清算案件、上市公司重整与重组案件。中伦深圳办公室也以广东省全省考核第一名的成绩被广东省高级人民法院编入一级管理人名册,其作为管理人、债务人法律顾问、债权人会议主席顾问等不同角色办理的*ST中华重整案、*ST海龙重整案、浙江玻璃股份有限公司及其关联公司合并破产案、*ST钛白重整案、福建安溪铁观音集团暨安溪茶厂重整案等多个案例已先后入选最高人民法院发布的第一批、第二批全国“十大典型破产案例”。中伦破产团队的成功之路给所有律师同行们呈现了优秀的团队案例。

(一)破产业务的特殊性

破产业务不同于其他业务,要了解中伦深圳办公室破产业务团队的成功,就需要了解破产业务的特殊性。2013年5月16日,深圳市中级人民法院作出了《破产案件管理人分级管理办法》,规定管理人名册中的社会中介机构分为一、二、三级管理人,各级管理人据此晋级、降级或者淘汰。深圳市中级人民法院将破产案件分为重大复杂破产案件、普通破产案件和小额破产案件3类。各级管理人存在不同的业务资格:一级管理人可担任上述3类破产案件的管理人,二级管理人可以担任除重大复杂案件之外的其他两类破产案件的管理人,三级管理人只能担任小额破产案件的管理人。企业破产案件被受理后,依照案件类别分别在一、二、三级管理人名册中指定管理人,原则上均采取摇号等随机指定方式。

破产业务与其他法律服务业务相比,有其自身的特殊性:第一,案件周期长,破产案件的周期往往都长达1~2年,甚至更长的周期也是屡见不鲜;第二,工作量大,破产案件需要大量的专业人员共同协作;第三,破产管理人获得报酬具有滞后性,管理人报酬与一般的民事案件等收费不同,报酬方案需经债权人会议讨论和法院确认,故其支付具有滞后性;第四,业务资格的限制,如上文所述,对破产管理人一般具有资质要求,律师事务所必须先入库各法院的破产管理人名册后才有机会接触该类业务。因此,破产业务的特性决定了律师事务所规划和从事破产业务前期需要投入巨大的人力和财力,律师事务所培养出一支比较成熟的破产业务团队需要至少3~5年的时间,而且在短期内无法获得现实回报。业务的长期投入性决定了传统松散型律师团队无法长时间扎根深入。很多破产团队只是为了某个破产案件而组建,在案件结束之后因为没有新案件合作或者合作引发的种种问题而解散,这样的团队难以走到破产业务顶端。

中伦深圳办公室的破产业务团队之所以能如此迅速地成长和成功,得益于很多因素,包括但不限于人才的引进、良好的业务基础、巨大的市场需求。笔者认为,中伦深圳办公室破产业务团队成功的核心在于合伙人对破产重组业务的专注、律师事务所对大力发展破产重组业务的重视和坚持打造市场领先法律业务领域的目标,以及律师事务所制定的高度公司化的管理模式和收益分配制度、持续投入并充分调动人才资金。

(二)中所破产业务团队的特点

1. 团队组成和分工

中伦破产业务团队通过有竞争力的薪酬体系,吸收优秀的人才进行团队组建,最终自上而下形成从业务负责人、权益合伙人、授薪合伙人、资深律师、中高年级律师到初年级律师的金字塔式人员结构。中伦深圳办公室破产团队现(2020年)有20余人,其中包括6名律师事务所合伙人(含3名授薪合伙人),其余为其他资深律师和高、中、低年级律师。破产业务团队对项目的主要分工如下:由破产业务团队的6名合伙人组成破产业务管理小组,综合把控深圳办公室破产业务团队的业务质量和风险,研究决策重大疑难问题;每个项目至少由一名合伙人带队,且该合伙人作为该项目的第一负责人,全程把控项目进度和风险;资深律师和高、中、低年级律师搭配,负责项目现场的各项具体事务;资深律师和高年级律师也可根据能力同时参与多个项目;项目组成员定期向负责项目的合伙人汇报进展,并由项目合伙人向破产业务管理小组汇报项目情况,以实现有效的项目管理。

在团队运行过程中,要充分发挥合伙人的市场开拓能力,保障团队持续的业务量;同时对每个项目进行合理的人员配置,形成高、中、低年级搭配,业务"传帮带",保障业务质量并充分发挥各层级律师的作用,提高工作效率。

2. 团队发展

中伦律师事务所很早就开始涉及破产与重组业务,深圳办公室的破产业务团队从最初的5人小团队发展而来,团队得以持续发展有多方面原因,第一,因为合伙人对破产业务的专注,破产团队合伙人多年来一直坚持在破产重组业务领域深耕,从业经历从10余年至20年不等,对该业务领域高度专注也为团队的专业化发展奠定了重要基础;第二,因为事务所自2010年明确要求凝聚力量发展深圳破产业务团队,将其打造成为深圳办公室的拳头产品的战略,指明了团队的发展方向;第三,团队成员较高的归属感和认同感,资深骨干律师队伍相对稳定,保证了团队的战斗力;第四,团队坚持走在实务的最前沿,如早年办理的证券公司破产清算、上市公司重整案件,近年来办理的境外上市公司重整、房地产企业重整、煤炭企业重整、大型集团公司合并破产、大型企业债务重组等案件,都使团队能够始终站在实务前沿去进一步挖掘市场机遇;第五,团队注重理论与实务相结合,不断探索破产法律制度的机制和操作规范,先后出版了《困境企业的退出与再生之路》《人民法院审理企业破产案件裁判规则解析》等破产专业书籍,并在《中国审判》《中国律师》《法律适用》等权威刊物发表了大量专业文章,使团队具备了业务发展的先进性和创新能力。

团队成立至今,团队成员的工资及办案费用均由律师事务所统一承担,解决了团队成立之初的业务压力,为团队专门从事破产业务提供了物质基础。且团队建立之初,就由具备破产业务承办经验的合伙人带头,在破产团队逐渐成熟之后,业务面也逐渐拓宽,目前承办的还有战略并购投资服务、债务人的专项法律顾问、债权人的专项法律顾问等业务。

3. 团队协作

由于破产业务办理过程中涉及方方面面的事务,不仅包括破产业务领域的事务,往往还涉及其他业务如资本市场、诉讼仲裁等,且规模越大的破产案件该特征越明显。这样的案件一是对人力资源需求大,二是需要专业分工更加细化,需要通过团队协作高效完成工作。虽然中伦破产业务团队的核心成员仅20余名,但在实际业务办理中,团队会结合案件特点,引入其他业务团队成员进行合作,主要有项目全程合作或项目部分合作两种合作方式。项目全程合作需要其他团队成员全程参与到项目中,合作周期比较长。项目部分合作主要是将破产业务进行分解,由其他团队承担其中部分分解业务,类似于将破产项目的部分工作分配给其他团队去完成。比如,上市公司重整,引入资本市场业务团队参与;诉讼仲裁,引入争议解决团队参与等，充分发挥其他业务团队的专业优势，确保能及时为客户提供全面专业的法律服务。破产业务团队根据项目需要可随时与事务所其他团队进行合作，这也是中伦律师事务所进行公司化管理、充分调配资源的优势，各团队利用各自的专业特长，协作完成项目。

实际上，中伦律师事务所的团队协作并不是一蹴而就的。曾经，中伦律师事务所实行以合伙人为单位的分配体系，但无论团队人员再多、能力再大，也无法与如今多团队优化配合作战相提并论，大家都更愿意做即可见效的工作，导致大项目跟踪人员不足。随后，事务所经历了一场持续几年的震荡，逐步提升分配集中度。[1] 最终提升了团队之间的协作能力。

4. 团队分配制度

利益分配是所有合作都无法回避的问题，分配合理，能促进团队内部及团队间合作氛围更加融洽；分配不合理，则可能导致团队战斗力下降或者合作的不可持续。每个律师事务所都有不同的管理机制和利益分配模式，这也是不同律师事务所的文化基因之一。律师界有两种分配机制，这两种分配机制都有些变种，但核心是两种，一种是 Lock steps，锁死等级制；另一种是 To eat what you kill，你能杀到什么东西你就吃什么东西，即一是模糊的按级别分配，二是按照你的年度表现分配。[2] 笔者认为：中伦破产业务团队在早年规模较小的情况下，能逐步发展壮大并成为事务所的重点业务团队，与其分配制度的调整有密切关联，新的分配制度为律师提供了专业化的制度保障。

中伦律师事务所自设立之初即以高端业务律师事务所为发展目标，在招聘人才上也是严格把关，低年级律师的待遇位于行业前列，以薪资优势吸引了许多优秀人才。在公司化管理体制下，确定事务所的薪酬体系，并统一由事务所对不同级别的律师根据不同标准发放工资。在晋升体系中，伴随着低年级律师向中、高年级律师和资深律师，甚至是合伙人晋升，薪资也同步增长。事务所对每一名律师都会进行年度考核，通过考核即可晋升，为认可其文化且有潜力的律师提供了稳定的晋升空间。在薪资的计算方式上也充分借鉴公司的薪酬分配模式，例如，破产业务团队经常在外地驻场办公的

---

〔1〕 参见申欣旺：《中伦的秘密》，中信出版社 2013 年版，第 142 页。

〔2〕 参见申欣旺：《中伦的秘密》，中信出版社 2013 年版，第 138 页。

成员会发放异地出差补助。

事务所也会对权益合伙人进行考核，并根据考核结果予以晋升或降级。事务所采用计点制进行分配，即根据对合伙人考核、评比等级的结果来计算其收益。计点制的安排模糊了合伙人之间的分配差异，即每位合伙人的薪资待遇是基本固定的，但业绩好的合伙人可以再升点。在国内，这一制度坚持得最好的是金杜律师事务所，坚持到最后，它成为最大的赢家。[1]

而在团队之间合作的分配上，则由团队负责人商议如何分配业绩，在很大程度上，团队之间的协作也依赖于各团队之间的信任和自觉性。否则，团队间的合作将难以持续。当然，如何根据破产重组业务的特点，确定合理的绩效考核指标和要求，调动工作积极性，也是中伦律师事务所克服的难题之一。

（三）对团队组建和发展的启发

由于破产业务的特殊性，律师仅凭自身单打独斗是无法揽下业务的。即使存在个人破产管理人，但是要做大做强，势必需要大团队承办大项目并成功办理为经典案例。大规模的团队协作往往需要整个律师事务所在宏观层面上的专业化发展和资源调配，且该业务也存在一定的资质壁垒，一旦落后于人，就需要花费更大的代价才能赶超。当年，中伦律师事务所发展资本市场业务的经历就是例证，一旦落后就需多年的努力才能赶上其他一流律师事务所的脚步。

以中伦破产业务团队的成功案例为参考，笔者认为以下几点是团队长久发展的重要因素：

（1）合理的分配制度是团队长久发展的基础保障。每个律师事务所有不同的分配制度，处于不同的发展阶段也会有不同的侧重点，发展初级阶段的更注重效率，发展中高级阶段的更注重公平。优越的制度对人才的吸引至关重要，金杜律师事务所依靠其计点制分配制度吸引了众多海内外人才，尤其是知名院校的应届毕业生和前期没有案源的优秀人才，为团队的长期发展提供了新鲜血液。而有些律师事务所，为了扩大规模和更快地发展，采用提成制来重点引进更多有案源的律师，毕竟具备案源的律师也是市场稀缺资源。因此，不同的律师事务所及律师事务所的不同发展阶段都会有不

---

〔1〕 参见申欣旺：《中伦的秘密》，中信出版社 2013 年版，第 137 页。

同的侧重点，事务所及团队应当对自身有清晰的定位，量体裁衣，打造适合自身的制度，并严格执行合伙人或团队认可的制度。小团队也是如此，如果没有明确和可供执行的合理分配制度，将很难走出“小作坊”的困境。

（2）为了团队的长久发展，要保证核心团队成员的稳定性。律师团队的战斗力体现在成员的素质水平上，成熟律师的培养往往需要3～5年的时间，保证稳定的团队核心成员是团队长久发展的关键。团队不可能仅靠一两位合伙人就可以持续发展，毕竟个人的精力有限，很容易遇到发展“瓶颈”。成熟的团队需要金字塔式的人才组合，即所谓的老、中、青律师组合，既能把控风险，又可提高团队工作效率。行业惯例在一定程度上可以允许低年级律师流动，但团队需保证高年级、资深律师等骨干的稳定性，才能维持长期战斗力。中伦律师事务所通过为律师提供晋升空间和合理的福利待遇来平衡律师工作与生活的冲突，或通过不定期开展团建活动的方式来构建和谐的团队氛围并稳定军心。

（3）为了团队的长久发展，要为团队成员提供再教育平台以提升专业素养。持续学习对律师来说是非常重要的，律师依赖自己不断积累经验为生，大部分的毕业生和低年级律师已具备一定的理论基础，但仍需要通过大量实践去理解法律。中伦律师事务所为律师提供内外部的业务培训机会和经费，支持各层级律师参加相关业务培训，提高执业能力。为团队成员提供再教育，可以通过定期培训、交流、研讨等方式让成员解决实践中遇到的问题并及时充电。另外，办理案件也是非常重要的学习机会，通过老、中、青“传帮带”方式，在高年级和资深律师指导下工作，初级律师就会少走弯路。低年级律师通过办理大量案件不断提升专业素养，如此坚持下去，团队才能可持续发展，团队成员也会更有收获感。

（4）为了团队的长久发展，应保持对专业方向的专注度，在成规模的业务量下形成良性循环。律师要成为某方向的业务专家，都需要长期投入学习并办理足够数量和相当质量的案件。保持对既定专业方向的专注度，长期聚焦于办理某类案件，才可能达到深度专业化，这也需要具备该类案件成规模的业务量。假如没有足够的业务量，一方面很难为团队新成员提供练手机会，无法提升其战斗力；另一方面，一支吃空饷的专业团队也难以长期维系。因此，在组建专业化团队后，只有由团队带头人为团队导入充足的业务量，团队发展才能形成良性循环。

三、俨道婚姻家事业务团队

俨道律师事务所于2014年成立于深圳,是一家极具创新理念和改革魄力的新锐律师事务所。凭借丰富的从业经验和先试先行的前沿思维,俨道律师事务所不断尝试突破传统律师事务所制度的藩篱,改革创新,秉承“以律之俨,谋法之道”的核心宗旨,追求为客户提供极致体验的法律服务,不断探索无边界智慧型律师事务所的团队运营模式。

(一)团队发展历史和概况

在俨道律师事务所创立初期,创始人设想建成一家纯公司制的律师事务所,事务所承担所有办公成本、人员薪酬。但随即他发现这种模式对事务所及其成员的发展不太理想。小规模公司制律师事务所在案源开拓上依赖个别合伙人,导致其他人员对案源开拓缺乏动力并产生惰性。于是创始人认为改变管理机制即是新的现实需求,他对当时律师事务所的人员进行拆分重组、团队整合,并将发展模式变更为所内合伙制+团队公司制的结合模式,即各团队负责人在所内是合伙人的角色,各团队成员在团队内进行公司化管理,将事务所管理与团队建设最大限度地有机结合起来。

俨道婚姻家事团队由俨道民事综合部发展而来,2018年年初,由于感受到市场的变化,事务所合伙人H律师提议将民事综合部转为婚姻家事法律团队,招募处理婚姻家事纠纷经验丰富的执业律师,专门处理婚姻家事案件。时至今日(2020年),该团队虽成立不足两年,但人员齐备,专业功底深厚,已经成功代理多起离婚纠纷、抚养费纠纷、抚养权纠纷等案件,并对外举办“如何破解‘富不过三代’”“不同婚姻状态下的财富规划”等多期婚姻家事专题讲座、沙龙。

(二)团队组建与运行

俨道律师事务所创始人候松涛律师认为:“我们找的不是员工,而是能一起工作到退休的伙伴。”由此,事务所在选聘人才和人才培养机制方面极具特色,价值观一致是其最基础,也是最高的要求。

其招聘流程与很多律师事务所惯用的不同,在人事筛选简历后,就转至团队主任面试,最后才是专业笔试考核。在简历筛选阶段,重点考察应聘者是否具有知名法学院校学历、优质律师事务所实习及工作经历;主任面试阶段则以考察应聘者的价值观、语言组织能力、抗压能力为重,通过简要提问的方式了解应聘者对团队协作、职业规划、律师行业的认知，对加入团队的期望及希望合作共创事业的人选；专业笔试由具体业务部门进行考核，通过分析真实案例了解应试人员的业务能力。

入职后，为了使之更好地融入工作并加强协调，事务所会对新进人员进行系统的培训：体系化的实习培训、新人培训、在职律师培训、内部学习会、典型案例交流会，并且设置了严格的等级晋升机制和绩点考核。随着专业能力的提升和对团队贡献的增多，团队每半年进行一次考核，其主要目的是统一团队价值观，促进成员向更优秀的人学习。只有价值观、发展观一致才能志同道合，从而产生高度团队凝聚力。

人员考核则是另一个重点，既是律师事务所管理所必需的，也是团队能持续高效发展所必备的。婚姻家事业务团队的考核方法极为特别：每半年进行一次团队内“述职大会”，以团队成员通过向所有成员作工作总结报告的方式，概述本人工作成果及个人成长，向其他团队成员拉票，团队成员每人共有 3 票可投向所有成员，票数最多的两位律师可晋升两级，票数最少则等级不变，其他律师晋升一级。晋升一级代表底薪上调 1000 元、绩点增加 3 分。绩点的比例在年终时与团队利润关联，团队成员可按照绩点比例享受团队内利润分配，律师以此不断发展进步，直至成为律师事务所合伙人。这种机制在团队内营造出了积极竞争并向优秀者学习的良好氛围。

（三）团队协作原则与方法

婚姻家事服务的核心是财富的规划与传承。家事法律服务产品的服务对象的财产涉及面广的特殊性，决定了服务过程需要相关领域专业人士进行分工协作，导致家事服务团队合作面极为广泛。目前，俨道婚姻家事业务团队的协作办案分为团队内协作和事务所外协助。

事务所外协作即通过合作框架协议携手推进业务，其中对外协作对象包含专业性跨区域的婚姻家事律师、税务律师、移民机构、保险专家、理财规划师等与财富管理、理财相关的专业机构与人员，相互协作共同构建成专业、全方位的财富理财规划及财富传承架构设计。

团队内协作则是团队内部成员之间的分工协作。俨道婚姻家事业务团队秉承着“极致分工与团队协作”的原则协同办案，各成员既有明确分工又相互合作，高效调配团队成员的积极性，充分发挥各成员优势，密切合作，配合默契,积极推进案件进程。团队负责人更多是负管理责任,不做具体业务。H律师认为,团队管理者本身拥有独特资源,在业务开拓层面具有优势,若团队管理者参与业务则会影响团队其他成员,打破团队内部的分工平衡。

为保证将分工协作落实到位,俨道婚姻家事业务团队建立起了一系列制度化的法律服务流程体系,包括案情分析制度、庭前部门讨论制度、庭后案件进度汇报制、案卷及时归档制度等。团队内部目标一致,坚定地朝着"精益求精,为客户提供极致用户体验"的方向前行。

(四)团队管理与律师事务所的管理同步

就中国目前市场发展态势来看,运行得比较好的律师事务所有两类,一种是规模化的大所,另一种是定位清晰的精品所。作为一个有职业梦想的律师,你会怎么选择?深谙这种律师与律师事务所关系的关键,俨道创始人认为:律师事务所带给律师的,包括律师事务所的商誉形象、高质量的出品文件、精致的装修及鉴章、和谐的人事关系及价值观一致的同事。反之,律师个人却无法把控律师事务所的品质,那么为律师创造一个让其能更好地改变小生态的环境便是律师事务所的责任。

俨道律师事务所走精品所线路,在管理上将律师分为四层八级。四层是指从上到下分为决策层、管理层、执行层、助理层;每个层级由主办律师、协办律师、助理律师3方面人员构成。在俨道婚姻家事业务团队发展过程中,科技产品"领络"平台的应用与更新在实现团队协作过程中起着举足轻重的作用,让每个层级都能进行有效的管控与协作,通过同步运营发展,即可使团队成员同步处理事务、文件传输、信息对称、移动端工作等问题得以解决,团队负责人及客户还可以加入平台,直观感受律师的劳动成果和法律服务过程。

俨道律师事务所以开明的管理理念,有效的平台运作,鼓励听到不同的声音,支持正确的想法并给予律师充分发挥的舞台以加强思维的碰撞与交流。团队每年进行两次境内外团建,每月均有生日会,每周有定期员工文娱活动及兴趣培养课程,不断加强员工的归属感和凝聚力。

(五)团队运作经验

俨道律师事务所创始人H律师认为:传统律师事务所管理模式积弊苦多,在律师个人成长、团队组建、内部协作分工、合伙人利益分配等方面存在的问题不一而足，无论是对律师事务所的发展还是律师的个人成长而言，都有着无法妥善解决的阻滞。因此，俨道律师事务所成立的初衷便是探寻如何让律师事务所运营制度更加有利于年轻律师的成长；如何让律师行业通过专业化、团队化为市场提供更好的服务；如何让律师事务所的收益分配制度更加人性化合理化。这些都是当代律师事务所发展所需要考虑的核心问题。要想解决这些问题，俨道律师事务所采用"三分三化"六大运管模式，即通过职能分工、专业分工、行业分工、服务流程标准化、质量管理体系化、服务项目定制化，将特色服务与体制管理有机融合在律师事务所的运营之中。

俨道律师事务所同时倡导科技引领法律、科技服务法律实务、法律实务改进科技成果的理念。全所统一使用"领络"工作平台，提高团队工作效率、加强团队协作力度。实现案件办理、流程审批的无纸化、知识案卷管理电子化、法律服务客户参与化，逐步实现律师事务所的"互联网＋"团队管理模式。这种管理模式有利于高效调配全所资源，团队之间能够相互配合、相互协作，保证项目高效便捷地推进与完成。

俨道婚姻家事业务团队在高速发展的过程中，也遇到过"瓶颈"和挫折，涉及制度探索、人员培养与流动等问题。在发展的不同阶段选择适合当下状况的制度，即是保持高速发展的保障，团队在人员协作、部门设置、利润分配等制度层面始终不断探索与改进。另外，作为团队的管理者，只有拥有强大的客户资源，丰富的执业经验，创新、独特的团队发展路径规划，才能让家事财富传承的法律服务朝着高收费、高质量、高标的、综合性方向发展。

（六）团队协作的亮点与特色

俨道律师事务所以"服务流程标准化，质量管理体系化，服务项目定制化"的宗旨构建创新的律师事务所管理模式。首创民事诉讼流程 22 步骤，将法律大数据与同行业调研相结合，研发出创造性、高水准、高品质的特色法律服务产品，并保证对每位委托人的法律服务严格按照民事诉讼流程 22 步骤进行，服务流程不低于 20 个节点。（见图 2－5）

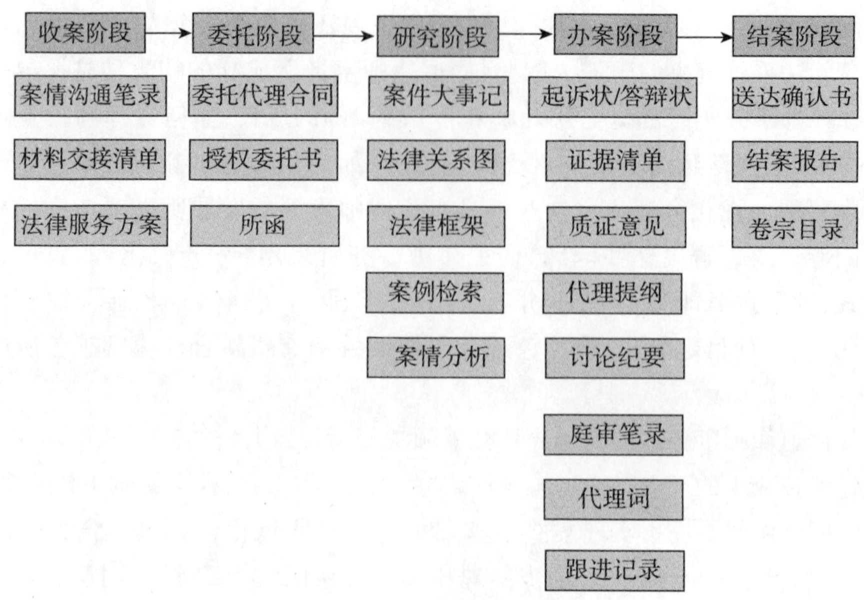

图 2－5　俨道民事诉讼流程 22 步骤

俨道律师事务所自创立以来一直高效处理层出不穷的新式法律矛盾、满足愈加复杂的法律服务需求，为自己的使命力破行业桎梏，结合深圳市特有的开放环境，试验出一条更适合当前市场的无边界智慧型律所团队运营模式。

四、德和衡争议解决业务团队

近年来，随着移动互联网不断发展，社会关系产生了天翻地覆的变化。在这个万物互联的年代，对于法律服务这样以服务为主体的行业，采用单打独斗、单兵作战的传统模式将无法迎合当今跨地域大局化、专业细致化的法律服务市场，故团队化和专业化已成为律师服务之必然趋势，很多团队都将面临艰难的转型。在这个多变的社会环境中，如何快速打造一个跨地域、全方位、专业强的超级团队显得尤为重要。

（一）团队组建

1. 团队发展历史

2018 年 1 月，北京德和衡争议解决业务团队成功组建，团队采取大部制全国布局，由北京、上海、深圳、济南、青岛五地办公室争议解决业务部人员组成，共同打造一个信息共享、目标明确、团结互信的大团队，致力于为委托人提供最优质、最有效的疑难复杂争议解决服务。

2. 团队成员介绍

团队组建不到两年时间，人数已超过 30 人，并仍在不断壮大。团队组成独具优势，既有前警察、检察官、法官，也有知名大学教授，还有著名刑辩律师及资深民商律师，在实务经验、知识层次、年龄结构等各方面均实现最优配置。团队不仅通过"传帮带"实现了长足发展，而且部门成员相互协同，跨地域合作，充分发挥出了各地的地域优势和人员优势。

3. 团队业务介绍

德和衡争议解决业务团队的业务辐射全国，五地深度融合、紧密配合，协同办案。区别于传统的刑事业务团队或民商事业务团队，德和衡争议解决业务团队不仅提供刑事辩护与代理控告、民商事诉讼与仲裁等法律服务，在此基础上还为客户提供跨地域、全方位、全时段的综合争议解决服务，包括刑事法律风险防范、危机处理、刑民（行）交叉争议解决、上市公司合规风控法律服务等。

（二）团队的运转

团队组建成功后，整个团队面临的最重要问题是如何让团队快速、稳步地运转起来。区别于其他传统团队，德和衡争议解决业务团队的特殊之处在于团队成员分处五地办公室，成员之间并未完全熟悉，这种情况下团队应该如何有效运转呢？

1. 多元思维的碰撞：高效务实的会议

德和衡争议解决业务团队采取的是全国大部制组建模式，成员分散在全国各地，因此，定期的碰头会尤为重要。为了保证会议的务实和高效，经过全体成员的讨论研究，德和衡争议解决业务团队制定了《部门例会制度》，放弃"三天一小会，五天一大会"的频繁会议模式，选择相对合理的两周一次的例会模式。根据统计数据显示，从 2018 年推行例会制度开始，团队一年内开会次数已超过 40 次。通过会议，团队成员分享经验，互通有无，逐步打破地域限制，打通沟通的桥梁，打造互信互助的团队氛围。

（1）清晰会议流程。

首先，会议要求每个成员按时参加并严格考勤，定下"无故不参加例会两次以上的，退出部门"的严规，借此保证每次例会的出席率。事实上，严格的规定是为了让每个成员都能快速融入团队,避免成员掉队或边缘化。

其次,由团队各地负责人轮流主持,会前提前发布会议议程,会议主题主要围绕3个方面进行:第一,团队管理事宜进展汇报,包括团队“双微”(微信公众号、微博号)的运营情况、各地收案收费情况、团队近期工作动态等;第二,团队业务研讨,由各地办公室分别解读新法新规或进行案例分享;第三,由团队主任做团队工作事务总结部署。会中安排专人负责记录会议内容,会后及时形成会议纪要。

最后,会议务实不务虚,切实用来讨论问题、解决问题,避免走过场、过流程的形式化会议模式。每个成员在会上都可以毫不留情地提出团队存在的问题,只要建议是中肯的、客观的、带有建设性的,就无须担心会有驳斥或打断的声音出现。事实上,德和衡争议解决业务团队一直鼓励坦诚和认真,而不是表面一团和气、实际敷衍了事。团队建设过程中需要有不同的声音,只要初心是为了团队,每一个建议都值得尊重、值得审视,长此以往,团队才会越来越强。

(2)设置“督查”角色。

每次例会确定的任务都有专门的“执鞭人”负责“督查”工作,以此督促团队执行任务的进度。“执鞭人”秉持着敢说敢做、对事不对人的工作作风,严格履行“督查”职责,对于没有按时完成任务的成员,予以通报批评或惩戒,严肃团队纪律,避免出现团队工作拖延滞后的情况,有效推进团队协同工作的进度。

(3)有效介入外部视角。

团队建设过程中,由于内部成员身处其中,利益攸关,很难跳脱现有的环境看问题,观察事物的视角非常有限,俗称“过早脱敏”。长此以往,团队建设将受限,无法触及最根本的问题。这时就需要外部视角的有效介入,帮助团队重新审视目前存在的问题。因此,德和衡争议解决业务团队每次开会前,各地负责人都会诚邀本所其他团队同事一同参会,邀请他们针对团队现状提出相关意见和建议。其他团队同事们在会议中“旁观者清”,在听完各地汇报、讨论后,结合自己所在团队经验,以全新的角度反馈对于团队建设的看法,无疑给争议解决业务团队的建设带来全新的思考与借鉴,避免团队建设走入极端,保证团队建设更加多元化。

2. 明确团队分工:推行主办律师责任制

对于体育比赛而言,任何一支高水平的队伍,其成员互相协调的能力都是不可或缺的。团队中每个成员都应该有自己的位置,各司其职、相互配合,充分发挥自己的主观能动性。德和衡争议解决业务团队目前采用的模式是“合伙人——主办律师——律师助理”的梯队模式,在这种模式下,合伙人作为团队负责人,起主导作用;主办律师作为团队的中坚力量,在团队中起着承上启下的作用;律师助理作为团队的基础力量,负责大量事务性工作,协助团队处理各项工作事宜。

同时,为了提高律师助理学习业务的积极性,增强主办律师培养律师助理的主动性,德和衡争议解决业务团队推行创新性主办律师责任制:首先,团队主任根据案件类型确定主办律师,由主办律师在部门内选择 1 ~2 名律师助理协助办案,确定成员后向团队报备;其次,由主办律师负责建立工作群,后续工作进展由主办律师负责推进和反馈,律师助理全程参与配合;最后,案件办结并订卷后,由主办律师从分配的计收费中向律师助理发放奖金,其中,当主办律师有多名时,由其自行协商分担比例。

团队通过发放奖金的方式,提高了助理办案积极性,同时,把选择助理参与办案的主动权交给主办律师,在团队内部也形成了市场竞争,促使律师助理端正工作态度,合理安排工作时间,在承办具体事务的过程中快速成长。

3. 无规矩不成方圆:团队管理制度化

除了上述制度外,德和衡争议解决业务团队还结合实际情况制定了一系列其他制度,对包括利冲检测、立案结案、分案分配、案源保护、案例检索、承办案件、人才引入等环节进行了详细规定。

同时,为保证制度合理性及可执行性,在每项制度发布前,团队都会组织全体成员进行讨论研究。相应制度一旦获得通过并发布,则全体成员都必须严格执行。从团队层面将管理制度化,进而将制度推广,形成团队的特有文化,对外也同时形成强大的吸引力,起到积极的宣传作用。

(三)团队建设的特色

1. 发挥“领头羊”的作用:团队主任充分赋能

德和衡争议解决业务团队主任曾与团队分享过这样一份特殊行程:2019 年 3 月在青岛 12 天,北京 10 天,深圳 3 天,济南 2 天,龙口 2 天,郑州 1 天,沈阳1天,共计31天;2019年4月在北京9天,青岛9天,上海5天,深圳3天,济南2天,龙口1天,沈阳1天,共计30天。这是团队主任2个月的行程记录,不难看出,出差非常频繁,行程安排非常密集,十分考验人的耐力与精力。但是,从领导者的角度出发,比起耐力与精力,更考验团队建设的其实是领导的能见度与洞察力,以及在此基础上能否实现充分赋能。

赋能,从字面上理解,其实就是赋予别人能力。好的赋能模式是在合适的时间让合适的人做合适的事,这对团队负责人的要求非常高:第一,负责人必须要有很强的专业能力;第二,负责人更要有丰富的人脉资源;第三,也是最为关键的一点,负责人一定要有无私的奉献精神。在满足这3个条件的基础上,还要求负责人善于运用任用权、充分放权。假如负责人事无巨细,大小事情一把抓,反而会弱化团队成员的独立性,将导致团队成员形成依赖,进而不会或不愿自己开拓案源。因此,团队负责人应该做到眼睛盯紧手放开,用自己丰富的阅历和资历进行真正的赋能,助推团队整体发展。

德和衡争议解决业务团队主任每到一地办公室,首先做的就是带领当地的团队成员一起盘整资源,凭借丰富的资源人脉以及执业经验,与团队成员们共同开拓、推介案件,并在此过程中深入了解团队成员特点,继而在后续合作过程中,让合适的成员处理合适的工作,提升整个团队工作效率。而对于团队成员来说,有了团队主任以及整个争议解决业务团队的依托与助力,不管是谈客户还是做案件,都将事半功倍,效果显著。同时,内部资源也得到了有效整合,达成实实在在的助力。

2. 用专业宣传:新媒体号的运营

过去,律师主要通过面询或电联等传统方式联系客户、推广产品和品牌,这符合"车马很慢书信很远"的历史环境。随着移动互联网时代的到来,人们获取资讯的方式也发生了重大变革,微博、微信等自媒体因更能及时、个性化提供资讯,正日渐成为不可或缺的重要资讯传播媒介。对律师行业而言,自媒体发布资讯更快捷、成本更低,能够为客户提供高效准确的专业性、创新性资讯,能够贴近客户高效推广品牌和产品。

德和衡争议解决业务团队推出了"德和止争"微信公众号、微博号,以期通过新媒体号的内容推送让客户实时了解团队动态,借此增强与客户的连接和客户黏性。团队鼓励律师原创文章,为了保持发文的稳定性,各地办公室都认领了一定的原创文章任务。一年时间,团队发文300余篇,其中包含原创文章111篇。成员完成写作后,团队会有专门的文章审查机制进行审查,从而保证文章的准确性和专业性。通过推送专业文章宣传团队业绩,也实现了在社会公众层面上理智发声的目的。团队的目标是逐步把新媒体号"德和止争"发展为业界品牌,快速跟上社会发展的步伐。

3.创造核心竞争力:提供一站式法律服务

德和衡争议解决业务团队的目标是打造刑民(行)业务兼具、诉讼与非诉并存的一体化团队,致力于为客户提供专业化、标准化、国际化的法律服务。目前团队涉略包括刑民(行)交叉、刑事辩护、刑事控告、民商事诉讼(仲裁)、上市公司服务、知识产权、税务、金融证券在内的多个领域。可以看出,团队之间的业务交叉越发频繁,专业精细化更加明显,对应着客户更加多元的法律服务需求。传统单一服务模式已逐渐被一站式服务模式所替代,"万金油"律师更是无法匹配目前的法律服务市场,律师服务的转型升级已是必然趋势,团队发展一定要及时对接社会发展。

打造业务综合型团队与推进律师专业精细化是相辅相成的,德和衡争议解决业务团队所做的努力不仅是为了在团队成员方面取胜,更重要的是通过前瞻性战略思维提前布局,不断创新并做出改变,在时刻变化的市场需求中抢占先机,为团队赢得机会。从长远来看,客户需要的是一个真正能解决争议的团队,不论是哪个领域的纠纷,或刑事或民事或行政,或诉讼或非诉讼,只要客户提出需求,团队都能予以应对,在满足客户需求同时,也提高了团队核心竞争力。

面对瞬息万变的市场需求和不断升级的消费者体验,德和衡争议解决业务团队将致力于为客户提供更加稳定、高效、全面的专业服务。团队深信"独行快、众行远",优势互补、协同作战的团队方能更好地实现全能与专业的有机统一,规范化与个性化服务的有机结合,不断精进,勇攀高峰。

第三章 法律服务产品

第一节 法律服务产品及其意义

一、法律服务产品的本质

(一)法律服务的特征

法律服务与其他产品服务的出发点是一致的,都是发掘自己的目标客户,并通过专业的产品服务吸引客户进行购买,再通过超出客户预期的服务过程满足其需求,最大限度吸引客户复购。虽然法律服务业与其他服务业同属于第三产业,都具有服务产业的基本属性,但在服务主体、服务领域、服务内容和服务方式等方面,却存在较大差异,主要有以下几点:

1. 服务主体的平等性

法律服务机构虽然包括律师事务所、公证处、基层法律服务所和社会法律咨询机构等不同职能类型的机构,包含国资、合作、合伙和个体开业等不同所有制性质,包含省、市、县、乡镇等不同设立层次,但它们作为法律服务主体,不论在表现形式上还是在职能上都具有平等的主体资格,享有平等的权利与义务,都能够独立开展业务活动,平等参与市场竞争。

2. 服务领域的广泛性

法律服务涉及国家经济、政治和社会生活的各领域,有着十分广阔的服务空间。在社会主义市场经济建设中,规范市场行为、维护市场秩序、保障市场主体经济利益,都需要法律服务;在社会主义民主法制建设中,调节社会矛盾、维护社会稳定、促进社会生活的和谐与进步，也都离不开法律服务。尤其随着依法治国战略的实施和公民法律素质的提高，全社会对法律服务的需求越来越多，范围越来越广。随着我国扩大对外开放程度并加入WTO，法律服务业将参与国际竞争，国际贸易服务也日益增多。

3. 服务内容的专业性

法律服务的主要内容是服务主体运用法律知识和专业技能为当事人提供法律帮助，维护当事人的合法权益。其服务内容实质上是严肃的法律工作，关系到法律的正确实施，关系到经济、政治和社会生活各领域的法律秩序，具有很强的专业性。由于服务内容的专业性，国家强调服务主体的专业化，规定律师、公证员和基层法律服务工作者必须具有相应的法律素质，只有经过国家考试取得执业资格，才能从事法律服务。

4. 服务方式的契约性

法律服务的根本是服务主体与客体之间在自愿、平等、有偿基础上建立的一种契约化关系，是一种完全自主、不具有任何强制性的服务方式。服务客体有权自主地选择服务主体，按照自己的意愿向服务主体提出明确的服务内容、服务形式、服务标的、服务质量；服务主体也可以选择服务客体，并基于自己的法律专业知识向法律服务对象作出承诺并收取相应的报酬。

（二）法律服务产品的定义

从营销学角度而言，产品是向市场提供的，是能够引起消费者注意、使用、消费，以满足其欲望或需要的物品、服务或它们的组合。“产品”分为有形产品与无形产品，服务无疑属于无形产品，其本质决定其具有无形性和过程性。律师的本质是通过其专业技术来实现服务，因此律师的法律服务也具有该特点。

“法律服务产品”的本质不难理解，就是把律师拥有的难以定义、抽象、无形的法律服务能力，具象成客户可以选择，便于客户感知体验的法律服务实体产品。法律服务内容进行可视化、规范化、量化后，就跟摆放在商场上琳琅满目的商品一样，可供客户根据自身需要进行选择。倘若想让律师在市场开拓过程中言之有物，让非法律行业人员也加入其中，就应当让法律服务具备产品属性。一方面可对外展示律师自身的专业知识，帮助外界快速了解律师的定位和专业能力；另一方面可对内细化为专业知识体系化的过程。律师在专业领域内深耕细作，通过积累、沉淀、筛选、归纳、整合，建立完整知识体系分析客户需求，细分法律服务市场，以客户需求为重心，运用模块化、流程化、可视化的方式，对服务进行产品化设计。此外，还需将“客户体验”贯穿于法律服务产品的设计、营销、使用、更新等各个环节。

律师想拓展业务并持续为客户提供优质的法律服务，只依靠传统律师事务所管理模式和单打独斗的服务形式是做不到的。律师如何寻找潜在目标客户，客户又如何找到所属领域的专业律师之间，存在一个中空地带，而法律服务产品化将驱动行业面向市场需求打造一个科学合理的法律服务体系。传统法律服务之所以没有做到流程化、标准化、专业化，是因为具备这样能力的人都渐渐地流向了高端业务，参与传统法律服务的律师质量参差不齐，绝大多数人无力做专业化建设。

首先，根据法律服务市场的现状及发展趋势，法律服务产品化有利于整合律师资源。将业务分为诉讼、仲裁、法律顾问和非诉项目 4 大类，成立对应的专业性业务部门，内部再进一步专业分工并实行流水线作业，即收到法律服务业务后，由一位主办律师挂帅，再按照该业务涉及的专业方向，分由不同专业的律师进行操作，既保证了每个环节的质量，又加快了进度。

其次，品牌与产品相辅相成，品牌是所有产品综合的认知程度，产品是律师所能提供的法律服务及其外延。根据产品层次进行分类，笔者认为法律服务产品包括核心产品、形式产品、延伸产品和心理产品 4 层。核心产品即指达到客户的主要目的，例如，拿到胜诉的判决书；形式产品指使服务过程化、有形化，给客户带来直观感受，使其意识到律师的付出与投入，例如，一本规范完整的卷宗或一个典型案例分析等；延伸产品，则指律师提供的增值服务，给客户带来惊喜；心理产品，则是根据客户的心理预期，让客户信任并对服务产品有明确的预算价位，这往往将决定客户的出价。简单明了的产品功能，客户能更易理解和接受，也能明确感受到律师事务所在相关领域的专业性，增加客户黏性。通过规模化和品牌化，将优秀的经验输送到更多的地方，既可以将优质的服务普惠大众，又可以帮助律师实现业务量增长，提升职业荣誉感。

（三）法律服务产品的特征

1. 专业化

专业化是由法律服务的属性决定的，该专业性主要体现在法律服务市场的细分上，即在传统领域之上，进一步进行市场细分。如果未来传统法律服务想要实现专业化升级，提高基础建设投入，那么就必须提高法律服务效率，否则难以实现专业化之路。如果没有办法消化“量”，就没有能力去提升“质”，所以，为了形成良性循环，必须借助信息化和智能化来提高法律服务的质量。在非诉讼领域，已经实现以下产品的专业化：常年法律顾问服务、各类专项培训、建设工程签证与索赔法律风险精细化管控、商品房销售领域法律风险精细化管控、新型物业服务领域法律风险论证等。

2. 可复制性

通常情况下，每个产品所面向的服务市场需求具有共性，一定程度上是可复制的。但是，具体法律产品的设计还需要由律师根据具体情况确定，其内容及格式不存在统一的要求，也不会一成不变。均以客户需求为导向，以降低成本和提高效率为目标。

3. 流程化

进行细分后，每个法律服务产品都有相应的操作和使用流程以便于承办律师和客户能对各环节有所了解。法律服务通过载体固化后，依然要对产品进行推广、营销、维护、改进，产品只有推向市场才能最大化实现其价值。不仅可以向常年顾问客户单位适时进行产品推介，还可以通过培训讲座的形式进行推广。培训具有受众广、影响大、宣传效果快的特点，邀请企业高管参加并进行宣传也不失为一个好方式。而且律师事务所内部要不断加强管理，完善治理结构，运用合理的薪酬机制和晋升渠道，加强青年律师及人才培养，进行阶梯建设，整合优化律师事务所配置和律师资源，形成团队合作、专业分工、流水操作的服务，保障高效率和高质量，维护与改进法律服务产品。

4. 模块化

根据社会对法律服务专业化、精细化的需求，在对传统优势业务推陈出新的同时，法律服务机构应组建专门队伍研发新的法律产品，着力将事务所打造成一座研发、生产法律服务产品的工厂。并将整个法律服务市场进行细分，将每个单项法律服务产品设置为一个模块，通过对不同的模块进行组合，形成多种综合性法律服务产品。

5. 可视化

每个法律服务产品均需对法律服务进行量化、可视化处理，让客户清晰、直观地感受并认同律师的服务。例如，可以在给客户提供常年法律顾问服务过程中,将常规的法律咨询与解答,合同文件的起草与评审,重大会议及商务会谈的参与、沟通、接触,顾问单位日常经营管理中易出现的问题及风险易发点等服务内容进行总结并形成工作报告,在服务年度期满后给客户提供包含图表、数据等内容的法律服务报告,让客户直观地看到律师的服务内容。尤其那些平时缺少对接、沟通的公司高管,工作报告既可加深其对服务律师的认识,还能让其掌握公司日常经营业务。同时,通过分析服务过程中发现和处理的企业客户所遇到的各种问题与法律风险,特别是分析已产生的纠纷,加强与客户各部门的沟通协作,共同制定一套全面的公司管理制度,并构建符合客户实际需要的法律风险防范体系,包括公司法人治理、合同管理、财务税收管理、行政人事管理、知识产权保护、债权债务跟踪、资本运作筹划等各方面的风险防范计划,实现规范化、动态化、体系化的法律风险防范管理。

过去,由于计时制收费模式的限制,许多律师事务所不愿采用科技手段压缩工作时间。然而,随着法律科技的发展,数据外包服务商以及采用数据支持提供解决方案的其他替代性法律服务提供商将对传统律师事务所形成冲击。未来,只有将专业服务与科技手段相结合,才能最大化挖掘法律服务市场的潜力,提供效率更高、功能更全的全场景式法律服务。

6. 以“客户需求”为出发点

用户通常无法明确自己的法律需求,这时就需要律师等法律工作者通过产品化思维帮助用户了解其需求,甚至发掘其本来没有或者不知道的需求。在互联网时代,以客户为中心的“C2B”模式是各个行业的主要商业模式,律师这一服务行业也不例外。只有从客户需求出发,才能更精确的为客户提供高质量的法律服务,实现对某个法律服务市场的占领。法律服务产品需要将服务项目中的共性提取出来,制作成可复制的知识模块,这就要求律师必须有足够的服务经验及咨询能力。

7. 围绕“客户体验”

法律服务产品的设计与研发,不仅需具备专业性,更须以客户体验为核心,让客户对律师服务产生依赖性的同时享受到更优质的服务,提高客户对法律产品的体验。律师在提供服务时,需要采用换位思考、意见反馈等方式,了解客户的感受。许多情况下,用户其实并不清楚自己的需求,其描述的多样化需求背后其实存在共性,所以如果一味迎合用户进行个性化定制,将会导致效率低下，并且由于提供服务的个体存在差异，服务的质量也会参差不齐，在没有对照的情况下，用户体验也会很差。

二、法律服务产品化的意义

法律服务产品化是近几年全国法律服务业的热门话题。随着全面深化改革不断推进，经济飞速发展，国民法律意识逐渐提高，法律服务需求日益增长，带来了前所未有的机遇，但法律服务市场也面临着空前的挑战，业务拓展问题成为制约律师事务所发展的瓶颈之一。确立法律服务业的新兴产业地位，推动法律服务业的产业化发展，是提高国民经济整体素质、增强国际竞争力、加快实现现代化建设宏伟目标的现实需要，是市场经济不断发展、产业结构不断优化、社会需求不断增长的必然结果。为此，要努力构建我国法律服务市场化、社会化、产品化的基本框架，确立我国法律服务市场化、社会化的经营方式，加大我国法律服务市场化、社会化、产品化的改革力度。只有完善法律服务产业市场化、社会化和产品化的运行机制，法律服务业的产业化发展目标才能实现。

法律服务产品化是由互联网时代的特征所决定的。"速度与效率"的追求、"微创新"的关注及以用户需求和用户体验为核心的"用户思维"，使各个行业潜移默化地发生了巨变。传统的法律服务远远不能适应信息网络时代发展的要求，这推动着法律服务不断创新拓展其领域和业态，使法律服务业向高层次宽领域发展，亦推动律师业走向"名、特、优、大"。在信息网络大数据和市场经济的驱动下，法律服务产品化是法律服务行业创新发展的必然趋势。

法律服务市场将会是产品化的天下，法律服务产品化能够不断地优化、规范律师服务产品，并根据用户需要提供个性化、定制化的服务，提升服务质量。人工智能的发展督促律师走向专业化道路，只有按照专业化要求和标准去提供法律服务，才有生存的空间。未来的法律服务行业将会基于信息化、技术化进行调整，并逐渐走向专业化，只有专业化的人员，才能创造出优秀产品，才在这个行业占据领先优势。未来的法律服务市场将会迎来这样巨大的转变，可重复利用的法律服务和产品化成为大势所趋，所以律师应当让客户体验到不断提升、不断改进的法律服务。

（一）法律服务产品化推动法律服务行业市场化

法律服务产品化有助于推动法律服务行业市场化，法律服务产品化是手段，最终实现的是法律服务行业的市场化。传统诉讼与非诉讼业务已经难以满足市场经济和社会发展的需求，创新法律服务理念，不断开发并向公众普及法律服务产品，在满足现有服务需求的前提下，发挥对法律服务市场的导向作用，将是未来律师行业的工作重心与发展方向。

律师业务的发展与法律服务市场的拓展之间是相辅相成、相互影响的，法律服务产品化正是解决市场供需不平衡的有效途径之一，不仅能更好地满足客户对法律服务的需求，还能推动律师业务的发展，完善相应的法律服务市场。因此，创新法律服务理念、开发并普及法律服务产品、引导法律服务市场是现今律师行业工作的重心和难点。

同时，将法律服务产品化引导为法律服务市场的新阶梯，具体表现在：

1. 法律服务范围有限，律师业务领域比较单一

当前，律师行业法律服务范围具有一定有限性和单一性，诉讼业务仍是大部分律师事务所及律师的主要业务模块，非诉讼业务则相对较少；传统业务占比大，特色业务占比较少。虽然，一些经济相对发达区域律师事务所的非诉讼业务已拓展至许多大中型企业、国有企业、集团公司，成为其对外营销的手段，但其所提供的非诉讼服务在形式和结构上依旧比较单一。大部分局限于法律顾问模式，以日常法律咨询、合同起草、文件评审为主，而类似于企业改制、兼并、破产、上市、对外投融资、知识产权保护等业务，则参与的少之又少，能发挥的作用也十分有限。

2. 客户需求不断增长，现行服务方式、质量与市场要求相分离

如上文所述，传统的诉讼服务受制于事后救济的滞后性，不仅难以全方位维护客户利益，也不利于律师开拓服务市场，一定程度上还会影响公众对律师的价值判断及律师已树立的良好形象，甚至在公众心中留下“讼棍”的形象，无法体现律师的真正价值。

随着法制逐步健全，市场经济迅猛发展，客户对法律服务的需求不断增长，法律服务逐渐呈现出专业化、多样化的特点。企业在进行重大的经营决策、战略规划及开展业务时，迫切需要律师的建议、意见和全方位的法律指导。企业不仅需要保证当前的行为符合法律法规及政策的相关规定，更需要了解如何防范和规避相关法律风险，此时的服务需求与传统的律师服务

有所差异，无法相契合。

3. 法律服务的无形化，使律师与客户之间的矛盾不断深化

大多数法律服务是律师的脑力与经验的结合，具有紧密的人身依附性。律师服务的过程，客户往往难以感知体会，而工作过程中的复杂与艰辛恰恰正是律师投入时间和精力最多的，法律服务看不见也摸不着，导致客户与律师之间的矛盾不断深化。一方面，律师付出了大量的脑力、精力与时间，但这一过程的无形化导致最终的法律服务成果不足以让客户全面理解律师工作过程的复杂。尤其是诉讼案件，如果律师没有及时采用有形化方式向客户反馈诉讼过程和相应成果，一旦出现败诉，律师的付出很容易被客户全盘否定。而作为常年法律顾问的律师在合理要求提价、增加顾问费时，也经常被客户以律师工作量少、工作轻松为由而拒绝。

在传统的法律服务模式下，一般是以相关经验、胜诉率等作为标准判断律师的服务质量。传统模式下，当事人一般通过道听途说、分析外观、倾听律师对于案件或项目的看法和观点进行判断，并没有参考实际量化的相应数据，比如：案件或项目数量、胜诉率、同类型的案件或项目经验、公布的法院裁判文书等。技术升级给律师提供法律服务带来了便利，同时也裹挟着挑战。产品需要保证质量并不断更新，律师也应当在执业过程中不断总结经验，调整服务策略，并及时向客户反馈成果。

以民事诉讼代理为例，可以案件流程为轴，在各个关键节点设计文档与当事人进行深入沟通，每份文档都是可视的服务细节，共同构成民事诉讼服务这个产品，即“诉讼流程化与可视化”，此为北京天同律师事务所早年提出的概念。由于用户在信息上具有不对称性，为满足用户对法律服务知悉的需求，该产品逻辑便应运而生。

在社会关系越来越多样化，社会以及商业行为越来越复杂化的今天，通过以部门法为法律专业的传统划分方式将被弱化，以市场需求为导向的各类法律专业服务产品将逐渐增多。律师要吸引更多的客户，除了保证自身的专业能力，还有需要保障客户的体验。现在已进入“客户体验制胜”的时代，糟糕的客户体验会让律师服务缺乏口碑，很难持续发展；规范的服务流程、透明的服务方式，会增强客户体验，带来后续服务机会。这正是法律产品化的第三个动因。

总而言之，法律服务产品化是市场的产物，是市场经济发展的要求，也

是律师行业竞争深化的必然结果,律师事务所进行品牌宣传的有效手段。

（二）法律服务产品化有利于规范服务方式,提升服务质量

法律服务产品化不仅能够不断优化、规范律师服务产品,同时可以根据用户需要提供个性化、定制化的服务,更好地提升服务质量。

传统法律服务的提供者都采用单打独斗的形式,一个人完成营销、谈判、办案和管理等工作,时间和精力都投入在大量的办案和其他琐碎事务上,很难有多余的时间和精力做专业化建设。事实上,很多非诉讼业务要比传统诉讼业务更加复杂,工作量更大,但绝大多数的非诉讼业务已经实现了流程化、标准化,传统法律服务相对落后。研发和设计法律服务是实现法律服务产品化的首要步骤,也是非常关键的一步。对市场趋势进行精准把握,满足客户的需求是关键,再结合以往的经验优势,凝聚整个团队的专业优势,制定一整套专业、动态、符合实际的法律服务产品,这也需要专业的团队和一定的服务经验作为前提。

高门槛的高端业务存在一定的壁垒,即并不是任何人都能获得相应的业务。而传统法律服务的门槛相对较低,有很多地区由于地方条件限制,其法律工作者服务质量良莠不齐,有资深老律师,也有经验匮乏的青年律师,甚至存在实习律师违反法律规定独立提供法律服务的情况,因此客户获得的法律服务质量无法得到保障。

传统法律服务市场已经趋向饱和,存在十分激烈的竞争,从而推动着法律服务理念改革创新和法律服务产品化的普及。法律服务这一无形产品的有形化有利于规范法律服务方式,确保服务质量,还可以强化律师事务所内部管理。目前,已有不少律师事务所专注于法律服务产品的开发与营销,虽然多数并未形成体系化、系统化、规模化的成熟产品与服务操作流程。法律服务产品化的关键就在于使无形的法律服务看得见、摸得着,不仅可以给客户带来更直观的感受与体验,为其提供可量化的标准,还能消除客户与律师之间的信息不对称,加强律师与顾问单位的契合度。

第一,法律服务的有形化便于客户进行更直观的选择,满足客户需求,从而拓展法律服务市场,推动律师业务发展。法律服务从无形变有形,最直接的优势在于方便客户选择。客户可通过律师提供的产品清单或服务方案,清楚了解某种业务需要在哪些阶段聘请律师;同时律师也可以满足不同客户在不同阶段、不同业务领域的多样化需求。客户对法律服务产品的消

费必然会增加律师业务量，拓展法律服务市场。同时，法律服务产品化要求律师根据客户的不同需要形成相应阶段成果的服务报告，将无形的法律服务借助相应的载体呈现给客户，使其直接感受到律师的付出与劳动成果，为供需双方都提供了一个可量化、可操作的客观评价标准。这不仅能解决律师与客户之间付出与回报不平衡的心态矛盾，还能增加客户信任度，促进供需双方达成长期友好合作，实现律师业务发展。

第二，法律服务产品化有利于规范律师服务方式，提高法律服务质量，从而推动律师事务所内部的管理与完善。法律服务产品化，即将无形的法律服务有形化，这需要律师根据客户需求与市场动态，结合团队的专业优势及自身经验，进行产品研发与设计，然后再根据客户需求提供相应的法律服务。由此可见，法律服务产品化是各项复杂工作的有序结合，需要专业的团队在其内部实行专业化分工，再由擅长不同领域的专业律师进行协作，定期并及时地向客户提交阶段成果与服务报告，在规范律师业务的同时提高法律服务质量。

律师提供法律服务，是按件（工时）收费的。在保证质量相同的情况下，每个律师和律师事务所都极力追求减少用于特定项目的综合时间。比如，尽可能使用初级律师来完成原本应由高级律师投入时间的项目。那么，如何能实现这种目标？流程化、标准化以及技术化正是符合此类产品属性的首选路线。

第三，法律服务产品化可以使律师事务所实现对每个案件、服务事项的统一管理和跟踪监控，从而规范内部管理。而且，法律服务产品化需要团队的有效配合、专业化分工和流程化操作，这将对团队内部整合和优化律师资源发挥一定推动作用，也是法律服务产品化的另一优势。

第四，法律服务从无形到有形既顺应了全面深化改革的发展趋势，又响应了构建法治社会的政治目标。法律服务产品化意味着客户可以根据需求在不同的经营阶段寻求法律服务。而律师运用所掌握的法律知识为客户提供服务，也是在协助政府运用法律手段管理经济和社会事务，一定程度上能让律师发挥其社会政治职能与价值。

（三）法律服务产品化可推动律师事务所内部管理与完善

如今，律师行业从业人数越来越多，对客户而言，很难判断哪个律师更值得选择，选择律师的机会成本正逐渐变大；对于律师而言，几乎所有的法律服务领域都成为买方市场,律师除了要在价格上具备优势,还要在专业能力、服务方式等方面展开竞争,这些要求都指向了法律服务差异化。法律服务产品化这一概念就可以更好地促进差异化这一目的。法律服务产品化有助于推动法律服务专业化、标准化,促使定价透明化、合理化;也有助于律师根据用户反馈进行产品改进,进而推动整个行业消费升级。从客户角度来说,服务产品化之后,客户能够清晰地看到法律服务的整个流程,获得明确的定价标准、考核标准,可预期的服务质量,从而提高客户对律师个人及行业的认可度。

长期以来,律师事务所的内部管理结构都比较简单。社会对法律服务的要求越来越高,如果事务所缺少规范化管理,无异于一盘散沙,又怎能经得起市场竞争的冲击和客户的筛选?律师事务所需时刻注重自身内功的修炼,建立一套严密的规章制度,全面规范律师的执业行为,成为质量管理的法律服务机构。在法律服务过程中,律师应根据《质量手册》和程序文件的要求进行操作,"做已经写到的""写已经做到的",将各个阶段及环节记录在案,对业务的质量和程序实行同步控制、同步跟踪、同步监督、同步检查,这是质量标准化、程序规范化的有效支撑。客户利用服务产品化定制标准化服务,获得明确的定价标准、考核标准、可预期的服务质量,大大提高服务质量和服务效率,更加符合业务需求。

传统法律服务存在信息不对称的难题,这和法律服务内容存在一定模糊性有关,使客户很难清楚地掌握服务流程。法律服务的这层神秘面纱不仅使用户体验较差,也给法律服务提供者不思进取的思想提供了温床,似乎只要结果还凑合,客户就不在意过程。但这实际上不利于法律行业良性发展,因为如果结果不好,客户就会对法律服务产生意见,甚至进行投诉,给法律从业人员带来职业风险。

专业化、流程化、标准化是客户所指向的,不由得律师选择。一年只做10个、20个案件,也许还能承担得了服务不透明所带来的客户指责、案件质量不可控。但当一年的案件量超过百件,甚至更多的时候,就必须要靠制度来解决问题。未来的法律服务流程应该是可控且透明的,各流程节点逐渐标准化,客户可以参与其中并获知必要信息。因此,设计法律服务产品从一开始就要考虑如何提高客户体验,让客户感受到产品价值所在,并可方便使用。从客户的角度出发,客户往往认为法律是严谨的,本身不存在任何瑕疵,法律服务产品也是如此,若客户发现产品存在瑕疵,则可能会全盘否定产品价值。法律服务产品化之后,还要为客户制定一个可评价标准。笔者认为:借助"可视化"工具,不仅能够让用户清晰地了解法律服务的整个流程,获得明确的评价标准、考核标准,提高客户对律师行业的认可度。产品的使用过程变得更加透明和可视,也让原来那些通过信息不对称"忽悠"当事人的律师逐渐被边缘化。只有让客户享受到更优质的服务,才能提高客户对法律产品的体验感受。

三、法律服务产品的维度

(一)法律服务产品的3个立场

产品的价值在于买卖,再好的产品如果卖不出去,其价值即为零,法律服务产品也一样。产品的最终指向是市场,律师也应像销售一样,需要有提供法律服务的营销认知,只有主动进行法律服务营销,才会向着预期目标前进。

法律服务产品与其他产品不同,具有一定的特殊性。法律服务产品要有明确的市场定位,即重点发展哪个领域,准备向哪个城市扩张,这也是法律服务产品营销的第一步。只有确定了自己的市场目标,再通过调查了解目标客户所处行业的发展现状、业务类型以及客户对曾购买法律服务的感受,才能根据特定主体的特点满足其需求。法律服务产品是律师事务所制作的,律师事务所的品牌需要多年时间进行积累,从而在市场上拥有一定的知名度。客户选择一个产品时,首先考虑的不是产品的质量和价格,而是产品的品牌价值。因此,律师事务所的服务质量是这个法律服务产品成功与否的关键。

法律服务产品化能提升律师的服务质量,在不断优化和规范律师服务产品的过程中,还需要根据客户需求提供精准服务。针对法律服务产品的维度,笔者将从以下3个方面进行论述:

1. 律师行业的发展

法律服务产品化有助于推动法律服务专业化、标准化;促使定价透明化、合理化;也有助于律师根据用户反馈进行产品改进,进而推动整个行业的消费升级。

通常,法律服务有3个难以解决的问题:标准、定价和评估,而服务产品化可以同时解决这3个问题。服务产品化可以使整个行业规范化,让法律服务产业得以升级。产品化所带来的服务标准化、流程可控化,要求整个团队至律师事务所层面都要进行深度的分工合作,甚至跨所合作也将成为常态。在深度分工基础上,团队结构可能会较为松散,一位律师"一站到底"的服务方式将成为过去,任何一位律师都能发起一个产品开发或运营的项目,而如果其他律师有兴趣或有意向进行合作的,则可以通过毛遂自荐或参加招募加入这个团队。

在法律服务领域中,法律服务逐渐走向定制化,律师根据客户的个性化要求定制法律服务,如进行商业模式优化、股权激励等。律师在推出法律服务产品时,应为重复性工作制定一个详细服务流程,对流程进行深度梳理细化,确保每个环节的连贯性。法律业务各有不同,但过程是大同小异的,类似案件所适用的法律法规以及文书格式、内容都大致相同。应将一个产品的行业案例、审判观点、法律条文等构建成架构模块,最后将这些模块综合形成一个法律服务模块。在实际操作中,用强执行力将服务过程标准化。可以说,法律服务产品对律师的专业发展和行业规范提出了更高的要求。

2. 客户角度的法律服务产品化

服务产品化使服务全过程变得透明、可视,能让客户清晰了解到法律服务的整个流程,并以不同的产品形式获得符合其需求的定制标准化服务,清晰的定价标准、考核标准、可预期的服务质量。律师不断提高服务质量和服务效率,将更加契合业务需求,从而不断提升客户对律师个人及行业的认可度,整个行业的评价体系也会以此为基础逐渐成形。

3. 律师角度的法律服务产品化

服务产品化能建立起一套相对完善的服务标准和流程,就像智能工厂一样,律师事务所源源不断地生产服务产品,实现"规模+速度"。规模化生产意味着降低成本,为客户提供一定的优势价格;而提高交付速度则能够节约时间,实现价值最大化。当然,律师还要不断改进法律服务的营销策略,确立法律服务产品化的经营方式,牢固树立市场营销意识,不断改进市场营销方式。为适应社会主义市场经济体制改革深入发展的需要,律师应将法律服务产品完全推向市场,彻底改变传统的"坐堂办案、等客上门"的经营方式,大力引进推销产品、招揽客户的现代企业经营管理机制。

面对法律服务市场竞争加剧的情况,各类法律服务主体都应根据产品化要求科学运用服务定位策略，在法律服务市场细分的基础上，从自身实际条件出发，建立自己所希望的、对消费者有吸引力的竞争优势，并以此为经营重点和发展方向。当前，就我国法律服务市场整体来讲，“以质量求信誉，以信誉求发展”应该成为所有服务主体最基本也最重要的服务定位策略。因为在市场经济条件下，对任何服务主体来讲，质量就是效益，质量就是生命。

（二）法律服务产品的3个思维

不断开拓法律服务的经营领域，确立法律服务市场化、社会化的经营方式，首先需要牢固树立勇于开拓、积极进取的创新意识和经营理念。基于我国经济和社会不断发展的需要，坚持“大服务”的思想，不断拓宽法律服务领域，变买方市场的被动为主动，推动法律服务市场向多层次、多领域、多形式的方向不断延伸和发展。这要求律师事务所在设计法律服务产品时必须要有3个思维：

1. 客户思维

律师提供的是专业法律服务，需秉持以“客户”为核心的理念。在法律服务产品的规划及设计中，在产品营销、产品执行层面均需围绕“客户需求”“客户体验”，不断明确客户需求，及时听取客户反馈，不断改进和完善法律服务产品，以获得客户更高的忠诚度，同时扩大自身市场份额。

2. 极致思维

当今时代已从“渠道为王”逐步演变为“产品为王”，客户需求将得到充分释放和合理满足。这就需要有一种极致思维，时刻保持高度专注和不断追求极致，将产品和服务做到最好，超出客户的心理预期。律师应多进行换位思考，多从客户角度提供服务，实现二次营销，建立稳固的忠诚客户圈。

3. 微创新思维

微创新则是以“客户思维”为前提，以满足客户的细微需求、改善客户体验出发的创新法律服务模式。微创新思维不是要求全面，而是要求关注和发现客户的细微需求，寻找解决方案和机会，创造出细小而有效的法律服务产品。

（三）法律服务产品的3个层次

法律服务产品的概念给无形的法律服务贴上了易于识别的标签，可以成为律师加强其竞争力、提高其服务质量的新手段，还可以帮助客户降低包括选择成本和律师费在内的交易成本。是否所有的法律服务都可以产品化？这涉及法律服务产品的类型。为客户提供法律服务，必须从客户需求出发，以满足客户需求为核心。客户对法律专业服务的需求大致有3个层次：(1)对律师专业知识的需求；(2)对律师类似经验的需求；(3)对律师程序性操作的需求。

比如复杂诉讼客户的需求，关键在于律师的专业知识，其中最重要的是律师创造性的策略，这种需求所对应的律师收费高、利润大，要求也高。又如常规收购客户的需要，主要在于律师的经验，客户最关心的是律师有没有为其他客户提供过类似服务。再如常年法律顾问事务客户所需要的是律师程序性的服务，其他律师和内部法务都能操作该事务，外包给特定律师事务所的原因是为了追求高性价比。

以上3方面的需求，对应了3种律师服务项目。即专家型法律服务、经验型法律服务和效率型法律服务。当然，这3种需求不能截然分开，大多数情况下，客户需求可能同时包含此3方面。3种法律服务是否意味着3种法律产品？大致如此，但不同类型的法律服务产品化的难度和侧重点是不一样的。

1. 专家型法律服务，产品化难度最大

复杂民商事诉讼、疑难刑事辩护等专家型法律服务需要的是律师的综合技能，但这只是基础、必要条件。要想取得好的效果还需要律师进一步根据案件具体情况进行全盘谋划，对相关领域前沿实务知识的深刻理解，对相关资源的有效调配，仅凭现成经验很难实现其要求。真正的专家型法律服务，很难进行标准化、流程化，其实也没有必要。所谓专家型法律产品，其目的更多的是进行宣传推广。

2. 经验型法律服务，产品化较合适

对经验型法律服务进行产品化是比较合适的。常规并购、普通合同审查、一般诉讼，甚至IPO等法律服务都需要依靠“经验”。正如法律界名言所说，“法律的生命不在于逻辑，而在于经验”。这类律师大部分进行的是经验的工作，做过类型项目，提供过类似服务，甚至只是近距离接触过类似过程，对客户来说都是很宝贵的。这类法律服务最适合标准化、流程化，正是产品化的主阵地。经验型法律产品的侧重点在于将类似经验的关键要素进行整理并形成通用服务清单。

3. 效率型法律服务，产品化的关键是相应技术支撑

只要投入时间，就能满足客户需求。客户需要的是律师进行合理的人力资源配置。常年法律顾问服务中相对简单、套用格式的服务内容，如对合同范本的审查、对合同文档的管理、对简单法律规定的咨询等工作一般由初级律师完成，如借助快速发展的互联网技术，则可以开发程序来替代，这便是效率型法律产品。某种意义上，它才是真正的法律产品，要依靠现行IT技术和人工智能技术才能实现。目前已出现由机器自动审核保密协议的法律产品。

第二节 如何打造法律服务产品

一、定位

(一)如何定位

艾·里斯、杰克·特劳特在《定位：争夺用户心智的战争》中说道："定位是一种逆向思维。定位不是从自身开始，而是从潜在顾客的心智开始。"[1]笔者认为：定位不是律师在组织内部自说自话，而是在组织外部确定产品和服务已扎根在潜在客户的心智中，从而促使他们选择这些产品和服务。法律服务产品的定位亦是如此，不能从律师或者律师团队自身出发，而应从潜在客户的心智出发，通过满足潜在客户的需求，将律师事务所的法律服务产品植入其心智，进而促使他们选择律师事务所的法律服务。

《定位：争夺用户心智的战争》概括了定位4步法：第一步，分析外部环境，确定"我们的竞争对手是谁，竞争对手的价值是什么"；第二步，避开竞争对手在客户心智中的强势，或者是利用其强势中蕴含的弱点确立品牌的优势位置——定位；第三步，为该定位寻求一个可靠的证明——信任状；第四步，将该定位整合进企业内部运营的方方面面，特别在传播上配备足够的资源，以将这一定位植入客户的心智。[2] 因此，律师事务所要打造一款法律服

[1] [美]艾·里斯、杰克·特劳特：《定位：争夺用户心智的战争》(经典重译版)，邓德隆、火华强译，机械工业出版社2017年版，第246页。

[2] 参见[美]艾·里斯、杰克·特劳特：《定位：争夺用户心智的战争》(经典重译版)，邓德隆、火华强译，机械工业出版社2017年版，"序一"第18页。

务产品，应该从以下几个方面着手，对法律服务产品作出合适的定位：

1. 在现有和潜在客户心智中已经拥有的专业定位。打造法律服务产品，并非无源之水，必须具备一定的前提和条件。其中，最重要的条件就是律师或者其团队目前在潜在客户心智中的专业定位。如果拟打造的法律服务产品符合该专业定位，则最终成功的可能性较高。比如，某一律师团队是劳动法律专业方向的团队，已经在现有和潜在客户心智中拥有劳动法专业方向的定位，那么拟打造一款针对企业裁员项目的法律服务产品，就比较符合该律师团队的劳动法专业定位。

2. 想拥有的专业定位是什么，能否解决现有和潜在客户的痛点？事物总在不断变化和发展，律师或其团队的现有专业定位，未必是其未来想拥有的专业定位。因此，在打造一款法律服务产品时，必须考虑未来的发展方向，一方面，可以通过打造法律服务产品调整专业方向；另一方面，也可以解决现有或潜在客户的痛点。比如，北京 JG 律师事务所之前的核心律师从事的是劳动法方向，后来他通过打造一款动态合伙股权的法律服务产品，成功切入了新兴的互联网企业股权业务领域，开辟了一片“蓝海”业务。股权业务属于公司法和劳动法交叉的业务，与该律师的劳动法专业有相关性，与现有和潜在客户心智中劳动法专业方向定位也存在衔接，同时通过动态股权产品又解决了目前互联网企业股权调整频繁的痛点，最终塑造了该律师事务所的细分专业定位。

3. 了解这款法律服务产品需要超越的竞争对手，找到其所不能满足现有和潜在客户的需求点。基于法律规定的刚性，在不突破法律框架的情况下，实现法律服务的革命性创新非常难，在打造法律服务产品时，对应的业务领域往往已经存在了竞争对手。打造一款法律服务产品，如果能实现“微创新”，就可以超越竞争对手。因此，必须明确法律服务产品必须超越的竞争对手，并以对手为对标对象，认真分析其法律服务的优势和不足，找到其不能满足现有和潜在客户的需求点，提出切实可行的解决方案，最终解决客户的痛点。

4. 为打造法律服务产品投入一定的预算。机会是留给有准备的人的，投入不一定会有产出，但没有投入一定不会有产出。打造一款法律服务产品，需要律师或其团队投入时间、精力、人力和物力。比如，2013 年至 2015 年，新三板业务非常火爆，不少律师投入了许多时间和资费去学习该业务；

2016 年至 2017 年,私募基金备案业务兴起,又有很多律师投入资金学习此业务。虽然这些投入学习的律师,未必都能从后续业务的开拓和办理中取得很好的回报,但确实有不少律师在学习后成功开拓了新兴业务,打造了自己的法律服务产品,赢得了客户。

5. 为自己的法律服务产品坚持到底。“行百里者半九十”,成功的路上并不拥挤,只是大部分人很难坚持到底。要打造一款成功的法律服务产品,律师或其团队需要做好坚持到底的心理准备。法律服务市场日新月异,不时涌现出新的业务机会,可能每过几年就会出现一个新的风口,但是很多机会其实也是一种美丽的“陷阱”。“鱼与熊掌不可兼得”,如果你想把握住每次机会,很可能就如同贪吃的小猴子,“捡了芝麻丢了西瓜”。因此,律师在执业道路上,需要对专业方向、专业产品进行坚守,一旦失去自己的专业定位,最终只能变成专业不精的“万金油”律师。比如,股权业务律师在新三板业务红火时做新三板业务,在私募基金备案业务兴起时做私募基金备案业务,在科创板设立时又做科创板业务,最终丢失自己的股权业务专业定位,得不偿失。

6. 宣传要体现法律服务产品的定位。确定法律服务产品的定位后,律师或其团队在业务开拓和口碑传播等方面,都需要围绕法律服务产品的定位而不是毫无章法和头绪地开展相关工作。对外传播时要树立自己的独特标签,凸显自己法律服务的特色,即“卖点”,体现与竞争对手的差异化,否则很难在众多产品脱颖而出,获得客户的选择。在当今这样资讯爆炸的年代,没有特色的法律服务将难以形成有效的传播,也难以得到客户的认可,更无法植入客户的心中,只能淹没在资讯的汪洋大海中。

（二）把握客户的需求点

法律服务的本质就是律师为客户提供服务,以满足客户在法律上的需求。把握客户的法律需求有两个方面:

1. 创造(挖掘)客户新的法律需求。客户的法律需求并不会永恒不变,在新的法律或者政策出台后,随着客户业务的不断发展,客户可能会产生新的需求,而有些新的法律需求并未被客户及时觉察,需要律师去挖掘。如果律师能打造出满足客户新需求的法律服务产品,就实现了法律服务上的创新。当然,法律服务创新源于客户的法律需求,通常是一种“微创新”,而非“革命性的创新”。只要在法律服务的内容、形式、对象或者精细化等方面有新的变化或升级,都可以认为是一种法律服务创新。律师需要持续创新法律服务,才能满足客户不断升级的法律需求。

2. 满足客户现有的法律需求。客户在现阶段有一些普遍的法律需求,比如,企业法律顾问单位通常需要律师提供合同审查、规章制度审查、法律咨询等法律服务,绝大部分律师都能提供这些普遍性服务,但在法律服务的时效性、质量水平等方面,不同律师的水平参差不齐。如何进一步提升法律服务水平,为客户提供优质高效的服务体验,是所有律师需要思考的问题。律师打造一款法律服务产品,不仅需要满足客户表面上的法律需求,还需考虑客户全方位的服务需求,为客户提供良好的服务体验。

把握客户需求点的本质就是解决客户的痛点。律师为客户提供的法律服务产品,应该以解决客户痛点为出发点,全方位满足其法律需求。对客户而言,不能解决其痛点的法律服务产品一文不值,不能解决其痛点的法律服务无法令其真正满意。如何解决客户痛点?笔者认为,可以从以下几个方面着手:

1. 了解客户的业务流程及其内容,诊断客户的法律风险。律师了解客户的业务流程及其内容,是识别客户法律需求、发现客户痛点的前提。由于多数客户欠缺相关法律专业知识,往往对业务面临的法律风险认识不到位,对法律需求的了解也不清晰,此时,需要律师深入了解客户的业务流程和内容,诊断客户业务运营中的法律风险,排查出法律风险点。

2. 识别、评估和归纳客户的法律风险点,发现客户痛点。律师对诊断和排查出的众多法律风险点,进行识别和评估,归纳出客户的主要法律风险点,即客户的痛点。

3. 制定匹配的法律服务产品,解决客户痛点。发现客户的痛点后,律师需要提出匹配的解决方案,即法律服务产品。如果有现成的法律服务产品,律师可直接使用;但如果没有现成的法律服务产品,律师就需研发出新的法律服务产品,以切实解决客户的痛点,满足客户的需求。

(三)法律服务产品的卖点

所谓"卖点",就是一个产品最吸引客户的元素。法律服务产品的卖点可能是其核心内容,也可能只是吸引客户注意力的点而非核心内容。在互联网时代,最火爆的产品可能并非质量最优的产品,而是最吸引人眼球的产品。比如,当今流行的网红店,其产品品质未必是最优的,但通过制造一两个卖点“植入客户的心中”，在客户群体中迅速传播，树立良好的口碑，最终打造出爆款产品。因此，确定法律服务产品的卖点，需要遵循营销和传播的规律，在解决客户法律需求的同时，吸引客户的注意力，并促使客户进行持续传播，心甘情愿地免费打广告，最终达到良好的营销效果。如何制造法律服务产品的卖点？笔者认为可以从以下几个方面着手：

1. 紧跟时代的发展潮流。当今是加速度的时代，唯一不变的就是变。每个行业都必须与时俱进，紧跟时代的发展潮流，如果一成不变，只会被时代无声无息地抛弃。社会对法律服务的需求在不断变化和升级，律师提供的法律服务产品必须适应社会发展，甚至引领社会发展，否则难以得到市场和客户的认可。没有需求，再好的供给都是无用功。因此，法律服务产品的卖点必定要贴合时代的发展需求。

2. 遵循专业服务营销和传播的规律。专业服务营销和传播的根源在于人性，遵循专业服务营销和传播的规律，其实就是遵从人的心理规律。法律服务产品属于专业服务范畴，其卖点需要遵循专业服务营销和传播的规律，从人性出发，满足客户的心理需要。菲利普·科特勒在《专业服务营销》一书中提到：市场营销包含“7 个 P”，即产品（Product）、价格（Price）、分销（Place）、促销（Promotion）、物理特征（Physical Evidence）、流程（Processes）以及人员（People）。虽然法律服务产品与普通产品有所不同，但其也包含了以上 7 个营销因素，也需要遵循市场营销的规律，否则难以产生好的营销效果。在互联网时代，法律服务产品的主要传播途径就是互联网，因此，在确定法律服务产品的卖点时，必须考虑互联网传播的规律。法律服务产品应该便于在互联网传播，才能逐步完成品牌打造，最终形成品牌效应。

3. 吸引客户的眼球。市场竞争日趋激烈，市场上并不缺某一款产品。“酒香不怕巷子深”的观念已经过时，任何产品想要成功，都需要吸引客户的眼球并得到客户的认可。再好的产品，如果不能吸引住客户的眼球，得不到足够的关注，也只能永远“待字闺中”。因此，法律服务产品应当制造卖点，而且卖点必须足够吸引客户的眼球，尽可能得到更多的潜在客户的关注。只有吸引到足够多的“流量”，再加上良好的服务体验，才能将潜在客户“引流”，引导其为法律服务产品埋单。

（四）法律服务产品的核心竞争力

有人认为，法律服务产品的核心竞争力在于提供服务的人，也有人认为在于产品本身,笔者认为提供法律服务的人和产品本身都同样重要。法律服务产品需要解决客户的痛点,并通过不断地升级换代保持不可替代的优势。一个法律服务产品的核心竞争力就是能客户提供良好的服务体验,具体可以从以下维度考量:

第一,法律服务产品能够切实解决客户的痛点。法律服务产品最重要的功能是为客户解决法律问题,这也是律师研发法律服务产品的"初心",法律服务产品的所有设计也都围绕其展开。不能解决客户法律问题的法律服务产品都是"耍流氓",华而不实,没有持久的生命力。律师如果对客户的痛点把握不准,研发出的法律服务产品就会定位不准,不能帮助客户解决实际问题,无法满足客户的真正需求,没有实际竞争力,无法赢得客户。

第二,法律服务产品能否在竞争中不断迭代升级,保持与其他竞争产品相比不可替代的优势和持久的竞争力。"万事开头难",从 0 到 1 最难,法律服务产品的研发亦如是。不少律师对法律服务产品的研发无从下手,存在畏难情绪,有思考无行动,迟迟不落地。也有些律师平时只会闷头处理业务,不注重对业务经验的总结、思考和提炼,没有产品意识,最终也无法设计出一个完整的法律服务产品。

如上文所述,如果把握住客户的需求,针对客户的痛点研发法律服务产品,将法律服务产品的流程、步骤、内容、文件等逐一细化、固化,法律服务产品也随之基本成型。1.0 版本的产品可能不是十分完善,关键是法律服务产品能够从 1.0 到 2.0,再到 3.0,不断迭代升级,保持与其他竞争产品相比不可替代的优势,拥有持久的竞争力。如果法律服务产品在取得竞争优势后不思进取,止步不前,没有随着客户需求不断升级、迭代更新,就会慢慢落后,最终被市场淘汰。

笔者认为,一个法律服务产品要在竞争中保持持久的竞争力,最重要的是拥有其他竞争产品不可替代的特质。如果该法律服务产品是一个全新领域的产品的领导者,即使只比竞争对手领先半步,也已经形成了竞争优势,如同智能手机时代中的 iPhone 手机,总是比其他品牌更领先一点,给客户带来了极好的使用体验,"一直被模仿,从未被超越",保持了持久的优势和竞争力。如果该法律服务产品的领域已经存在竞争产品,则应当强调产品的差异化,突出产品的独特个性,将其他竞争产品没有的优势打造为其"卖点",从而形成竞争力,比如 OPPO 手机针对手机电池充电速度慢的痛点,突出其快充优势,“充电 5 分钟,通话 2 小时”,也获得不少客户的认可。

第三,提供法律服务的人也要能为客户提供良好的服务体验。理查德·萨斯坎德在其著作《法律人的明天会怎样》中写道:“法律市场变革主要由三股力量来驱动:‘事多钱少’、执业泛化、信息技术。”当今社会对人工智能的讨论也是非常火爆,有观点认为人工智能可以解决人类社会中的很多问题,甚至人类的许多职业将被智能机器人取代,包括提供法律服务的律师。不可否认的是:在信息时代,信息技术给每个行业包括法律服务业都带来了巨大的冲击,甚至给法律服务业带来了颠覆性的变革。首先,律师必须要拥抱技术变革,拥抱变化,并将技术革新的成果运用到法律服务中,“以技术驱动法律”,跟上时代发展的步伐。其次,律师行业中的一些重复性、模板性、专业含量低的法律服务工作,迟早会被法律智能机器人替代,但法律智能机器人的设计、使用和升级,也需要律师与工程师等的共同参与,律师在智能时代的法律服务中仍然发挥着不可替代的作用。再者,由于法律服务业的本质是为人服务,法律条文之外还有人情世故和社会公平正义,需要律师与客户进行情感交流,维护当事人的合法权益,维护社会的公平正义。律师提供的法律服务是有温度的服务,显然法律智能机器人并不能完全替代律师。

就法律服务产品而言,提供服务的对象至关重要,且不论法律智能机器人对律师工作有多高的替代度,不同律师提供法律服务的水平也是参差不齐的。优秀的律师可以为客户提供良好的服务体验,而水平一般的律师所提供的服务体验可能就与客户的期望有所差距。客户的期望有多个方面,除了要求律师帮助客户切实解决法律问题外,还希望能满足其他需求。深圳的周旻律师曾经总结出法律服务业客户的 7 个需求:(1)希望律师及时回复意见;(2)希望律师有相关服务经验;(3)希望律师收费公平合理;(4)希望律师能经常报告工作进展;(5)希望律师能理解自己的感受和处境;(6)希望律师充满热情,并关心自己;(7)希望律师正直、诚实、可靠。严格来说,客户的以上需求与律师要解决的法律问题没有太大的关系,但是如果律师能够在提供法律服务过程中满足客户的这些需求,就能够大大提升客户的服务体验,将客户满意度维持在较高水平,提高客户黏性,从而使律师服务难以被替代。因此,提供法律服务的律师对一个法律服务产品而言非常重要,也是法律服务产品的核心竞争力。

二、设计——定制类法律服务产品与程序类法律服务产品

有观点认为,法律服务标准和产品化是“伪命题”,从我国《标准化法》规定的定义及其立法本意出发,标准化主要适用于产品的加工或制造行业,而服务业(包括法律服务)并非产品,不属于其适用范畴,故律师法律服务产品化、标准化乃伪命题,违背了我国最新国家标准《国民经济行业分类》中将法律服务定位于“咨询或代理行为”服务业的行业性质,违背了律师提供个性化法律技术方案的本质属性。该观点认为律师法律服务必须规范化,必须尊重司法规律,只能以法律的明确规定和人民法院的司法裁判规则为基本标准,即使智能机器人等高科技快速发展,律师和法官也并不会被替代,也不可能涉及法律服务标准化。[1]

事实证明,法律服务产品化在实践中是成功的,并且取得了很好的效果。根据不同的需求,法律服务可以进行不同程度的产品化。

(一)法律服务产品化的可行性

1. 法律服务的产品化程度有高低之分

服务产品是由从事服务的劳动者运用一定的设备和工具,结合自己的体力与智慧,为消费者提供服务的过程,消费者也能获得相应的身体或精神体验。

理论上,法律服务都能以产品的形式输出。所有的法律文件,如起诉状、答辩状、案例检索报告、案件结果预测报告,都可以说是初级的产品。一系列的文件组合形成的相应问题的法律服务方案,则是较高级的法律服务产品。专业的法律架构设计加上系列法律服务文件,再配备标准的流程管理和产品包装,则是更高级的法律服务产品。

2. 非规模化和规模化法律服务产品

法律服务产品的本质是法律服务。律师对外提供的法律服务通常分为4类:第一,低频简单的法律服务,例如,小标的且法律关系清晰的案件代理、对简单事项的法律咨询等;第二,低频复杂的法律服务,例如,大标的且法律关系复杂的案件代理;第三,高频简单的法律服务,例如,房产买卖中的银行

---

〔1〕 参见何尧德:《律师法律服务标准化乃伪命题之研究》,载《中国法学教育研究》2017 年第 1 辑。

按揭见证、交通事故人身损害赔偿或者信用卡催收等类别案件代理；第四，高频复杂的法律服务，例如，天同律师事务所的“最高人民法院民商事诉讼案件”代理、金诚同达律师事务所国际贸易团队的“反倾销、反补贴调查程序”代理、尚权律师事务所的“刑事辩护”，以及市场上最近涌现较多的家族财富信托、企业家刑事合规等法律服务。

3. 非规模化法律服务产品化的必要性

产品的研发需要投入成本，基于市场营销的角度，如果某一产品没有市场或者市场规模极小，则该产品就没有价值。所以，有观点认为并不是所有的法律服务都要产品化，毕竟产品化意味着付出成本和业务改造。对律师事务所来说，从成本收益的角度出发，低频业务及定制化要求非常高的业务没必要进行产品化。

从市场营销和拓展业务的角度出发，上述观点有其合理性。律师要通过不同形式的营销获得案源并提供某项法律产品，通过该法律产品解决某些客户的实际需求。如果市场上存在较大规模的客户需求，此类法律产品就值得开发，这是开发法律产品的市场逻辑。但从案件质量管控角度出发，上述观点值得修正，因为任何业务都需要形成法律产品，以产品思维办案。

律师工作中的焦虑和压力，主要有两个来源：一方面来自需要开拓案源，另一方面来自要求办好案件。开拓案源，即找到优质的案件，在办理案件中体现自己的劳动价值和专业能力。办好案件，即避免案件出错，并提高案件质量，使当事人对办案过程和结果都满意。

在开拓案源方面，律师在不同发展阶段应有不同的开拓方向。律师在谋求生存阶段，通常各类型案件都会接，但在解决生存问题后，就应及时找准市场定位，明确专业定位和业务方向，开发自己的法律服务产品。律师有了自己的服务产品，就能更好地将自己推向市场，展示给潜在客户。律师利用单一法律服务产品，能更好地体现自己的专业定位。

在办理案件方面，律师在任何阶段都需要办好案件。律师办好案件，首先需要避免出错，因为一个细小的错误都可能导致对当事人毁灭性的打击，带给律师无法估量的法律责任。即使没有产生损害后果，为弥补这一过错，律师可能也要付出10倍的精力。这就要求律师在办理任何业务时，都要有产品化思维，产品如果能够对应相当的市场化规模，就可以取得良好的市场效果；如果不能对应，至少可以实现优质办案，提升办案质量，赢得当事人的口碑。

有观点认为,只靠律师无法完成真正的产品化。由于律师专业所限,能成功开展营销工作的律师事务所并不多,很多律师事务所采用以法律服务产品和专业法律服务公司配合营销的模式。这种营销模式,通常需要有法律服务产品、律师团队和专业的营销公司或团队。对于不具备较强营销和组织能力的律师来说,是完全无法实现的。

在目前的律师发展阶段,多数律师的本业仍专注于案件,团队化的规模也以小团队为准。在实践中,律师投入市场营销实际是脱离了本业,让律师与营销人员组织配合,也并非其强项。根据律师目前面临的情况,律师需要针对自己的业务规模和业务需要实现相应层次和标准的产品化。

(二)定制类法律服务的产品化

定制类法律服务的产品化,是以提高办案质量为第一目标,市场营销为第二目标的产品化思路,并不追求规模化。

高频法律服务的产品化程度已经非常高,例如,道路交通事故人身损害赔偿法律服务,几乎可以通过计算机软件取代大部分律师服务。信用卡催收类法律服务也可由非法律专业人员完成绝大部分工作。

但在法律服务中,仍然要将法律服务区分为效率型、经验型和专家型法律服务。效率型服务通过律师介入核心问题,借助技术手段完成;经验型法律服务通过主办律师的"传帮带",利用团队合作,总结归纳,形成服务清单、服务手册,以"流水线"形式完成;专家型法律服务则需要律师运用综合技能进行全盘谋划和资源整合,以标准化流程进行质量控制。

对于定制类法律服务产品,不需要考虑短期内的市场和渠道问题,因为客户已经存在,虽然对日后是否存在新的客户及其规模还无法确定。批量买卖类的产品都是研发完成后才向市场销售,定制类的产品则是先订货再研发生产。这类产品针对的群体不是潜在的客户,而是熟人群体、既往客户或者有过初步沟通的意向客户。律师之所以要生产定制法律产品,是为了有针对性地接案、办案,提高办案质量、做好风控并提升客户体验。对于已形成的产品,则可以重复使用、与市场相结合进行推广以吸纳新的客户。

1. 定制类法律服务产品的定位

定制类法律服务产品的目标客户通常为企业客户和中高端个人客户。企业客户的复购率相对较高,在认可该律师的法律服务之后,会进行更多的业务合作。中高端个人客户与企业客户通常是关联的,即使不是企业主,也具备较高的支付能力,并且在其社交圈会存在同类潜在客户群体,成功的定制类产品将有可能在特定群体中得到推介。

在确定市场定位之后,就需要进行产品定位,即将潜在客户的选择与拟提供服务的产品结合起来,在法律服务市场,则指客户的直接需求。例如,在诉讼案件当中,客户的需求就是"赢";在非诉讼案件中,就是交易的"安全""合规""便捷"。在定制产品中,客户的需求会更细致,需要律师提供针对性的服务方案,生产出特定的产品。

2. 整理客户需求,明确客户需求

很多律师在介绍其对市场化产品的研发时,都强调了市场调查的重要性,通过调研、问卷调查等形式搜集客户需求,但这对于很多律师来说,既无能力也无精力实现。

在个性化定制产品中,服务提供者的重要工作之一是帮助当事人梳理及明确其需求。对于很多客户来说,他们并不知道自己真正想要什么,实践中,经常出现客户不能将自己的需求表述清楚,也不知道服务提供者能定制什么,无法做出选择,或是与服务提供者之间出现信息不对称,其所提供的服务无法完全满足客户的情况,服务效果大打折扣,甚至"风马牛不相及"。

在法律服务中此问题尤为明显。虽然客户有概括的委托目标,但由于专业限制,客户需求的合理性,甚至需求中的相关风险,都需要律师帮忙梳理,从而整理出其真实需求。例如,张总的儿子小张伪造了张总公司印章,对外借款 50 万元,债权人起诉了张总公司和小张。张总的直接需求是打赢官司,如果律师不帮助张总整理需求,则会直接答辩伪造印章,不存在借款关系,但是,借贷的官司打赢了,债权人却可以凭此判决报案,要求追究小张伪造印章和诈骗的刑事责任。如果律师未能顾及于此,则忽视了当事人的真实需求。法律服务产品的定制,需要挖掘需求、提炼产品,因此帮助客户分析和整理需求是非常重要的。

3. 形成产品素材库

法律服务产品的核心是律师的专业知识,律师的专业知识则建立在对法律法规的应用上。为满足客户的法律服务需求,律师必须要有相应的素材,这些素材应当包括:

(1)法律规定。我国是成文法国家,无论是在诉讼还是非诉讼法律业务,解决问题都要求“有法可依”,法律产品中的任何观点都应该有相应的法律支撑。法的渊源包括法律,行政法规,部门规章,地方性法规,其他规范性文件,最高人民法院的司法解释,地方各级人民法院的指导意见,裁判指引、会议纪要等。对于律师这一实务性极强的工作,最为重要的往往是在法律渊源的层级中处于较低位置的其他规范性文件,地方各级人民法院的指导意见、裁判指引、会议纪要等。只要不和上位法冲突,这些法律渊源具有良好的适用性。律师面对的当事人知识水平越来越高,他们也有能力和途径获得相关的法律法规,但依然难以获得很多低层级的法律文件,这也是更能体现律师价值的地方。

(2)案例。各级人民法院公开司法裁判文书,形成了法律知识的“富矿”。现在律师无论是办理诉讼还是非诉讼案件,都需要检索相关事项。通过检索可以了解同类事项的司法审判实践,预判案件的走向。依托裁判文书公开,各法律数据库检索平台,如法信(www. faxin. cn)、Alpha(alphalawyer. cn)、聚法案例(www. jufaanli. com)、无讼(www. itslaw. com)等,还开发出了诸如类案检索、检索报告等升级产品。虽然当事人通过新闻报道也可以获得案例,但相关案例都很浅显,从专业应用的角度看意义不大。律师的案例检索则是针对具体的问题,以适当的关键词,检索有专业价值的案例。

(3)观点。立法永远滞后于社会生活,致使法律“修正案”不断推出,司法解释不断发布。很多尚未形成系统解释的文件,通常会在立法和司法机关的研究观点或者学术观点中出现,如全国人民代表大会及其常委会的立法观点,最高人民检察院法律政策研究室、最高人民法院法律政策研究室的司法观点,都会在其工作报告或者答记者问中提及。权威学者的学术观点,通常能从理论高度上对法律适用问题予以说明。

(4)图书和期刊论文。这里所说的图书主要是指教科书与精品专业书籍,其中的观点通常是普遍采纳的观点。期刊论文可通过知网或者法信等法律数据库获得,但是对于内容的具体质量,就需要律师进行仔细甄别,不能一概收纳。

4. 产品制作

法律产品的制作是从战略到结构再到表现。谋篇布局体现战略,考验律师对专业问题的把控能力;层层递进明晰结构,考验律师对专业问题的逻辑分析和问题解决能力;最后的包装呈现则是在完成工作的基础上,进行一些“虚的”美化,增加客户体验。笔者认为,律师对客户的需求能解决到什么程度,关乎当事人的需求实现,也考验律师的服务水平。

(1)法律解决方案。法律解决方案是法律服务产品战略部分的核心,其生产目的就是满足客户需求,这也是体现律师专业功底的地方。如果律师在该方面缺少理论功底、实践经验、案例的检索分析和专业的研究,将难以制作法律解决方案。如果一个产品连方案都没有,那就是彻头彻尾的伪产品或劣质产品,不仅对客户无用,甚至可能造成损害。定制类法律服务产品更是如此,定制类法律服务的需求主要是专业性法律服务需求,对法律服务方案的战略需求较高,对律师的专业水平要求极高,这与效率型法律服务和经验型法律服务不同,初级律师经过学习和培训也很难上手。

(2)产品的名称。产品名称应该能准确描述出该法律产品的特点,例如,有些律师事务所推出物业管理及服务领域法律风险防控产品、新建商品房销售法律服务产品、二手房买卖中买方法律服务产品等,都能让当事人根据名称找到细分领域,清晰认知产品是否对应自己的需求。

(3)服务内容清单化。法律服务产品不是一个简单的清单或手册,但不可否认的是,法律服务产品首先需要一个清单或手册。基于服务的流程化,对细分后的每个法律服务产品都形成清单,注明操作方法和使用流程,这样无论是承办律师、律师助理,还是接受服务中的或潜在的客户,都能够了解该法律服务的内容及各个环节。清单的复杂或者简单、制作顺序的先后、环节设计的合理性,正是法律产品好坏的关键。如果在法律服务内容中无法罗列清楚具体的项目清单,那么逻辑关系肯定也十分混乱,便无法解决相关法律问题,更谈不上好的客户体验。

(4)制作法律类文本数据库。定制产品中通常会产生系列法律文件,这些文件可能是已确定的,也可能是根据后续的业务工作修改采用的模板。例如案件沟通模板,该模板中应列明此类问题的沟通要点,如危险驾驶罪辩护法律服务产品,列明了酒驾办案需要了解的要素,包括吹气酒精含量、血液测试酒精含量、有无躲避检查妨碍执法、有无交通事故、事故是否和解、鉴定程序是否合法等。又如合同模板,应针对制作系列合同这一类问题设计如医疗用品采购法律服务产品,可以制作常用的大型医疗机器设备采购合同、易耗医疗器材采购合同、药品采购等合同文本;而基于标的大小以及客户的谈判成本，合同文本可按需制作复杂版本和简易版本。

(5)服务类文本数据库。在面对管理层级较多的客户时，如国有企业客户，提供服务类文本数据库是十分必要的；又如客户服务需求调查表、委托代理合同、授权委托书、风险提示函、文件签署说明、律师工作日志、办案节点温馨提示函、进程可视化图标、付款申请函、案件汇报表、结案报告表等数据。

5. 形成产品雏形

任何产品必须首先形成从0到1的产品雏形，才能根据客户的需求和意见进一步更新，形成V1.0到V2.0版本的升级。

律师在业务办理过程中必须小心谨慎，这也造就了律师凡事追求完美的职业特点，且不说做一个产品，就算是一个诉状、一份代理词都要反复斟酌。这种做法是律师敬业精神的体现，但却不符合产品研发的基本规律。任何产品的研发都是从无到有，从粗到精，法律服务产品相对于法律文件更具系统性和复杂性，如果能够一蹴而就，一次性完成，那么可以断定，这只是一个简单的初级产品而非一个系统的、有较高专业含量的产品。

片面追求产品完善，很可能丧失市场先机，失去已经到手的客户。很多法律服务产品是应市场的波段需求而产生的，例如，2008年《劳动合同法》生效，对工资的追讨时效变长，很多企业面临突然产生的巨额加班工资，企业因此产生对加班工资合规法律服务产品的需求；2015年年初，深圳等一线城市房价暴涨，二手房卖家大量毁约，买家因此产生对违约索赔法律服务产品的需求；2018年，深圳等城市的大量P2P金融借贷类公司面临经营困境与合规性审查，这类公司因此产生对P2P金融合规法律服务产品的需求。谁最先推出上述服务产品，谁就可能最先获得客户，而有了客户，才能在实践中对产品更新换代并实现规模化，如果没有客户，产品推出后可能就不会再更新。

定制类服务产品也有较强的时效性，如果产品周期长，那么客户的问题可能已经消失或者改变，导致该产品成为无用功，所以必须要快速提供V1.0版本的产品以锁定客户，再不断优化后续产品内容。

6. 产品的更新与完善

由于雏形产品是应客户的需求而定制，应该及时向客户征求意见，并且有必要向客户确认该研发方向是否符合其预期。既然客户已经有这些需求，则对产品的完成有时限性要求，初期就进行有效沟通，可以避免走弯路、做无用功。

有观点认为，法律服务内容即为法律服务提供者本身，因此对于用户来说其接受的服务是不存在半成品的。但实际上，不仅是青年律师，即使是某一领域的专家型律师在面对本人擅长领域的需求时，也无法迅速掌握该领域的全部知识，提供一次性完善的服务。所以开发一个初级产品，能够具备最小可行产品即可投入使用，当然，在使用中产品要不断地迭代。

7. 产品的包装

包装是产品生产的最后一步，包装后产品才能上市流通。恰当的包装可以更好地实现销售，包装的好坏对企业形象和产品经济效益都有重大影响。法律服务按照产品标准生产，其实就是以产品思维、产品形式对法律服务进行包装，实现法律服务的可视化，使客户直观感受到律师的服务内容，所以产品包装必不可少。

(1)产品的文本包装。产品包装，首先是文本的包装，法律服务工作有很多都体现在文本上。提交给客户看的文本，最好要有相应的设计，要有能体现产品价值和特色的封面、封底、图表、颜色、排版和装订形式。这一设计需要能吸引客户的眼球，给客户造成一定的冲击力，文本应有明显区别于其他律师事务所文本的差异性，如颜色、LOGO 等。

(2)产品的展现形式。法律服务产品的产品展现形式是文档，其意义在于传递信息。信息传递的方式包括视觉和听觉。视觉包括对文字和图表的感知。文字描述较为严谨；图表展现则有利于对事实的理解。诉讼可视化是目前诉讼领域推行的一大法宝，在法律服务产品展示时，也有其特殊意义。除了文字和图表，PPT 和视频也是产品的包装形式，需要注意的是：由于视频拍摄成本较高，更适用于规模化法律服务产品。

(3)服务产品的应用场景。服务产品的应用场景即为该产品的案例。营造案例场景，即是对一个具体场景进行案例说明。针对特定领域，律师提供过什么服务，帮助企业解决过怎样的问题，将这些以案例或故事的形式展现给客户，可以增加客户的感性认识。如果案例描述正好与客户处境一致，更会产生一击即中的效果，这比单纯强调律师专业性的效果更加上乘。

案例场景在经验型法律服务中再现较为容易，但定制类专家型法律服务产品所涉及的法律问题可能是多方面的，可以针对多个问题以不同的相似案例进行说明。

8. 产品交付的仪式感

仪式感的意义在于用庄重认真的态度去对待生活里看似无趣的事情，不理会所谓的通常做法，用自己的态度认真对待每一件值得认真对待的事情。在发现生活的乐趣同时，仪式感还能给人带来强烈的自我暗示，暗示眼前这件事情的庄重与严肃，暗示自己必须要认真对待。

法律天生自带仪式感，例如，法庭要营造庄严、公正和中立的形象，国徽的悬挂，座椅的摆放都需体现法律的威严与公正；法官要穿法袍，用法槌，英美法官还需戴假发；律师要穿律师袍，这都是仪式感的体现，表明法律人进入了一个高于日常的规则体系。

产品的交付也应有相应的仪式。定制类产品一般是大额且复杂的事项，有相应的收费标准支撑，可以通过签约仪式、产品交付仪式来交付产品。另外，为了解释和推广法律产品，还可以以法律服务方案路演等方式展现和交付。

（三）程序类法律服务的产品

有观点认为，专家型法律服务进行产品化的难度最大，如复杂民商事诉讼、疑难刑事辩护等，需要律师的综合技能。但律师的基础技能只是基础和必要条件，想取得好的效果还需要律师根据案件具体情况进行全盘谋划，对相关领域前沿实务知识进行深刻理解，对相关资源进行有效调配。真正的专家型法律服务要进行标准化、流程化，是非常难也没有必要的。专家型法律产品的侧重点多在于其宣传意义。

如果该法律服务产品是运用实体法解决某一项实体法律问题，则上述观点是正确的，因为这类法律服务产品用于解决客户所面临的某个或者某类特定法律问题。如果是面对涉及不同实体法律需求的服务，则需要以内部服务流程化来实现法律服务产品化。

大家一面推崇律师的工匠精神，一面反对"作坊式"法律服务，正是从不同角度对律师服务提出要求。工匠精神建立在专业的律师对法律问题的专业认知上，是专业拆解法律问题后进行专业化法律服务的体现。"作坊式"法律服务，则缺少服务流程，没有明确的步骤，没有明确标准和质量检验的服务，存在极大的随意性。客户委托的不仅是一个律师，而且是一个律师事务所，客户面临的问题是不同的律师提供的服务方式不同，一次胜诉并不能说明律师敬业。

工匠精神是律师的服务要求,也是标准化法律服务产品对律师、律师团队和律师事务所的要求。当事人需要具备工匠精神的律师、具备标准化管理的律师事务所。

复杂民商事诉讼、疑难刑事诉讼和复杂非诉讼事项在实体法层面属于定制类的法律服务,上文已经予以论述。在程序层面,则完全可以实现标准化,开发程序类法律服务产品。

1. 有利于风险控制和质量控制

服务产品化转型最主要的挑战在内部,要颠覆过去的服务生产模式,重新建构新模式。流程需要增加节点控制,保有足够的服务经验和咨询能力来推动重新建模。另外,还需要有更强的执行力、工具使用能力的人员,以减少犯错概率,需要存在内部激励、创新和管理机制的律所文化。

程序类法律服务产品是保证服务质量的法宝。实践中不乏不负责任的案件代理,很多律师自以为专业过硬、经验丰富、案件简单,代理案件时轻敌大意,甚至缺乏必要的准备,不仅没有答辩状,连答辩要点也没有事先形成书面意见,与当事人庭前沟通时也只采用口头沟通,口头反馈答辩意见。对于对方当事人可能提出的问题、法庭可能提问的问题、适用法律的具体条文及其解释都没有准备,在法庭上一问三不知。虽然很多这样的案件最终也取得了胜诉,但胜诉原因很大程度上在于案件本身简单、对方未答辩或应对措施不当、法官的审查代替了代理律师的阐述等运气的成分。如果胜诉,则"结果好一切都好",当事人对律师不会有太多意见,但一旦败诉,当事人必然会对律师表示极度不满,甚至投诉,而律师也将失去此当事人业务。

很多从业十几二十年的资深律师,都常表示对自己既往代理的有些案件感到遗憾,遗憾没有准备得更好,在庭审时没有准备书面文稿,以致在随口应答中表达错误,被对方抓住把柄。同时对尚未结案的案件感到焦虑,焦虑之前的代理工作准备不充分,现在要花 10 倍的精力尽力弥补之前的错误,焦虑之前代理流程上的疏漏,导致程序性犯错以致面临当事人的指责。

在案件的办理流程实现法律产品化的情况下,从接案洽谈,签约开票,到案情沟通,起诉保全,到庭前准备,模拟法庭,再到庭后代理意见,庭审复盘,如果一名律师或一个团队能够把所有的流程检查一遍,所有的工作经历一遍,哪怕由于其专业能力限制不能做成精品,质量也不会太差,程序上出错的概率更是会大幅降低。

2. 有利于规模化市场营销

推向市场的法律服务产品，特别是向不特定多数人营销的法律服务产品，前提都是要有一定的客户规模，否则，会导致产品研发成本过高，市场推广缺少受众。所以，如果基于市场营销的角度，在实体法层面解决某个或者某类法律问题的产品，必须要实现规模化才有意义。

程序类法律服务产品则有所不同。程序类法律具有普适性，如在民商事诉讼中，无论是房地产诉讼，还是公司股权纠纷诉讼，服务流程化管理大体相同；在刑事辩护业务中，无论是毒品犯罪辩护，还是职务犯罪辩护，服务流程化管理也基本一致。这样，一个针对大规模受众的法律服务产品就形成了，具备了宣传和推广的基础，可以向不特定多数人推广。

3. 有利于树立自身良好的业务形象

没有实现专业化的律师，从专业知识、办案经验等层面都无法与专业法官平等对话，也难以获得法官的尊重。庭审中的几句口头答辩，辩论中草草整理的代理观点，既不能体现对法官的尊重，也难以打动法官。

律师的专业化水平，除了对法律的专业应用，还需以其他的方式呈现。律师在代理服务中，如果按照标准流程制作出起诉状、答辩状、举证意见、质证意见、代理词、类案检索报告、司法与学术观点检索报告，则既能为法官判案提供有效参考，也能让法官认同律师的水平。

4. 有利于培养和使用新人，降低律师成本

律师行业的人才培养是一个重大难题，实习律师或者青年律师的成长需要较长过程。实习律师的法定实习期是一年，实习结束进行独立执业后，还有一段成长期。由于法律服务对服务质量和风险把控要求严格，资深律师即使把任务交给青年律师，往往也不敢完全放手，总会担心实习或青年律师做得不好，或因没有经验而犯错。

好的程序类法律服务产品会较全面地注意法律服务的流程设计，青年律师完全可以对照流程进行独立操作，资深律师也可对照流程一步步检查，只要没有遗漏项，犯错的概率非常低。另外，程序类法律服务产品还可以和实体类法律服务产品中包含该类案件的各种模板、案例和观点等素材，办理该类案件的文本等具体内容相结合，可以使新人轻松上手。

律师工作的成本主要是人力成本。如果需要降低成本，可通过提高效

率和降低人工成本进行。倘若一个律师做所有的案子一年只能做 20 件，通过产品化的升级改造，一个律师团队一年可以做 100 件案子，再加上流程标准化，无需 4 名全能律师，只需要 4 名成员具备各自岗位所需能力，按照流程作业即可。这样，可以用当初一半的价格完成所有任务。充分利用青年律师是降低成本的重要途径。

5. 有利于为客户提供良好的体验

服务产品化的概念由 IBM 在 2006 年提出，随后迅速被全球各企业认同并广泛推广，其实质是改变服务的具体提供方式，让服务过程像产品制造一样，每个服务的细节实现标准化，最终把服务“交付”给客户。服务产品化解决了服务是否有标准、能否被评估、如何定成本、如何提高效率等难题。

如何让客户可明显感触，甚至把控服务的内容是服务营销中非常重要的一环设计。客户对于律师提供的专业性服务，期望有统一的流程和及时的响应，客户对服务的预期是否与现实一致，将严重影响他们对服务质量的评价。这些只有通过合理的流程设计来满足。

在客户真正委托后，他们之前被推介和承诺的服务流程一件件实现的时候，他们的预期也得到了满足。无论是民事纠纷中的当事人，还是刑事诉讼中犯罪嫌疑人的家属，都承载了极大的焦虑与压力，他们迫切希望了解案件进展、案件现状的解决方案，并且他们也有知情权和参与动机。流程类的法律服务产品可以让他们对案件步骤有清晰的认知，每个步骤都会对应相关的解决方案，客户体验也随之提升。很多律师事务所都在推崇客户的“极致体验”，相对于实体类法律服务产品，程序类法律服务产品更照顾客户的服务体验。

（四）常见程序类法律服务产品

律师的业务范围可广义划分为诉讼业务和非诉讼业务。在非诉讼业务领域，律师提供的法律服务产品通常既有实体性内容，又有程序类内容。因为非诉讼服务中的法律服务产品通常就是根据不同的环节，审查或制作相应的文件，服务节点和服务内容都可事先确定。诉讼类法律服务产品也可以开发出针对实体事项的产品，例如，在房地产迟延办证类法律服务中，可以单独对代理方案，相关法律、案例、司法观点、答辩状、代理词，收集证据方案，质证方案等素材进行研究，做成实体类房地产迟延办证法律服务产品。但办案的流程难以在其中体现，办案流程的标准化仍需体现在程序类法律服务产品中。

1. 民商事诉讼法律服务产品

早年提供标准化法律服务流程的律师事务所将诉讼服务流程分为7个阶段,包含多个标准化业务模块:(1)立案阶段:基本信息采集与录入、利益冲突检索、预立案;(2)评估阶段:确定承办团队、发送工作联系函、案件评估(或开评估庭)、提出初步意见;(3)磋商代理阶段:与客户正式会谈、发送前期工作计划、提交呈报文件(报价);(4)庭前准备阶段:资料收集、资料核对与录入、制作案情摘要、制作案件图表、法律法规检索报告、案例检索报告、辅庭律师汇报第一阶段工作、与客户深入沟通交流、撰写法律文件、证据准备、所内讨论、协调模拟法庭时间、模拟法庭庭前会议、召开模拟法庭、确定庭审策略;(5)开庭阶段:提交律师工作报告、提交证据、提交庭审所需材料、庭审提纲与思维导图、参加庭审;(6)庭后阶段:庭后复盘、提交代理意见、开庭工作报告;(7)总结阶段:结案报告、卷宗归档、向客户提交全套卷宗、案例撰写、知识管理。[1]

近几年也有律师事务所提出疑难商事诉讼的标准化,例如,有度商事诉讼团队律师提出诉讼逆转法律服务流程,包括:(1)首次接洽阶段:首次面谈、材料整理、客户沟通、工作报告;(2)解构判决阶段:判决描述、判决分析、提出问题、阶段复盘;(3)分析论证阶段:证据分析、确定问题、解决问题、阶段复盘;(4)策略制定阶段:方案评估、策略确认、策略演示、阶段复盘;(5)庭前准备阶段:代理手续、庭审材料、模拟法庭、阶段复盘;(6)庭审推进阶段:法院庭审、庭审报告、庭后文件、阶段复盘;(7)庭后阶段:结案报告、结案卷宗、知识管理、结案复盘。

对应不同的服务流程,在民事案件代理业务中,也有相应的实体产品和业务工作的成果产生。例如,接案时要和当事人做好案件沟通笔录,案件沟通笔录值得律师重点关注。通常律师都认为刑事辩护业务的执业风险较大,但目前在民事诉讼领域,律师的职业风险也在不断增大,特别是对于“虚假诉讼罪”。针对其罪名的设立、相关司法解释对该罪名外延的界定、司法诉讼中对虚假陈述的罚款等制止措施的普遍适用,律师必须做好相应的防范工作。当事人陈述本身就是证据的一种形式,做好案件沟通,既有利于防

〔1〕 参见蒋勇:《律师的成长》,中国政法大学出版社2019年版,第60页。

范风险，也有利于梳理完整的案情。针对这些情况，律师在起诉前准备阶段或者应诉前，会形成案件策略报告；在双方证据出示后，会形成证据审查报告；在大数据办案背景下，法律法规、案例和判例的检索也必不可少，可通过相应的检索形成检索报告；在庭审前，如有需要还可以组织模拟法庭，以类似实战抗辩的形式交付产品；庭审后，可以及时复盘，查漏补缺；案件办理完成后，及时进行判决书分析，确认是否实现代理目标，制作结案报告并对是否上诉提出意见。

推出上述标准化法律服务流程并严格践行的律师事务所都获得了极高的业界声誉和可观的经济收益。通过这种标准化流程管理办理的案件也获得了业界同行的认可，引得大家争相效仿。

民事诉讼程序类法律服务产品，在研发设计时对应民事诉讼法律流程，根据代理的工作阶段，设定相应的项目清单，完成相应的工作成果。民事诉讼程序类法律服务产品看似简单，似乎只要有一个产品适用成功，大家都可以普遍采用。在上述标准化流程成功之后，很多律师直接照搬，却发现管理成本大幅提高，人工成本也相应提高。在没有大标的、高收费案件，律师个人没有较强的管理和协调能力的情况下，很难逐一照搬适用。

的确，民事诉讼程序类法律服务产品在主线上只有一条，就是根据民事诉讼流程完善律师的案件准备和案件跟进工作。但是，不同律师在设计时还必须要根据自己的具体情况、管理能力、团队人员配备、团队人员业务能力、案件收费情况等对其进行优化。例如，在阶段复盘环节，很多案件没有必要进行各环节多次复盘，如果推出该项服务后却无法做到，则会让当事人体验变差，甚至指责律师未达到服务标准。

2. 刑事辩护业务程序类法律服务产品

目前较常用的刑事辩护业务标准化流程包括：电话微信咨询、首次面谈、会见委托、法律检索、首次会见、全案委托、确定辩护目标、日常会见（侦查阶段）、捕前辩护、羁押必要性审查、案件日常跟进（侦查阶段）、侦查复盘、证据审查（审查起诉）、精进辩护目标、案件跟进（审查起诉）、认罪认罚、审查起诉复盘、精进辩护目标、日常会见（一审）、证据审查（一审）、庭前跟进、庭前会议、庭前准备、庭前会见、开庭、庭后会见、庭后跟进、辩护目标评测、盘后会见、结案归档等环节。

刑事辩护业务中，对应不同的服务流程有相应的实体产品和业务工作成果。例如,在审查起诉阶段,会形成对起诉意见书的解构报告;在会见阶段,依据笔录将每次会见情况形成会见报告;在大数据办案背景下,检索法律法规、案例和判例并形成相应的检索报告;在审查起诉阶段,看到证据之后,需要形成证据目录,制作证据审查报告;在较全面掌握证据和了解事实之后,需要根据案件的事实、证据和法律规定,形成案件分析报告;在庭审完成之后,需要迅速还原庭审笔录,并形成庭审报告;在案件办理完成后,需要及时进行判决书分析,确认是否实现辩护目标,制作结案报告并对是否上诉提出意见。

根据《刑事诉讼法》规定的案件流程设定相应的刑事辩护环节,明确列出不同阶段每一环节的项目清单,并根据该清单完成相应工作,就是刑事辩护程序类法律服务产品的基本架构。在此基础上,律师可根据自己的具体情况、管理能力、团队人员配备、团队人员业务能力、案件收费情况进行优化。

综上所述,法律服务都可以制造包装成产品,律师需要根据自己的实际情况,以及自己追求的目的,设计出能为自己所用,能为自己带来收益的产品。这个产品可能是推向市场,面向不特定多数人的标准化法律产品;也可能是面向特定个人的需要研发的定制型法律产品。产品可能是解决某个或某类实体问题的法律解决方案,也可能是加强对内工作标准化、流程化和质量把控的程序类产品。

三、可标准化的法律服务产品设计

在当今商业社会,产品思维已经非常普及,各行各业都已有极致的应用,然而在目前的中国法律服务市场,法律服务产品化才刚刚起步,还有很多律所及律师并未认识到法律服务产品化的重要性。大量律师事务所给客户提供的法律服务仍然存在服务内容不明确、价格不透明、无可视化、不可量化等缺陷 ,这使客户对法律服务感到疑惑,经常出现客户质疑法律服务价格、法律服务价值甚至律师行业诚信的情况。究其原因,就是法律服务没有产品化,不能清晰地呈现给客户,使得客户对其花钱购买的法律服务究竟是什么、包含什么感到模糊。

法律服务产品化对律师业务规范化及满足客户需求都非常重要。法律服务产品设计是方法,更是思维。法律服务产品化就是将产品思维结合到法律服务设计中,把具体的法律服务设计成可以满足客户需求的产品,提供给客户一套服务内容确定、价格透明、可视化、可量化的法律服务产品。

笔者在下文中将针对可标准化的法律服务产品设计展开讨论。

(一)可标准化法律服务的特点及客户需求

1. 可标准化法律服务的特点

法律服务大致可分为两大类,一类是对律师经验要求非常高的疑难复杂案件,需要针对个案进行定制化、个性化服务;另一类是对法律专业性要求不高,但发生频率较高的可标准化的法律服务。

在法律服务市场,存在大量的可标准化的法律服务,如企业法律顾问、银行信用卡催收、房地产按揭见证、交通事故纠纷等服务,这类法律服务的特点是:频发、对法律专业技能要求不高、有特定的较为固定的处理流程、可以批量处理。

2. 客户需求

对于此类法律服务,客户的需求体现在以下几个方面:第一,效率要求。对此类常见的法律服务,客户一般都追求较高的法律服务效率,希望能够及时反馈,尽快处理,其核心诉求是及时。第二,价格要求。此类法律服务通常属于常见业务,多数律师事务所及律师都可以处理,因此客户对价格较为敏感,希望获得性价比高的法律服务。第三,专业要求。因此类业务不属于重大疑难案件,通常客户对律师的人身属性要求较低,但依旧追求专业服务。客户需要律师呈现明确的法律服务范围和专业服务过程。第四,服务质量要求。工作质量高不代表服务质量好。客户需要法律服务过程流畅、便捷、便利。

法律服务的对象不仅仅是案件或法律事务,更是客户本身。许多客户并不能看出专业超强的律师和一般律师的专业水平区别,在选择律师时,客户更关注服务感受和服务质量,通过包括回应速度、服务态度和其他非专业层面的服务标准来综合考虑、评估、选择法律服务。专业是好是坏,有很多难以把握的模糊点,因此客户在超出其经验范围的专业领域,更多的是购买信任、放心、踏实和便利。法律服务产品化就能够很好地满足客户此方面的需求。

(二)可标准化法律服务产品的设计要点

设计可标准化的法律服务产品既要考虑到客户的需求,也要考虑到律师

事务所及律师团队对此类产品的成本控制、可落实性及可复制性,具体如下:

1. 从客户视角出发,满足客户需求

法律服务产品设计包括3个维度,任何产品的出发点都是用户视角,列举每个需求所对应的法律服务,再通过模板、清单、指引具体呈现。用户体验是客户在使用产品过程中建立起来的一种主观感受,要从用户视角出发,真正的以用户为中心,基于用户需求而进行服务产品设计。

(1)法律服务产品的多维化。法律服务产品设计要通过洞察客户的需求,寻找机会并解决问题,产品设计从理解需求出发,解决客户的痛点;从用户视角考量,提供多维服务。作为一款产品,满足用户的不仅是最后的解决方案,还包括服务过程中的服务内容、流程、效率、客户体验、交付成果等。

(2)法律服务产品的可视化。法律服务是无形的,法律服务产品设计就是把无形的服务有形化,把服务过程、服务结果以产品形式呈现给客户,即法律服务产品的呈现,可以由服务内容清单化、服务过程流程化、交付成果可视化来实现。

(3)法律服务产品的可量化。以法律服务对标医院的医疗服务,二者都是专业化服务,医疗服务已经做到了虽然个案不同,但根据不同疾病的特点分设科室,就看诊、检查项目、治疗等设计为不同的医疗产品,实现服务产品化。同样作为专业服务的法律服务,其法律服务产品化的关键在于提前定义,即量化。法律服务产品的可量化包括以下几个方面:首先,人的量化:案件、项目里安排了哪些工作人员,所有工作人员的身份、角色、起到的作用,所花费的费用,都一目了然地呈现。其次,服务内容的量化:以明确的清单将服务内容呈现给客户,服务过程中的所有内容均以可视化的形式呈现给客户,如大数据报告、案件分析报告、服务流程图等。最后,服务结果的量化:能够让客户如同去医院就诊一般,了解自己想要的解决方案,以及因此要支付的对价。服务量化让客户感知服务品质,可以将产品价值变为品牌价值。

好的用户体验有助于建立积极的用户关系,而积极的用户关系将转化为对商业的良性影响,产品价值被客户感知,变为品牌价值。

2. 从律师团队出发,促进团队发展

(1)以效率为导向,批量营销,降低成本。可标准化的法律服务产品适合以效率为导向,产品设计成型后进行批量营销,形成规模化效益,即使单个案件利润率低,但批量处理可降低成本。

(2)法律服务的标准化、模板化,可复制。可标准化的法律服务产品适合将服务内容、服务流程、交付成果等进行标准化,即量化、模板化、清单化,最后使其可复制化。

(3)法律产品就是设定通用服务标准。对于客户来说,客户考虑的是律师事务所有什么,自己能得到什么,能以怎么的方式得到。对于律师团队来说,法律服务产品化就是设定通用服务标准,挖掘与匹配客户需求、展示服务流程与标准、承诺与明示交付成果的过程。

(三)可标准化法律服务产品的具体设计思路

对于可标准化的法律服务产品,结合其特点及客户需求,根据前文所述设计要点,下面将具体分析几类可标准化法律服务产品的具体设计思路。

1. 企业常年法律顾问产品

目前市场上企业常年法律顾问的年度顾问费从 8000 元、3 万元、5 万元、10 万元,甚至几十万元不等,服务内容较为笼统。企业客户经常存在的疑问是:企业常年法律顾问可以提供怎样的服务?服务到底都包含了什么内容?为什么服务大致相同但价格差异巨大?该律师事务所的报价是怎样计算的?律师服务了一年,似乎无所事事,是否还需要续签?客户的这些质疑充分说明,只按传统做法提供给客户一纸顾问合同,客户有事再提供咨询及修改合同的服务模式已经不能满足客户的需求。

企业常年法律顾问是一项高频专项法律服务事项,适合设计为标准化法律服务产品。设计思路可从以下几个方面考虑:

(1)服务内容清单化。常年法律顾问的服务事项,可以用服务清单的形式呈现。详细罗列提供给客户的每个具体服务事项,让客户清晰地看到律师提供的服务项目。例如,在服务内容类别中明确法律咨询、合同管理、劳动人事、知识产权、公司股权、培训资讯、重大项目等项目,并在大的服务项目下具体罗列更为详细的服务内容。

(2)产品报价可视化。客户经常质疑常年法律顾问收取的费用所对应的服务,客户通常追求高性价比,但目前市场上的常年法律顾问服务不可量化,使客户无法得知其费用所对标的服务内容及数量。产品报价的可视化即可解决客户的这一痛点,将上述服务内容逐项对照服务价格,制作企业常年法律顾问服务清单与报价,清晰罗列项目间价格差异,或罗列不同服务次数及不同服务时间的价格差异,为客户呈现不同价格所对应的不同服务,供客户选择。

(3)服务流程标准化。常年法律顾问的服务流程可以进行标准化,例如,签约前如何服务、首次签约后的法律体检、法律体检后出具报告、根据法律体检情况协助企业规范经营、设计日常法律事务的处理流程及处理时效、年度服务结束后提交服务报告等,这些都可以设计为标准化的服务流程呈现给客户,并且明确每个流程项的服务内容,让客户一目了然,并按照服务流程为客户提供具体的法律服务。在设计服务流程中,还要充分考虑客户需求及客户体验。

(4)无形服务数据化。常年法律顾问的服务,大部分体现在日常的咨询、修改合同、邮件等琐碎事项中,因此,常年法律顾问产品化的要点之一就是将无形的服务数据化,对日常服务事项、服务时长、服务人员,以标准化的服务流程进行记录、统计,并最终以数据化的方式呈现给客户。这些数据可以让客户感知到法律服务的过程、投入人员及服务的专业化,提升客户的体验感,同时这些法律服务数据还可以作为客户的运营数据,为客户提供增值服务。

(5)交付产品可视化。常年法律顾问服务可按季度、半年或整年,为客户出具"常年法律顾问服务报告",让客户充分感受到交付产品的可视化。

综上所述,设计思路分析为:通过清单的形式确定服务范围,以明确的标准化服务流程固化服务内容,使整个服务过程可以被感知,被量化,并向客户交付可视化的工作成果。

2. 应收账款类法律服务产品

应收账款催收及诉讼是企业的常见法律需求,此类业务也可进行产品设计,以实现差异化的服务,并满足不同客户的需求。该类法律服务产品可考虑从以下几个方面设计:

(1)以行业化定位产品。应收账款在特定行业有不同的需求,律师可以针对不同行业设计不同的产品,常见行业包括建材行业、电子产品行业、物业管理行业等。例如,针对建材行业特点可以设计"先服务,后收费"的全风险代理模式,现在已有律师事务所在业内打造出了一条成熟的建材行业风险管理产业链。

(2)以地域结合互联网定位产品。应收账款往往存在一定的地域性,可以将地域结合互联网来定位设计产品。例如,业内某事务所正在筹建的"企业账款催收法律服务"产品,主要针对珠三角地区的制造业客户,该事务所正在自主研发网上服务系统,计划通过线上线下相结合的方式招揽及服务客户。产品内容包括企业应收账款法律培训、企业账款管理系统、诉讼。企业应收账款法律培训是引流产品;企业账款管理系统是法律与互联网科技的结合,也是应收账款的管理系统;诉讼是传统法律服务。此款产品把整个诉讼过程所提供的服务清单化,流程标准化,以可视化的方式将该产品呈现给客户。珠三角地区的制造业企业一般都有相关制造设备,该款产品将企业逾期账款的诉讼控制为短期逾期,以便诉讼保全查封设备及账户,提高回款率。

(3)流程化管理。通过流程化运营对应收账款类法律产品的服务内容进行标准化分解,从服务成本、效率、质量等方面进行全方位控制,使该法律服务产品化、标准化、流程化,并具有自己的独特优势和特色。

综上所述,设计思路分析为:选定某个行业,深挖客户需求,根据客户需求及客户痛点,设计差异化的法律服务产品。

3. 股权激励专项服务产品

随着中国经济蓬勃发展,创业公司对股权激励的需求越来越多。股权激励有股票期权、虚拟股票、限制性股票、员工持股、动态股权等多种方式。笔者将以业内的两个例子分析此类产品的设计:

(1)传统股权激励产品。深圳某律师团队专注于公司治理、股权激励、员工持股、创业公司期权池设计等领域。据了解,该律师团队就股权激励服务流程制作了专门的手册,向客户交付产品时,非常重视可视化和仪式感,每个股权激励项目开始时都会召开动员大会,完成后会召开签约大会,完成满一年还会做回访,向客户询问股权激励项目落地情况及股权激励实施后对企业发展的影响。该团队的股权激励产品以其流程化、可视化以及注重客户体验赢得了客户。

(2)动态股权激励法律产品。目前法律市场上已有相对成熟的动态股权激励法律产品,除了有明确的服务清单、报价清单和可视化的成果交付,还加载了整套的销售体系及配套产品。具体来说,就是利用机构平台展开免费的动态股权公开课,引流客户参加付费动态股权培训班,然后再引流客户成交动态股权激励法律产品。动态股权培训班就是动态股权激励法律产品的配套产品。

综上所述,设计思路分析为:从跨界思维入手,设计股权激励类非诉专项服务产品,强调仪式感、产品化,通过配套的法律培训产品来进行客户引流,注重客户体验,最终通过专业化、可视化赢得客户。

4. 交通事故法律产品

据国家相关数据显示,2018 年中国汽车保有量增加 2285 万辆、达到 2.4 亿辆,驾驶人增加 2455 万人、达到 4.09 亿人,道路通车里程新增 8.6 万公里、达到 486 万公里。在中国,交通事故纠纷频频发生,其数量之庞大从上述数据便可见一斑。交通事故纠纷有较为固定的处理模式和诉讼方案,非常适合设计为标准化的法律服务产品。

例如,在深圳及北京均有专业化的交通事故律师事务所,其核心产品就是交通事故纠纷法律服务产品。该类法律服务产品已经细化到每个细节,从交通事故发生直至最终当事人获得赔偿,具体服务内容已经涵盖交通事故的全流程,并且产品的客户来源、销售等也都已经非常成熟,可以说是全流程标准化的法律服务产品。

综上所述,设计思路分析为:从一类频发的诉讼业务入手,开发出全流程标准化的法律服务产品,为类案法律服务产品提供了很好的设计思路。

5. 非上市公司股权转让及并购

随着中国市场的蓬勃发展及逐渐成熟,中小企业非上市公司的股权转让及并购也越来越频繁,这类业务客户往往认为请律师起草一份股权转让协议即可,但其潜在诉求其实是防范风险。事实上,客户所不了解的是:真正要防范风险仅起草审查合同还远远不够,需很多其他步骤,如尽职调查、交易方案设计等。该业务可以以标准化法律产品的形式呈现给客户。具体设计思路如下:

(1)产品定位。为有股权转让、并购需求的自然人及公司提供非上市公司股权转让及并购的全流程法律服务。

(2)产品架构。包括股权转让并购方案设计、股权转让意向书、法律尽职调查、风险防控、磋商谈判、股权转让协议签订、股东合作协议、交割、工商变更等非上市公司股权转让及并购全流程法律服务。

(3)产品定价。根据拟转让股权价格、复杂难度及工作时长合理设计不同阶梯收费。

(4)产品亮点。很多客户在股权转让及公司并购中仅考虑到让律师审查协议,没有意识要做股权转让并购方案设计、尽职调查及风险防控,导致收购股权产生更多税费、被收购公司附加隐形债务等问题。该产品详细罗列了股权转让及并购的服务时间、时间节点、风险控制点，以可视化形式让客户感知。

(5)产品交付。以标准化流程、标准化服务为客户提供全程服务，并最终以清单、报告、法律文件等可视化形式将工作成果交付给客户。

6. 初创公司的股权架构设计及公司章程设计

很多公司在设立时股权架构不合理，以至在后续发展、融资、股权激励、上市等方面受到诸多制约。因此，目前很多初创公司有股权架构设计及公司章程设计的需求。针对此类服务，可以设计为标准化的法律服务产品，具体设计思路如下：

(1)产品定位。为拟成立公司及已成立的初创公司提供股权架构设计及公司章程设计的全套法律服务。

(2)产品架构。根据不同类型公司以及股东的不同要求，进行股权架构设计的主要目标为避免未来的股东之间争议，以及为公司未来发展、融资、重要人才引进、股权激励等留下空间。经过设计后拟定股东合作协议，并将股权设计及股东合作协议的内容落实到公司章程中，对公司章程可自主约定部分进行设计，为公司治理打下良好基础。

(3)产品定价。可根据工作量和工作时长做清单式定价。

(4)产品亮点。很多公司因股权不合理而在后续发展中产生股东纠纷、公司僵局，或融资时因股权过于分散而遇到困难，还存在公司章程约定不明，无法解决公司实际问题等痛点。该产品可以为初创公司未来发展打下良好基础。

7. 商品房签约按揭产品

商品房签约按揭是一项批量业务，客户有需求，但利润较低，此类法律服务也可以设计成标准化的法律产品，通过产品化、标准化、流程化来降低成本，实现与客户的共赢。例如，广州某律师事务所的商品房签约按揭产品，不仅将服务流程标准化，还融合了知识管理、内部培训、客户对接策略及项目管理思维。该法律产品既降低了成本，又满足了客户的刚性需求。该产品的成功也使律师事务所看到批量化法律业务产品化的良好前景。

综上所述，产品设计分析为：所需专业技能要求较低，业务量大，以标准化的服务流程、量化的工作内容以及项目管理的思维，使该产品在实施过程中，通过使用非法律专业人员便捷高效地辅助律师完成该产品服务，大大降低服务成本。

(四)标准化法律服务产品对团队一体化的要求

标准化的法律服务产品,需要有一体化的团队与之相匹配,包括营销、服务、前台、中台、后台、系统工具等相互协同。

1.标准化法律服务产品设计

标准化法律服务产品设计不只是设计服务,更是设计与服务相关的整个系统。法律服务产品的设计看起来是从客户需求出发,设计符合客户需求的产品,但实际上是由表及里,不仅设计对客户的服务,更需要设计与服务相关的整个系统,可以说法律服务产品化将带动中后台组织变革。法律服务产品的实现和落地,需要一体化的团队与之相匹配,法律服务设计本身也包含了整个系统的设计,也就是说,用产品思维推动团队组织的变革,在产品化的过程中,变革团队的工作方式和与之匹配的整个体系。

通过上述法律服务产品的具体分析可以看出,想把法律服务产品化绝非一人就可胜任,而是需要一体化的团队进行支撑。如果没有团队的支持与匹配,法律服务产品就是空中楼阁,无法落地。

2.法律服务产品化整合全局

法律服务产品化及法律服务设计,应当关注从前台到中、后台的设计,通过关注如何通过调整中、后台,来实现前台体验升级,为客户提供更好的法律服务产品。

前、中、后台是较为复杂的组织问题,简要来说,前台就是直接与客户接触的人员和部门,是法律服务产品落地的直接人员,能够深刻洞察市场和客户;中台是指为前台提供专业化、系统化支持和产品运营的平台;后台是指提供基础设施、服务支持与风险管控的平台。

没有中、后台的支持,仅有前台之力,将无法提供高品质的标准化法律服务产品。因此法律服务产品化实质上是囊括前台、中台与后台,以整合全局的方式为客户提供高品质的法律服务产品。

3.一体化的团队协作

一体化的团队协作,需要从项目化管理、知识管理入手,注重创新,擅于利用工具整合、提高团队效率,同时还应重视团队营销及对服务质量的管控,具体如下:

(1)法律服务项目化管理。所有的标准化法律服务产品,其对客户标准化的服务流程也是团队标准化服务的体现。因此,以项目管理的思维使团队落实标准化法律服务产品,会起到事半功倍的效果,其核心是项目分工明确、服务流程清晰,在整个服务过程中进行节点控制和品质保障。

(2)团队知识管理。法律服务的本质是依赖于经验的知识服务,一体化团队中知识管理非常重要。在服务客户过程中积累的经验及产生的智力成果,均应总结归纳,将方法论进行固化,如流程、模板、检索报告等。团队成员不做重复性工作,实现所有成员经验及知识成果的共享,并有序管理。

(3)创新无边界。在法律产品设计及团队发展中,创新非常重要,产品创新也是一个系统工程,需要各方面的协调配合,因此所有团队成员都要有创新意识,不拘泥于前台、中台或后台。

(4)利用工具整合团队协作。随着法律服务产品的落地及客户数量的增加,团队协议成本会越来越高,因此有必要利用工具整合团队协作,如前文介绍的钉钉、印象笔记、Alpha 系统等软件。协同软件主要以团队协作为目标,其功能涵盖群组协作管理、工作流程管理、项目管理等。技术驱动法律,利用软件协同办公即可实现办公、业务、决策的一体化管理。

(5)重视团队营销。好的法律服务产品还需要有恰当的营销。有人说未来律师的主要战场不在法庭,而在市场。因此在团队协作中,建议设立专门的营销岗位。

(6)服务质量管控。法律服务产品落地的重中之重是品控,需要后台在团队协作中用流程和品控标准去把控整个法律服务的品质,并让客户有所感知。

(五)法律服务产品的迭代升级

法律服务产品应紧紧围绕客户需求,在服务和产品交付后,要及时跟进客户反馈,并不断进行完善、迭代和升级。同时,法律服务产品也要追踪财务数据,考虑财务指标及服务成本,及时完善及改进法律服务产品。

互联网及大数据还在进一步发展,法律服务产品的升级迭代也必将与大数据及互联网相结合。技术驱动法律,未来随着技术的发展,法律服务产品必将更高效、更便捷!

第三节 参考案例

一、新疆巨臣律师事务所有度商事诉讼团队及其诉讼服务产品[1]

提供诉讼法律服务时，律师们经常会遇到一个难题，即由于诉讼案件的个案属性导致的“一案一做”的工作方式，致使案件的承办质量完全决定于承办律师的个人经验和工作状态。即使是在律师团队当中，也会出现高度依赖个别资深律师的情况，使团队发展长期处于“瓶颈”状态。新疆巨臣律师事务所的有度商事诉讼团队以其创新精神，不断实践，直面上述难题，并取得了不错的成绩。

（一）诉讼律师的难题：“一案一做”的工作方式

法律服务，特别是诉讼法律服务，具有非常强的个案属性，不存在一模一样的两个诉讼案子，而且客户需求具有高度非标准化特点，这就决定了法律服务对特定律师的依赖性。由于个人的时间和精力有限，这种个体依赖性易使律师陷入“兵来将挡，水来土掩”的被动工作状态，最后形成“一案一做”的固化工作方式。

在管理松散律师团队的工作过程中，往往会出现许多情形需要律师在服务质量和时效性二者之间做出抉择。比如，由于案情复杂，一个处于洽谈阶段的案子需要制作一份诉讼分析报告，但同时，另一个上诉期即将届满的案子需要起草上诉状，这两个任务的负责人是同一个律师，此时再将任务移交其他成员显然会降低工作质量，不得已之下，这位律师只能选择降低两个任务的文书质量，以保证时效性。又如，与当事人开完会后，需要制作某案子的会议纪要，但同时，另一个收益更高的案件急需开启繁杂的取证工作，此时由于会议纪要不是刚需，且收益较低，律师往往会选择放弃制作会议纪要，而立即投入另案取证工作，以确保收益更高案件的工作时效性。

---

[1] 参见秦文明：《逆转方法论｜七步棋，轻松玩转二审、再审案件》，载“诉讼逆转”公众号，2017年7月20日；李泳霄：《律师价格谈判：如何完美呈现律师价值？》，载“iCourt 法秀”公众号，2017年5月15日；王储：《如何成为“说到做到”的律所和团队？》，载“iCourt 法秀”公众号，2017年10月11日。

不难看出，上述这些日常场景中不断选择的过程，也是律师不断妥协的过程。为了保证顺利结案，不得已地控制时间成本，使服务质量降低。在这种工作状态下，无论律师如何用心尽责，都会在案件数量和服务质量的抉择上陷入难以摆脱的“瓶颈”期。

效率是律师工作的灵魂，但是案件数量众多，应该如何管理？日常事务每天都有更新，如何确保不会遗漏？办公团队化，团队成员的信息应该如何同步？有度商事诉讼团队做出了充分的论证和思考，以自身实践对上述问题一一做出了解答，即运用管理流程化思维，将高端疑难类的商事诉讼业务产品化。笔者下面将从内部团队管理和外部客户管理两个方面，介绍该团队的诉讼服务产品。

（二）团队流程管理

1. 流程管理的必要性

乔布斯说过：“苹果奉行零制度，但这并不代表没有生产流程。在苹果，一切都严谨有序，生产流程非常合理。关键不是在于制度，而是通过流程实现高效。”有度团队成立之初，有一套初步的流程，但是执行并不理想，团队人数众多但协作不当，几乎没有案件能按照全部流程执行完毕，每次都在开庭前最后一天才完成案件的准备，导致律师站在法庭上也还是心里没底。但是，解决问题的关键不在于流程管理本身，而是在于流程设置的科学性和充分执行的决心。

流程管理的根本目的是把每一个案件做到极致，提高效率、降低成本。法律服务具有较强的人身属性，标准化的工作流程、文书样式可以帮助律师团队摆脱人身属性，实现服务价值的杠杆化和团队化。流程是为团队战略和愿景服务的，是实现案件精细化的必然之路。具体而言，流程管理的价值主要为3个方面：其一，使案件阶段性目标清晰化；其二，通过分工和流转开展工作，帮助团队实现真正协作；其三，有可能把案件做到极致。

实施流程管理是烦琐而艰巨的，这意味着事务所需要投入巨大的人力成本，致使很多律师难以从心底认识到其价值。在启动流程管理之前，首先应进行思想动员，告诉大家为什么要这么做，让每位成员从心底里有所认同。必要时还可以在组织机构上做出调整，完善分配制度，做好一体化建设。此时，即向团队流程管理迈出了重要的一步。

2. 流程管理的具体内容

二审、再审案件“很难搞”，几乎成了所有律师不谋而合的共识。“立案难、改判难、案件复杂”的现状，也导致很多律师不愿意接受二审、再审案件。为了解决这一问题，有度商事诉讼团队总结了一套独特的二审、再审案件办案流程。利用流程拆解复杂疑难二审、再审案件，同时实现团队的高效协作。（见图3－1）

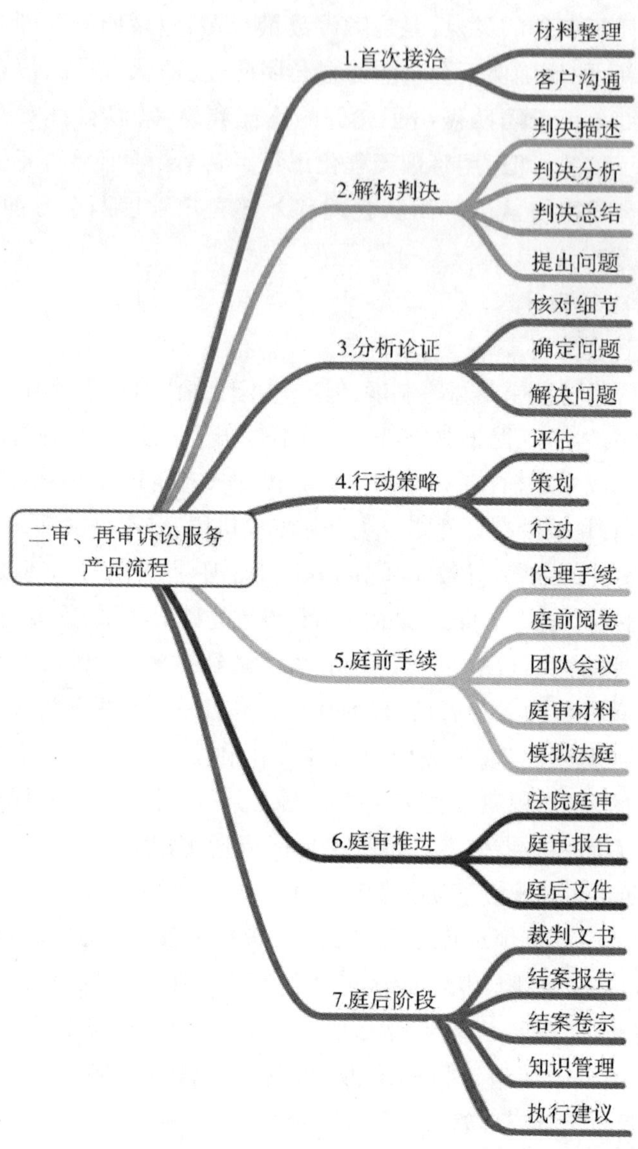

图3－1 有度商事诉讼团队二审、再审诉讼服务产品流程

(1)首次接洽。

不同于接待一审案件,大部分二审案件当事人均为一审败诉方,对于专业法律分析略有抵触,还总是怀疑对方是不是"搞鬼了",甚至有的当事人对于律师的能力和水平都持怀疑态度,认为关系才是案件的决定性因素。因此,在二审案件首次接洽环节,需要非常注重客户的体验,除了周到细致的接待之外,更重要的是要体现出律师的专业自信以及团队的高效分工配合。一般情况下,首次接待时,有度商事诉讼团队会要求两名以上的律师参与会议,一位负责倾听、询问、解答,另一位则负责记录与复盘。这一环节主要有 2 项具体任务:

任务一,材料整理。首次会议结束后,案件协办律师会在流程管理要求的时限内将案件的所有材料扫描成电子版并上传,与团队全体成员共享,同时,将物理版材料进行编号、分类。

任务二,客户沟通。结合会议中与当事人的沟通情况,及时将本次会议记录以及律师工作报告发送给客户。律师工作报告中除了明确律师后期工作计划外,还需将案件需要的材料及需要落实的问题一并发送给当事人。该工作需在会议结束后两小时内完成,保证客户的良好体验。

(2)解构判决。

一般情况下,二审、再审案件案情都相对复杂,法律解释及法律适用也比较有难度。一审律师已经提出诉讼方案,但案件未能胜诉,想要在二审中"反败为胜",这就需要团队群策群力,寻找案件新的突破点。这一环节主要有 4 项具体任务:

任务一,判决描述。这一任务是指对一审或二审案件判决书进行解构,准确描述"本院认为部分"的法官论述结构。该任务要求辅庭律师操作,主办律师指导,团队教练验收。判决描述的制作方式为:绘制"本院认为部分"的逻辑图。需要注意的是:该部分不需要分析判决书,仅需完整呈现法官论述结构即可。

任务二,判决分析。制作判决描述后,需要对原审判决书进行整体分析,主要为分析判决书"本院认为部分"的逻辑严密性、完整性以及正确性,并在逻辑有漏洞或断层的部分进行重点审查。

任务三,判决总结。结合案件分析情况,由团队展开头脑风暴,确定案件的检索及调查方向。

任务四，提出问题。总结裁判思路，提出具体问题，并制作问题清单，结合问题，找到与之对应的证据或法律支撑。

有道是，“方向对了，努力才有意义！”这一流程是整个案件最为重要的一步，需要团队对判决书进行细致的解构和分析，寻找案件突破口。

(3)分析论证。

案件进行到这一步，就需要律师沿着之前所讨论出的案件问题进行具体分析和论证。这一步要求每位律师拥有极致的认真和细心，将每个问题落实到细节，夸张点说，就是不要放过一丝一毫的线索。这一环节主要有3项具体任务：

任务一，核对细节。这一任务主要是结合案件分析，对事实和证据进行核对和梳理。该任务中每个动作都将转化为可评价的任务详情，具体为6项：制作事实查明部分的时间轴、制作证据核对表、制作关键词对比表、事实梳理报告、法律关系图、诉辩检索截图。这样一来，案件材料瞬间“减负”，大大节约了其他律师熟悉案件的时间。

任务二，确定问题。在案件材料的整理过程中，不免会发现新的问题，这一任务要求主办律师将新问题与解构判决时已确定的问题相结合，进行问题汇总并制作问题备忘录。

任务三，解决问题。到了这一步骤，一个案件的轮廓已经大致清晰，就需要律师针对已确定的问题，分别就法律、事实、程序3方面进行有针对性的研究，并分析论证结论的正确性。这一步也需要律师将案件检索成果和证据整理成果以书面的形式展现出来。同时，应要求主办律师提交法律检索报告及证据组织文件。

(4)行动策略。

明确案件事实及法律基础后，就需要律师团队对案件的行动策略进行讨论。不同于一审案件，二审、再审案件的方案除了需要考虑案件本身的问题外，对于案件的侧重点及其他因素都需要综合考虑。这一环节主要有3项具体任务：

任务一，评估。在了解案件事实及法律路径后，律师需要对论证成果进行风险评估，即对案件的预演，可通过团队会议头脑风暴，大胆假设并逐一论证。根据案件的情况不同，评估内容包括但不限于救济程序裁判路径之法律适用分析、事实认定分析、自由裁量权分析。

任务二,策划。假如案件方案可行,那么就需要开始讨论案件的庭审策略及庭审表达,包括策略初步确认;归纳争议焦点;对手策略预判;成本预测;法官观点预判;案件难点、痛点、破局点预判等。这些工作需要团队分工配合,以确保庭审万无一失。

任务三,行动。确定案件的全盘策划后,就可以正式开始行动。此时需要律师制作 Keynote 版策略分析展示(PPT 展示方案)、书面策略分析报告、客户综合分析以及报价策略(案件的报价时间及步骤根据具体案件灵活确定)。

(5)庭前准备。

案件确定委托后,开庭前两周内需要完成案件的全部庭前准备工作。通常,经历上述4 个流程即可基本完成案件的前期准备工作,此时,就需要律师根据案件庭审策略整合、排列材料。这一环节主要有 5 项具体任务:

任务一,代理手续。携带手续开庭,这是一个律师界"常识",但仍有很多律师忘记。所以,应该特别作为任务提醒辅庭律师携带所需文件,有委托代理合同、授权委托书、身份证明文件、收费协议、律师事务所函、开庭律师执业证复印件等。同时检查项还需要求辅庭律师必须将以上文件扫描为电子版并上传,以供查阅。

任务二,庭前阅卷。二审或再审案件,无论材料准备多么充分,都必须有庭前阅卷这一步骤,事务所和律师应尽可能提前完成。

任务三,团队会议。在完成以上工作的情况下,需再次召开团队会议,对案件的准备工作及其他问题进行讨论或论证。同时,对后期的模拟法庭进行分组及分工。

任务四,庭审材料。这是指正式开庭时所需要的文件,包括庭审文书、证据列表(表格版或文字版)、可视化图表、辩论提纲、发问提纲等。

任务五,模拟法庭。根据案件的难易程度,不定次数地开展模拟法庭。模拟法庭主要是对案件进行提前的演练及模拟,其过程与真实庭审一致。在模拟结束后,对案件进行整体复盘,调整庭审策略或修改文书图表,并向客户提交律师工作报告及模拟法庭庭审报告,必要时还需要请客户提交相关补充材料。

上述庭前准备阶段可以根据案件情况进行调整,灵活组合,以达到效率、目标最大化。

(6)庭审推进。

经历了取经一般的“九九八十一难”,案件终于进入了庭审环节。笔者相信:前期的充分准备已经让出庭律师跃跃欲试。心理学家说:准备越充分,不合理的想象就越少,就越能平静发言。所以克服庭审紧张没有捷径,唯一方法就是充分准备。这一环节主要有3项具体任务:

任务一,法院庭审。这里要求辅庭律师提前3日通知主办律师,以免出现漏庭这种重大失误。在开庭前,辅庭律师要提前准备好全套的庭审材料以及律师着装(律师袍),同时提前做好交通安排。假如案件需要进行可视化展示,辅庭律师还需要携带展示设备。

任务二,庭审报告。开庭结束后,律师需要针对庭审情况制作庭审报告。庭审报告需准备两份,一份是提交给客户的,汇报案件庭审情况、法官观点、后期工作计划以及工作建议;另一份是团队内部报告,主要就案件庭审表现进行复盘,同时提出改进方案。客户版庭审报告需在开庭后24小时内完成。

任务三,庭后文件。庭后文件主要包括代理意见、补充证据材料、补充检索材料等。对庭后文件的最大要求就是:重视法官体验。所有文件尽可能以最方便阅读的形式提交,包括纸质版及电子版。

(7)庭后阶段。

经历了上述6个流程后,很多律师终于松了一口气,觉得案件已经处理完毕。其实不然,庭后阶段才是整个流程的临门一脚。这一环节主要有5项具体任务:

任务一,裁判文书。这需要律师记录裁判文书的签收日期,同时将裁判文书扫描为电子版并上传,收藏归档纸质版裁判文书,并及时发送给委托人。

任务二,结案报告。结案报告是对整个案件的总结,除了案件本身的情况、律师的工作计时、工作成果外,更重要的是对客户公司的管理建议。结案报告制作完成后,需将文件发送至客户邮箱并保存截图。

任务三,结案卷宗。案件结束后,律师会将案件中所有文件及材料胶装成册,除了方便客户了解案情外,更重要的是给客户提供了一份完整的档案资料。

任务四,知识管理。这一任务可以说是整个流程中画龙点睛之笔,只有做好了知识管理,才可以说团队律师的能力在这个案件中得到了提高,同时，还可以总结提升办案经验。

任务五，执行建议。这项工作主要针对二审生效判决，无论胜诉还是败诉，无论原告还是被告，当二审判决生效后，均面临生效判决中判项的执行问题。特别是败诉方，应当积极面对，否则将会面临列入失信名单、限制高消费、限制出境、司法拘留等被动局面。

（三）客户满意度管理

在上述完整的内部流程的基础上，还需要将努力成果最大限度转化为收益，此时，就需要保证团队实干工作成果的有效传达，让客户实实在在地感受到律师的付出和律师服务的价值，充分打消客户“只是说得好听，但未必能做到”的疑虑。有度商事诉讼团队运用可视化思维管理客户满意度，利用PPT、工作报告等形式提升客户在诉讼服务过程中的参与度，让律师服务更加透明。笔者下面将以洽谈阶段为例，介绍有度团队的客户管理技巧。

根据流程，在客户确定委托前的洽谈阶段，团队已经对案件进行了一次全面的准备，在与客户洽谈时就可以直接进行展示，充分展现出团队已经投入的工作时间和成员任务分配情况。（见图3－2、图3－3）

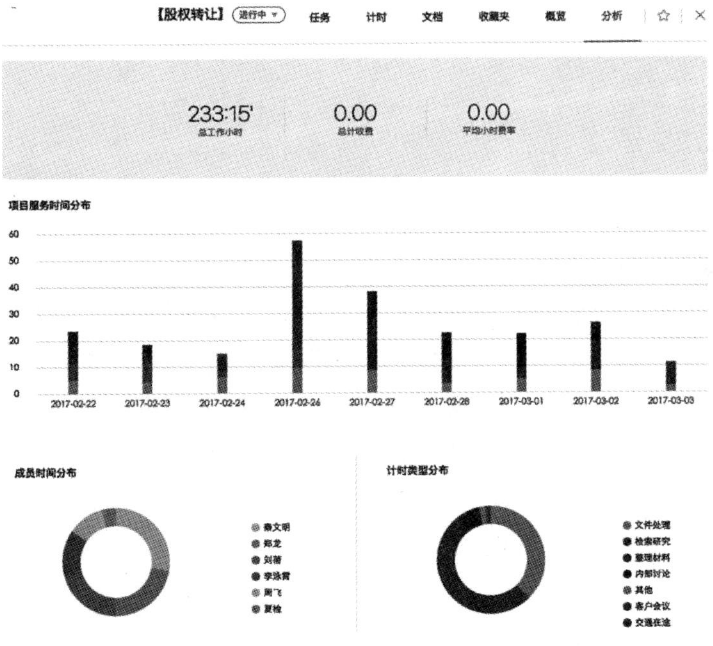

图3－2　委托前的工作时间

从这里新建任务

流程4-庭后阶段 | 4 个任务

4 知识管理
案件-流程4-庭后阶段 0/6 2

3 结案卷宗
案件-流程4-庭后阶段 0/7

2 结案报告
案件-流程4-庭后阶段 0/5 2

1 裁判文书
案件-流程4-庭后阶段 0/5 2

流程3-案件推进阶段 | 5 个任务

5 庭后文件
案件-流程3-案件推进阶段 0/5

4 庭审报告
案件-流程3-案件推进阶段 0/5

3 法院庭审
案件-流程3-案件推进阶段 0/3 2

2 模拟法庭
案件-流程3-案件推进阶段 0/6

1 庭审材料
案件-流程3-案件推进阶段 0/5

流程2-庭前准备阶段 | 3 个任务

3 团队会议
案件-流程2-庭前准备阶段 0/9 7

2 庭前问卷
案件-流程2-庭前准备阶段 0/1

1 代理手续
案件-流程2-庭前准备阶段 0/5

流程1-预立案阶段 | 1 个任务

6 策略报告
案件-流程1-预立案阶段 0/4

图 3-3 委托后的工作安排

与客户建立委托关系的核心在于有效传达诉讼策略,诉讼策略对客户来讲是最为重要的信息,“到底能不能赢”是无法回避的问题。展示诉讼策略与法律文书的表达异曲同工。首先,以图表的形式展示最重要的观点和支撑该观点的法律依据与事实依据,图表必须足够简单,图越简单,表明律师对案件认识越深刻,向客户讲解也越有穿透力,使客户对律师能力的判断更为直观。尤其是在客户已经拜访多家律师事务所并有所对比之时,更容易做出选择。其次,巧用动态图,提高参与感,鼓励客户进行提问,并予以充分解答,提高客户参与度,以拉近彼此距离。

律师费的多少取决于客户对律师价值的判断。在谈判报价过程中,唯一的套路就是真实——真实的付出、真实的传达、真实的合作。律师期望做到极致的内心，一定会得到客户的感应和反馈。通过流程管理，当客户获得的团队文件始终是高质量、统一的样式，无论文书的起草者是谁，客户的信任都会从个人品牌转移到团队品牌上，确保团队长期处于稳定发展的轨道。

（四）结语

律师在提供服务过程中，不可回避地会遇到这个问题：何时开始为客户提供实质性工作？有度团队的答案是：洽谈阶段。基于正式洽谈前的工作成果，律师可以做出初步判断，案件逆转机会大的，可以推动进入委托阶段；逆转机会小的，则建议客户接受一审或二审判决，或另选其他方式解决争议。前期的大量付出也迫使律师惧于沉没成本，在委托后继续努力工作，充分展示律师团队的工作机制、态度和能力，进而顺理成章地与客户建立利益同盟，有效提高转化率。

有度团队的发展性思维不将目光局限在个案是否能获得收益，而更关注实施流程过程中口碑的建立和为团队成员创造的锻炼机会，笔者认为这值得借鉴。

二、北京极光律师事务所及其动态股权激励产品

律师业务如何在传统中进行创新？律师的法律服务产品如何实现跨界渗透？如何将法律服务产品从报价到服务过程到服务成果的交付进行可视化、清单化展示？如果律师事务所的法律服务产品成功做到了前述中的一点或更多，受到市场欢迎的程度无疑会大大提高。北京极光律师事务所推出的“动态合伙股权激励”法律服务产品，从研发出台到落地执行，到成为该事务所2018年的“爆款”产品，就很好地印证了这一点。

北京极光律师事务所为一家刚刚设立不久、纯靠市场打法的新锐律师事务所，创始合伙人的主要业务领域为传统的企业常年法律顾问。如果仅靠该律师事务所的存量业务，显然无法短期内实现扭亏为盈，更不必妄谈更好的发展。面对残酷的市场竞争环境，事务所合伙人决定投入大量时间和精力来研发新产品。

（一）在传统中创新

离开了传统的创新，就像离开了土壤的新芽，很难茁壮成长。北京极光律师事务所的传统业务为企业常年法律顾问，而股权激励亦为市场上较为成熟

的产品。事务所根据现有客户流,对市场上的已有产品进行二次研发,并赋予新的内容,既缩短了新产品研发的周期,也降低了新产品研发失败的风险。

(二)从市场中来,到市场中去

研发产品必须根据市场需求,而不是闭门造车。在为企业提供常年法律顾问服务的过程中,北京极光律师事务所陆续接到不止一家客户关于股权激励的问询,显然,市场已经告诉他们需要什么。当然,律师并不需要就客户所有可能的需求或业务都进行产品设计,而应进行分析比较,甄别挑选出更高频、更易消费的客户需求,再对其进行产品设计。股权激励无疑具备高频、易消费的特质,因此,极光所决定对其进行研发。

从事产品研发的人员一定是在一线做业务的人员,否则很容易成为纸上谈兵。做研发和做业务,不能人为割裂为两个部门,而应是一套人马从事两项工作。最好的产品是在工作实践中发展出来的,然后再将其规范化,不断升级迭代。北京极光律师事务所就将这款产品的研发任务交给了在一线从事业务的律师。

研发人员对该产品的研发方向有不同的看法,有的人认为应按照传统的股权激励模式进行研发,有的人则主张做成虚拟的动态股权激励。最后,事务所决定分成两组,同时研发两款不同的产品,再放到市场中去检验,由市场作出选择。

两款产品成形后,分别以公开课的形式进行宣讲:传统的股权激励课程,听众反应平静,无法理解课程中堆砌的专业术语,互动环节也无人提问;相反,虚拟的动态股权激励课程,课堂气氛活跃,课后听众提问非常踊跃。经过市场检验,虚拟的动态股权激励更受欢迎,事务所便果断放弃传统的股权激励,重点研发虚拟的动态股权激励。

(三)跨界思维

股权激励不是什么全新的产品,有律师同行在做,也有管理和咨询公司在做,而且从目前的实践来看,往往是管理和咨询公司更胜一筹,做得更好,收费也更高。有律师同行说:没有缺业务的律师,只有缺优质业务的律师。这是因为律师行业的同质化竞争非常严重,在这种情况下,差异化竞争显得尤为重要。但如何实现差异化?比如说:提供给客户的协议文本,这是非常末端的服务,更多的企业需要的是更前端的服务。律师不往前跨,非律师人员就会往前跨。未来的竞争不是律师事务所之间的竞争,而是律师事务所与市场上大量法律咨询公司、管理公司、专业中介服务公司的竞争。律师如果不把法律服务前置，客户的认可度有限，支付的律师费也有限，客户体验靠的服务而不是靠文本。北京极光律师事务所研发的动态合伙股权激励产品，便是组织、文化、薪酬、绩效、法律的融合，是非常典型的跨界产品。

（四）产品路径

北京极光律师事务所为这款产品设计了简单又清晰的营销路径：半天公开课+两天小课+项目落地执行。

首先，每月举办4场免费公开课，通过这半天的免费公开课引入客流。讲课的渠道和机构，通过冷 Call（陌生电话）等营销方式从市场获得。再通过后期统计客户的转化率，评出优质渠道，重点维护好关系。

其次，在免费公开课后，开设为时两天的收费小课，与客户建立紧密连接，同时也通过收费课程检验客户的付费能力，排除付费能力较差的客户。该课程的收费标准从最初的19,800元/人，涨到后来的26,800元/人；参加人数从第一场的约20人，增加到后面的每场近200人。对收费课程有意向的客户，3天内完成约谈见面。

最后，对约谈见面的意向客户，通过清单化报价、展示服务流程，提高签约率。在服务结束时，通过交付可视化的成果——股权激励服务项目服务报告，进一步提升客户体验。

（五）产品特点

1. 动态合伙股权概述

动态合伙股权是在不改变公司现有股权构成情况下的一种全新的动态分配公司红利激励方法，将公司创始人与公司重要高级管理人员结成相互信任的合伙关系，携手打造公司的快速成长，共同享有公司发展带来的收益。

2. 动态合伙股权的实质：计点制

计点制由律师发明，在律师事务所中适用，由于建立了信任和分工，将律师这群最精英的个体紧密地联系在一起，成就了不少百年老所、强所。这套先进的制度经过改良后同样适用于企业。给合伙人的点数就是股权，点数就是分红的依据。合伙人的分红等于合伙人的点数乘以单点价值。（见图3-4）

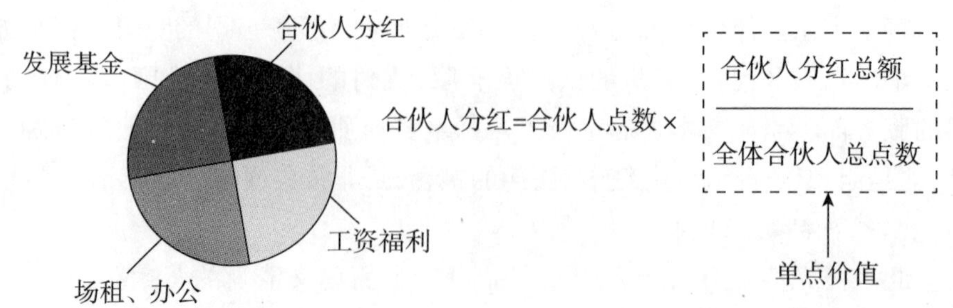

图3-4　计点制在企业中的应用

3. 动态合伙股权三要素

第一要素，动态。首先，给出的股权（点数）不是一成不变的，是动态的，可以根据定期考核的结果，根据涨点规则实现正常涨点，或不涨点，或翻倍涨点。合伙人的点数在考核通过的情况下逐年上涨，但一般要封顶，达到退休年龄后逐年下降，直至降至初始点数；其次，合伙人的身份也不是一成不变的。在职期间，可以根据考核的结果对相关合伙人进行劝退，合伙人也会因离职、退休、在职期间死亡等原因退出。经过合伙人会议按既定机制表决，还可以引进新的合伙人。（见图3-5）

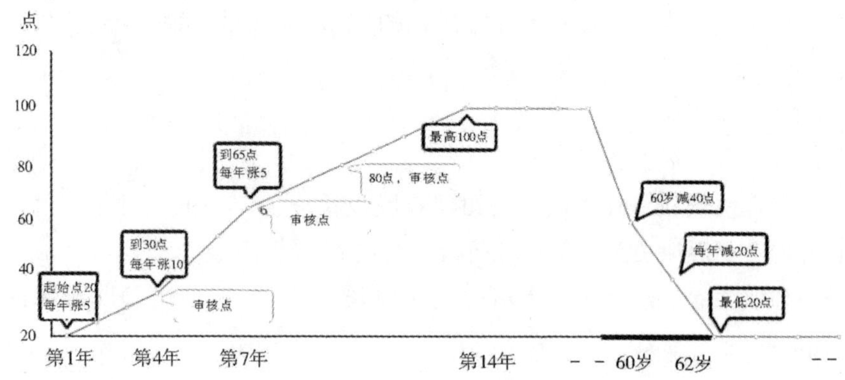

图3-5　动态涨点示意

第二要素，合伙。合伙人不是指全体员工，也不是指全体管理人员，而仅仅面向核心人员和高管。这个制度是公司的顶层设计，是解决公司核心人员的激励问题。

第三要素，股权。股权通常包括经济权利（决策权）和政治权利（分红权），动态合伙股权中的股权仅仅指分红权。

4. 动态合伙股权的优势

第一,精神奖励与物质奖励相结合,短期薪酬与长期股权相结合。被激励的对象是公司的少数人,拥有合伙人的身份,既是一份责任,也是一份荣誉。合伙人可以根据点数享受分红,一般为季度分红或年度分红,这相对于期权等其他激励方式而言,短期激励效果较明显,而经过长时间的考察,合伙人可以上升为持股合伙人,退休后还可以享受点数分红,又充分体现了长期激励的效果。(见图3-6)

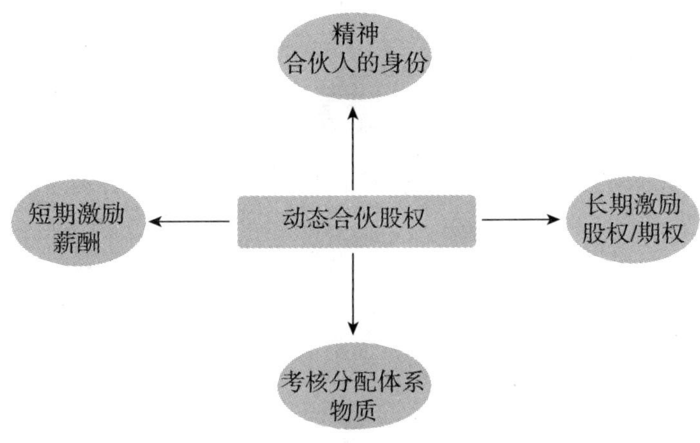

图3-6　动态合伙股权

第二,与其他激励方式有机融合、有效组合。动态合伙股权是融合了合伙人制度和虚拟股权双重优点的一种全新的激励制度。针对企业不同层级的员工,应使用不同的激励方式:基层员工更适合用奖金福利的方式进行激励;中层管理人员更看重绩效利益;而高管和核心人员既看重利益,更看重能在公司的平台上实现人生的价值。如前所述,动态合伙股权的激励对象是公司的高管和核心人员,这个制度打通了上、下通道,中层管理人员可以成长为核心人员,核心人员还有进一步上升的通道,即成为公司的持股股东。针对其他层级员工的激励方式如虚拟股权、限制性股权、期权等,可以同时在同一公司中进行。这款产品既可以“单独销售”,也可以与其他传统的股权激励方式进行“组合销售”。(见图3-7、图3-8)

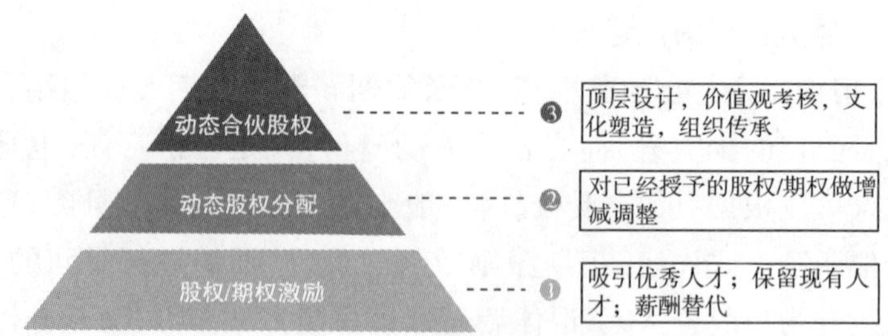

图3-7 分层式动态股权

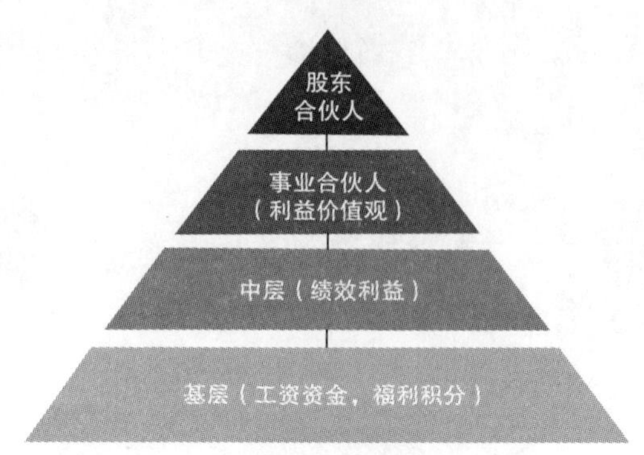

图3-8 分层式公司结构

第三，用简单的方式实现对人才的激发，用灵活的方法助力企业可持续发展。动态合伙股权当中的“股权”不同于公司法意义上的股权，实质是一种虚拟股权，是一种奖金分配制度，不用受公司法的约束，没有太多的条条框框，没有晦涩难懂的法律术语，可以根据企业的具体情况进行灵活调整后适用。动态合伙股权的分红模式让合伙人一目了然地知道，只有齐心协力地共同把“蛋糕”做大，单点价值才会做大，个人才能分得更大的“蛋糕”。正是这种简单透明的分配模式，可以让团队的合伙人没有顾虑地去接受分工。只有分工，才能形成专业，专业结合才能形成强合力，合力可以打造品牌、产生品牌溢价、提高营收率，而充足的营收是吸引人才的有利条件，人才又是团队发展的基础，整个企业在这种激励制度下形成良性循环，才能得到快速地可持续地发展。

（六）动态合伙股权的《项目推进计划书》

下面，以针对某科技型公司的动态合伙股权专项法律服务为例，说明该产品的服务流程与报价：

1. 沟通调研

完成时间:签约后第1个月内。

工作目标:完成前期调研,明确工作方向,为方案制订做好充分准备。

工作内容:(1)调查企业基本情况,包括商业模式、资金状况、发展规划、价值观、组织架构、人力资源现状等;(2)分析企业目前考核激励模式及薪酬模式;(3)企业重点岗位分析:岗位职责分析、岗位价值分析、岗位绩效评价等:(4)分析确定现有考核模式在激励方面存在的主要问题;(5)分析确定高管及核心员工股权激励模式,并给出方案建议;(6)分析动态股权激励方案如何解决当前激励机制存在的问题,以及如何切合企业现状,实现动态股权激励的平稳过渡;(7)确定员工激励预留股权池即持股平台的具体方案。

工作成果:交付《公司动态股权激励模式及方案建议书》。

2. 向拟激励员工宣贯动态股权激励方案

完成时间:签约后第2个月内。

工作目标:让拟激励员工了解动态股权制度,统一认识,为未来执行打下基础。同步完成持股平台的搭建。

工作内容:(1)高管参加"动态合伙股权"培训;(2)由本律师事务所负责人在公司内部举办动态股权制度说明会;(3)指导公司工作人员完成设立持股平台公司即有限合伙企业;(4)指导公司工作人员完成×××公司的股权变更。

工作成果:(1)拟激励员工期待实施动态股权激励,明确成为合伙人后的责任和权利;(2)交付持股平台即有限合伙企业的《合伙协议》《股权代持协议》;(3)交付《股权转让协议》、《股东会决议》、修改后的《公司章程》等。

3. 制订动态股权方案,为开始实施做好准备

完成时间:签约后第2个月内。

工作目标:完成动态股权激励方案制订,确定方案、协议中各项条款内容。

工作内容:(1)确定首批合伙人数量、推选方案;(2)确定股权管理委员会;(3)确定合伙人的初始点数;(4)确定实施动态股权激励的时机,以及业绩、价值观考核期;(5)确定用于动态股权激励分红的资金来源;(6)确定合伙人分红方式;(7)确定未来合伙人必须满足的约束条件;(8)约定实施动态股权激励过程中出现异常情况如何处理。

工作成果:交付《动态股权激励计划书》《动态股权考核评定方法》《动态合伙协议》《合伙人出资协议》《自愿参加合伙人计划的申请书》。

4. 动态股权方案正式实施前的动员和前期工作

完成时间:签约后第3个月内。

工作目标:确定第一批合伙人,正式开始实施动态股权激励制度。

工作内容:(1)月初向公司拟激励员工公布动态合伙股权激励方案;(2)根据方案确定合伙人;(3)签订动态合伙股权相关协议。

工作成果:(1)动态股权激励制度实施动员大会;(2)《初始点数模型》;(3)签署《动态合伙协议》《合伙人出资协议》《自愿参加合伙人计划的申请书》。

5. 一年辅导期工作安排

第一步,正式实施动态股权激励。

工作目标:通过启动大会加强合伙人的身份尊荣感,激发员工的工作动力和激情,向往成为合伙人。

工作内容:(1)公司召开启动大会,向全体员工传达动态股权激励制度;(2)公布第一批合伙人名单;(3)颁发合伙人证书(或其他仪式);(4)召开第一次合伙人会议,明确未来合伙人工作重心。

工作成果:参与启动大会宣讲,交付《启动大会宣讲课件》《合伙人初始点数》《第一次合伙人会议纪要》。

第二步,根据动态股权方案召开合伙人考核会。

工作目标:通过定期合伙人考核确保合伙人在价值观层面与公司保持高度一致。每年合伙人考核次数将根据动态股权激励方案决定,建议季度召开合伙人大会,在实施过程中对激励方案进行更新迭代。

工作内容:(1)公司进行动态股权制度执行情况通报;(2)总结该阶段合伙人绩效完成情况;(3)合伙人进行价值观自我评测与打分;(4)股权管理委员会对合伙人价值观打分进行调整;(5)合伙人之间相互打分后,公开评测;(6)律师事务所与合伙人探讨该阶段执行情况心得(可分别谈话);(7)结合合伙人反馈的情况,与合伙人一起分析问题、寻找解决方案。

工作成果:交付《合伙人价值观评价表》《合伙人访谈记录》《动态股权激励计划实施情况阶段性报告》。

第三步,年底或次年年初召开合伙人年度考核会及合伙人招新会。

工作目标:通过总结绩效及价值观履行情况强化合伙人的合伙意识,在思想和行动上与公司保持高度一致。

工作内容:(1)公司年度动态股权制度执行情况通报;(2)总结年度合伙人绩效完成情况;(3)合伙人针对年度工作中价值观履行情况进行自我评测与打分;(4)股权管理委员会对合伙人自我评测打分进行调整;(5)合伙人之间相互打分后,公开评测;(6)召开纳新会议,新申请合伙人对一年的工作总结,对公司未来的思考;(7)合伙人进行点评并投票决定新申请人是否能够成为合伙人;(8)律师将与合伙人探讨该阶段执行情况心得(可分别谈话);(9)结合合伙人反馈的问题,与合伙人一起分析问题、寻找解决方案;(10)为合伙人兑现激励收益、个别合伙人提前退出激励方案提供法律咨询或指导服务。

工作成果:交付《合伙人价值观评价表》《合伙人访谈记录》《合伙人点数增长明细》《合伙人分红明细》《终止合伙人计划申请书》《合伙人计划终止协议书》《动态股权激励计划实施情况年度总结报告》。

以上专项法律服务费用共计××万元,分3期支付:在签约后支付×万元,交付第一阶段工作成果后支付×万元,召开第一次动态合伙股权合伙人会议后支付余款×万元。

(七)结语

这一款由劳动法律师做出来的产品是在传统中的创新,同时进行了跨界渗透,体现了差异化,设计产品思路时兼顾了“产品”和“流量”,做到了可展示、可汇报、可复制、可持续盈利。

第四章 法律服务的营销

第一节　法律服务的营销及其意义

法律服务作为服务产业,是指所有法律领域和法律规定程序中的咨询和代理服务。法律服务营销的核心就是客户满意度和忠诚度,律师事务所通过客户的满意和忠诚来促进彼此的利益交换,最终实现共赢。罗伯特·丹尼认为"法律服务的市场营销是通过服务客户的需求和要求,对所有涉及盈利性地提高事务所生意水平的活动的有效执行"。

21 世纪以来,经济高速发展,法治国家建设步伐不断加快,律师行业发展突飞猛进,在此背景下,虽然大部分律师团队和律师事务所已经意识到法律服务营销的重要性,但很多仍缺少法律服务营销的理论知识和实践经验。笔者试图在本章对法律服务营销进行解读,期望读者可以借此深入了解法律服务营销。

一、法律服务营销的相关特征

(一)法律服务营销的特点

服务营销是无形商品的营销,与实物商品的营销相比有所不同。法律服务营销具备服务营销的无形性、不可分离性、不可储存性、差异性、法定性、敏感性、专业性和风险性等特征,明确这些特征对律师事务所开展法律服务营销的意义重大。

1. 无形性

法律服务最显著的特征是无形性。法律服务是一种非常特殊的服务，主要依赖于法律服务提供者的法律专业知识和技能。法律服务提供的是无形产品，虽然在服务过程中存在少许的有形产品（包括但不限于纸质资料、影像资料等相关资料），但法律服务的主要元素依然是无形的。无形产品不像有形产品一般，可以让服务对象看得见、摸得着，它只以抽象、无形无质的形式展现在服务对象面前。法律服务对象在购买法律服务之前，无法通过主观猜测来体会这种无形的商品，所以也无法知道自己能否得到想要的结果。再加上，我国大部分民众法律知识不够完备，寻求法律服务提供者的帮助时难以描述清楚自己的诉求。因此，法律服务对象大多会根据法律服务提供者、律师事务所软硬件设施、宣传资料、法律服务价格等要素来判断法律服务的质量，以降低购买风险。

2. 差异性

差异性是指由于法律服务水平的多变性和无法界定性，导致无法采用统一的标准检验法律服务质量。首先，法律服务对象的法律需求需要通过法律服务人员得到满足，不同的法律服务人员有着不同的素质、能力、经验和态度，即使是同一位法律服务人员，在不同时期、不同地点也会有不同的表现，“最优秀”的律师也不可能是“常胜将军”。另外，由于法律服务对象所具备的知识水平不同，也会导致他们对法律服务的要求不尽相同。这些因素综合起来造成了法律服务的高度差异性。为了使法律服务对象放心，律师事务所可以采取相应措施提供必要的服务保证，控制法律服务的质量，如加强律师从业培训、打造标准化法律服务产品、建立标准化法律服务流程、建立质量控制中后台、建立法律服务对象信息数据库、追踪法律服务对象满意度等。

3. 不可分离性

有形产品一般都要经历生产、流通、消费一系列环节，这一系列过程具有一定的时间间隔，也就是说，有形产品的生产和消费过程往往是在不同的时间和空间。而法律服务则不同，作为无形产品，其生产和消费过程具有不可分离性，其并不是一个具体的物品，而是一个服务的过程，此过程体现为法律服务对象和法律服务提供者的相互关系，具有不可分离性。

4. 不可储存性

法律服务的不可储存性也称易逝性。有形产品在生产出来后可进行存放,在需要时及时满足购买者的需求,且购买者购买后可以带走、转卖、退货,但法律服务的不可储存性导致法律服务提供者所提供的产品无法提前生产、事先存储,只有在法律服务对象有需求时才能被"生产"并发挥其价值,当需求消失,法律服务也随之失去价值。法律服务对象消费法律服务后,得到的是被服务的经历,即使是劣质服务也无法退换,这一特点导致法律服务进行大规模生产和销售的难度极大。为弥补法律服务的不可存储性,律师事务所可以预测法律服务市场需求,制定战略规划,着力打造标准化法律服务产品。

5. 法定性

作为法律服务提供的主力军——律师,其身份具有法定性,即只有具备了法定资格才能提供律师法律服务。在我国,从事律师工作需要通过国家法律资格考试,然后还需要参加一定期限的法律实习,通过所在地律师协会的考核,才能取得律师执业证。取得律师执业证后,才是真正的律师,才能为客户提供正式的法律服务。

6. 敏感性

法律服务营销与普通服务营销在敏感性上存在差别,由于法律服务行业的特殊性,其服务受道德、法律以及观念限制,法律服务提供者在借鉴服务营销理念的同时要考虑自己的职业道德与社会地位,时刻保有身处法律行业应有的敏感。

7. 专业性

法律服务的本质决定了它具有专业性。一方面,法律服务要求从业人员具备较高的专业水平和实践经验;另一方面,法律服务市场范围广阔,不同领域有不同的特点,以此形成专业化细分。

8. 风险性

法律服务的环境具有高度不确定性,因此法律服务具有一定风险性,一方面是法律服务提供者自身知识水平可能存在不足,另一方面是法律服务对象寻求法律服务的目的在于逃避法律的规范,所以法律服务提供者在法律服务过程中要尽量规避风险。

(二)法律服务的客户需求特征

法律服务需求是指法律服务对象为达到利益最大化目标,或为解决自身法律问题,购买法律服务的主观愿望和客观能力。法律服务需求是法律服务的客户主观愿望和客观能力的统一,其需求通常是多变的。对客户需求进行深入的分析有助于律师事务所深入目标市场,发掘潜在客户。笔者将从差异化、多样化、专精化3个方面分析客户需求的特征。

1. 差异化

法律服务对象的需要、购买行为、购买习惯等存在明显差异,不同的法律服务对象的需求是不同的。因此,法律服务提供者需要为不同层次、不同类型的法律服务对象提供差异化的服务。

2. 多样化

随着企业发展形式越来越多样化,新兴产业不断崛起,法律服务对象对法律服务的需求也呈现多样化的特征。法律服务需求的重点逐步从传统的民事侵权、婚姻家事、刑事、合同纠纷等领域,拓展到重大疑难的商事、金融、房地产领域;从传统的诉讼业务领域转向非诉讼业务领域。

3. 专精化

我国经济高速发展,金融、海商海事、航空运输、知识产权等专业性较强的业务越来越多,客户对法律服务提供者的专业化、精英化要求也日趋明显。

二、法律服务营销的现状与趋势

(一)法律服务营销的现状

现阶段最鲜明的问题是:法律服务提供者在法律服务营销领域的迫切需求和行业内人士对营销理论和实践经验的匮乏之间的矛盾。

1. 传统的市场营销模式

大部分法律服务提供者采用传统的市场营销模式,即法律服务提供者本身也是法律服务营销人员。律师事务所内部并未建立标准化的服务营销体系或市场营销、品牌推广部门,律师在进行服务营销的过程中多是单打独斗,停留在自己营销自己、自己宣传自己的阶段。即使法律服务对象接触到律师事务所的信息后主动电话联系或者面谈,许多律师也无法在第一次接待时就成功获得委托。

大部分律师事务所最主要的业务来源方式是律师个人进行业务营销。律师的业务来源主要有两种:一种是亲戚、朋友介绍;另一种是“老带新”,即曾购买过律师法律服务的老客户因对其认可而将有法律服务需求的新客户介绍给律师。由于是由信任的人所介绍,一定程度上也增加了潜在客户的信任感。

但是,如果一直拘泥于传统的营销模式,律师事务所的发展空间将越来越小,法律服务行业的竞争日趋激烈,律师事务所应该提高营销意识,落实一套行之有效的法律服务营销方案。

2. 传统的市场营销手段

大部分律师事务所还是借助广告宣传、媒体宣传、公开授课等传统的市场营销手段来进行法律服务营销:

(1)广告宣传。通过制作宣传手册、设立网站、赞助的方式来进行宣传,介绍律师事务所的业务、经手的经典案例、旗下律师的学历和从业经验等,以获取潜在客户的信任。

(2)传统媒体宣传。通过电视节目或者在报纸杂志上分析、讨论、评价热点法律事件、对社会影响重大的案件发表意见和文章,提高律师自身和律师事务所的名气。

(3)公开授课。为法律顾问单位、各协会、各大学法学专业学生培训授课,提升自身品牌形象。

(4)其他手段。如律师事务所律师通过自己的亲戚、朋友口口相传、互相介绍等。

(二)法律服务营销的趋势

1. 专业化

专业化是法律服务行业发展的必然选择,是适应市场发展的必然要求,专业化营销也是法律服务营销的必然趋势。

国内以专业化法律服务著称的有北京市兰台律师事务所,其“专业部门分工合作制”帮助其实现了专业化分工。每个部门负责不同的业务领域,每个合伙人必须专注于自己的专业领域,跟不同专业部门合作时,以同事为第一客户是该律师事务所的基本要求。

实现专业化分工一般需要采取公司化或半公司化的管理体制,引进现代的先进管理模式,明晰事务所各部门的专业分工及岗位职责。比如,设立营销服务部门，负责律师事务所的案源开拓、案件管理及客户管理（客户征询、反馈、投诉处理）工作；设立事务所大中台部门，负责律师事务所的专业经营和日常管理，把职业律师从行政事务中独立出来，打造专业团队，以专业优质的服务赢得客户的满意。

2. 规模化

法律服务营销的专业化趋势决定了其规模化趋势，律师事务所只有具备一定的规模才能更好地做到专业化。规模化是指律师事务所需要有一定的整体规模，大体上具有综合性，内部设有专业部门或专业律师，管理严苛且规范科学，能集中一批专业性极强，具有提供专业化、优质法律服务能力的法律服务工作者群体。一个规模化的律师事务所最理想的状态是：大致可以覆盖所有能够提供法律服务的领域，可满足法律服务对象提出的全方位、多层次的法律需求。规模化绝对不是简单的量的叠加，而必须是相互合作、相互协调。只有达到规模化，才能为国内外的法律服务对象提供一站式的优秀服务，规模化是法律服务营销的趋势之一。

3. 品牌化

法律服务营销的品牌化是指律师事务所要注重打造个性化品牌，不断扩大自己在国内外、业内外的知名度。在法律服务竞争日趋激烈，甚至走向白热化的背景下，法律服务营销走向品牌化的发展道路是必然选择。品牌是一项无形资产，其作用不容小觑，不仅能让法律服务对象充分信任律师事务所，而且可以让律师事务所在竞争激烈的法律服务市场中始终立于不败之地。律师事务所若能树立自己的品牌，取得良好的品牌优势，就能赢得更多高端客户，获得更多优质的案源，让品牌与服务营销形成一个良性循环。

4. 国际化

如今，全球经济一体化，经贸往来频繁，对法律服务的形式、内容、规模等方面也提出了新的需求，律师事务所不能局限于为本地区、本国的客户提供服务，还应该有参与国际法律服务的勇气和能力，并对国内的开放政策保持敏感，如在国家建设上海自由贸易试验区、粤港澳大湾区、中国特色社会主义先行示范区等政策中发现法律服务市场的“蓝海”，并结合自身的专业优势，打造国际化的法律服务产品。国际化是法律服务营销发展的重要趋势，也是衡量一个律师事务所成熟程度的主要标志。我国已有相当多的国内律师事务所在美国、俄罗斯、澳大利亚、比利时、英国、日本等国和我国香港特别行政区、上海自由贸易试验区、深圳前海深港现代服务业合作区等地区开设了分所,如北京德和衡律师事务所在俄罗斯、美国、新加坡、德国、加拿大等地开设了境外分所。除开设分所外,国内还有很多律师事务所与境外的知名律师事务所建立长效稳定的合作关系,这都是实现法律服务国际化营销的尝试。

三、法律服务营销的新模式

"互联网+"时代早已到来,但作为从事法律服务的律师事务所,却迟迟按兵不动,导致法律服务营销模式的创新也一直相对滞后。随着微信、微博等新兴媒体日益渗透中国人的生活,随着"无讼""iCourt"等法律科技服务产品横空出世,法律服务营销的新模式也逐渐迎来春天。

(一)法律服务自媒体——重要的营销新模式

当代社会碎片式阅读的比重越来越大,自媒体宣传的力量不容小觑,稍具规模的律师事务所都拥有自己的微信公众号,律师事务所通过微信公众号既可以进行品牌宣传,也可以传播法律法规和政策观点,展示专业文章和事件解读,通过用户关注和传播其微信公众号内容,实现法律服务的营销。另外,微博、微信、抖音等互联网平台也是法律服务品牌宣传的重要渠道。

(二)法律服务产品化推动法律服务营销的理性匹配

产品是指提供给市场、被人们使用和消费、并能满足人们某种需求的东西。法律服务产品是律师事务所为客户提供的,设定为通用标准的法律服务。

在传统的法律服务中,往往是律师凭其主观化经验和感觉向客户进行法律服务营销,进而提供法律服务。但因不具有可复制性,导致这种法律服务营销或服务只能在极其有限的范围内进行,还可能导致客户实际感受与营销有所差异,进而影响法律服务营销效果。当下,越来越多的律师事务所努力将部分法律服务产品化,其具有通用的服务标准,可使法律服务营销可视化、标准化,使法律服务被理性匹配至对应客户,而客户也可以理性了解法律服务的内容与价格。

(三)法律服务科技化促进法律服务营销的规模化

随着社会科学技术的发展,人工智能逐渐渗入法律服务的方方面面,法律服务科技化也在不断进步。近几年涌现了一批优秀的法律服务科技产品，比如“无讼”“Alpha”等。律师事务所可以充分利用法律服务科技化的优势，服务更多的客户，使法律服务营销的规模化成为可能。

（四）法律服务网络化实现法律服务营销的无边界

如上文所述，律师事务所利用微信、微博等互联网平台可以进行广泛的法律服务营销宣传，还可以利用“无讼”“Alpha”等网络科技产品进行更大区域范围、更规模化的法律服务营销。同时，律师的培训、授课等营销宣传也不再局限于线下的政府、企事业单位等地点，许多律师将法律讲堂搬上网络，并加入许多与时俱进的元素，大大扩充了法律服务的受众范围。

在法律服务行业网络化的进程中，更重要的是：法律服务网络化实现了法律服务营销的无边界，既包括地域无边界，也包括内容无边界。比如，有了法律服务的网络化，随着“一带一路”的推进，国内律师事务所通过与国外当地律师事务所合作，把法律服务营销范围推广到整个非洲大陆，而法律服务的内容除了开展适应亲英派、亲法派或亲卢梭法律体系的服务，还涉及非洲大陆几乎全部国家及各个领域的许多令人振奋的创新问题。

第二节　律师事务所/律师团队品牌创建

多年前，许多企业家认为宏观经济形势和自己没有太大关系，更多地关注自己的人脉，但现在不管是服务性企业还是制造性企业，都会受到宏观经济形势的影响。企业想要成功，就需要创始人有更高的格局和视野，这种格局和视野需要从全球经济发展的角度去看，也就是所谓的大趋势。品牌的创建离不开品牌发展的现实情况，不管是欧美各国、日本或是中国，GDP 都处于正增长态势。虽然，目前中国的 GDP 增速有所减缓，但相对欧美各国、日本等发达国家，依然十分可观。经过一代又一代人的努力，中国已经是全球第二大经济体。以改革开放 40 年的经验来看，企业发展首先需要解放思想，思想在企业发展中占据主导地位。近些年，中国经济增速有所放缓，进入了经济新常态，经济结构也发生了变化，从制造业大国转向第三产业，成为优势产业国家。2012 年之前，我国第二产业在 GDP 中的占比一直超过农业和第三产业；2013 年至 2018 年，第三产业的占比在 50% 上下。相比之下，目前美国的第三产业对其经济贡献的占比超过 80%，从 20 世纪 60 年代起，美国就宣称进入了服务经济时代。

在中国,法律服务业属于现代服务业范畴。我国目前的经济结构调整是由制造业向高端制造业发展,农业向现代农业发展,服务业向现代服务业发展。社会经济结构的转变势必影响到所有的产业和企业,消费者需求结构的改变将带来深层次的变化,所以面向市场和消费者的企业都需要关注。有的企业倒闭,是因为其根本没有意识到经济结构的变化;有的企业近年来业绩严重下滑,也是由于没有关注到消费者需求的变化。

当前,法律服务市场进入高速发展期,未来10年,中国法律服务市场的规模预计将从3000多亿元达到10,000多亿元,法律科技的发展也会给法律服务行业带来巨变,智能机器人将有可能取代70%的法律服务。法律行业两端的从业者和消费者,其期望又是相互矛盾的,法律从业人员希望得到越来越高的律师费,而客户则希望支付越来越少的律师费,同时得到更优质的服务。从英美等发达国家法律服务市场的发展趋势来看,律师费的费率是一直呈下降趋势。

行业的激烈竞争和法律科技的发展使得法律服务行业的带头人们应该在打造产品的同时重视律师团队品牌的创建。从企业的发展历程可以看出,随着产品差异化逐渐缩小,仅靠优越的产品已难以取胜。未来的竞争不是产品的竞争而是品牌的竞争,品牌是决定企业胜负的关键。从企业发展的经验来看,品牌可以打破价格的天花板,可以打开溢价空间。美国著名学者大卫·艾克指出:"拥有市场比拥有工厂更为重要,而拥有市场的唯一方法就是拥有统治市场的品牌。"法律服务的无形化使得服务过程有时无法被感知,同持有有形产品的企业相比,法律服务行业更应该创建自己的品牌。因此,在法律服务行业,律师事务所、律师团队都需要重视品牌问题的研究。

一、品牌与品牌资产

品牌最初只是一种标识,用于区分不同主体生产的不同产品。从19世纪开始,随着广告的传播,品牌得到发展,许多著名品牌在这一时期产生,如可口可乐、柯达胶卷等。20世纪,许多著名品牌开始壮大,如美国的可口可乐、麦当劳、通用电器、迪士尼等;同时期,欧洲和日本的一些品牌也开始崛起,如索尼、丰田、松下、奔驰等。21世纪,激烈的市场竞争使产品种类日益丰富,消费者有了大量选择空间,此时,品牌可以起到决定性作用。

从上述品牌的发展历程来看，品牌在不同的发展阶段有着不同的内涵。起初，品牌主要起标记的功能，用于区分生产者或者说明产品的归属。这个时期，品牌起不到任何促销作用，只是一种记录信息的符号。20 世纪，随着一些品牌的壮大，品牌对消费者的影响力开始显现，消费者通过使用品牌产品来展示自己的身份，如开奔驰车就代表成功，穿耐克服装就觉得自己像运动员。此时，品牌已经开始超越产品本身的功能价值，成为消费者展示身份的方式，品牌就是一种形象，是消费者的身份认同。如今，随着品牌内涵的不断扩大，品牌已成为一个综合体，不仅仅代表符号和个性，更是企业和用户之间的关系的体现。

综上所述，品牌的内涵在不同经济发展阶段不断变化，它是指以产品或服务为基础的，涵盖了员工和用户情感价值和社会价值的集合体。品牌价值包含了产品价值，即产品本身的功能性价值，包含了用户对该品牌的情感共鸣，即情感价值，还包含了品牌对于社会的正面价值。

品牌资产是一种无形资产，它是品牌价值的量化体现，会随着时间发展不断增加其竞争功能和增值功能。具体来说，品牌资产有如下特点：

1. 品牌价值。品牌内含着巨大的经济价值，尤其是强势品牌，其价值往往超过其企业固定资产的价值，且增值速度极快。

2. 品牌资产是企业不可替代的竞争优势。品牌资产的内涵较多，包含知名度、美誉度、认知度、忠诚度等。品牌的知名度可提高公司的议价能力，还可以加快销售速度；品牌的忠诚度可提高消费者重复购买率，降低营销成本；品牌的美誉度则使公司更容易进行品牌拓展。

3. 品牌资产具有长期增值性。只要品牌受到关爱、支持和推动，品牌资产就会不断增长。品牌资产的增值是一个长期积累的过程，企业应随时掌握品牌的发展方向，及时调整管理策略，从而确保品牌健康发展。

二、品牌资产形成的影响因素

品牌资产的形成过程是长期通过内部管理和对外营销使产品由不知名变为知名，使品牌价值不断变化的过程。该过程可能持续增值，也可能存在贬值，其不确定性是由企业或消费者主导的。

品牌资产形成的影响因素，主要包括经济增长要素、企业资产和生产规模、产品质量和市场占有率、信息传递等。

（一）经济增长要素对品牌形成的影响

从美国知名品牌咨询公司 Interbrand 发布的全球最具价值品牌 500 强榜单可以看出，近些年世界经济发展呈现一个明显的趋势，即高新技术成为经济增长的主要因素。因此，以高科技为主的企业的品牌资产快速生成，如近十几年中品牌价值上升最快的谷歌、苹果、亚马逊。国内的阿里巴巴、腾讯、百度等品牌的价值也都以前所未有的年增长率快速增值。但也有品牌价值下降比较大的企业，如柯达（数码相机）、任天堂（游戏机）、诺基亚（手机）。

（二）企业资产和生产规模对品牌形成的影响

一般情况下，企业的规模越大越容易带来规模效应，即生产成本的降低。从一些国际著名品牌企业来看，它们不仅资产庞大，且生产规模巨大。通过企业的年收入、利润、资产、雇员人数、利润率等指标可以分析得出：年收入、利润、资产与品牌之间存在显著影响关系；品牌资产、雇员数量则影响较小，几乎不相关。

（三）产品质量和市场占有率对品牌形成的影响

产生品牌的前提是拥有好产品，而产品质量则是好产品的基础。产品质量是指顾客所认可的质量，顾客对产品的认知程度是市场占有率的重要指标。市场占有率首先反映了产品质量，即品牌的功能性价值，其次反映了品牌知名度和顾客忠诚度。世界著名品牌在我国的市场占有率一直很高，从早期的摩托罗拉手机、可口可乐碳酸饮料、柯达胶卷到现在的苹果手机，都占据了较大的市场份额，甚至是接近一半的市场份额，相比而言，中国品牌的市场占有率相对较低。

（四）信息传递对品牌形成的影响

消费者对品牌的了解和感受是在与企业接触中形成的，或是在与企业员工的直接接触中产生的，企业员工的语言、行为、形象都会对消费者对品牌的理解产生影响。因此，企业员工与消费者的接触点都需要有所设计，让消费者在与员工接触过程中可以感受到企业品牌形象。企业需要对消费者的品牌感受和意见进行收集研究，并不断调整改进品牌塑造过程中的问题，比如：海尔的售后安装人员是最早穿鞋套入户安装的，安装完毕后打扫干净才离开，这就让消费者直观感受到了海尔的企业形象。

三、如何创建服务品牌

目前，大部分律师事务所、律师团队都有了品牌意识，但对于如何开展品牌建设，仍缺乏系统性研究，不同律师事务所对品牌的理解以及品牌塑造方法也不尽相同。从品牌建设的一般性理论以及成功律师事务所的品牌建设经验，可以总结出若干创建品牌的有益方法。一般认为，律师事务所创建品牌有 3 个关键法则：第一是差异化的品牌定位，以赋予律所鲜明风格和独特气质；第二是品牌落地，制定一系列落实品牌战略的配套制度；第三是协同传播，通过多种形式、借助不同渠道将品牌价值观传递给客户。

（一）品牌定位

品牌定位是市场营销策略的核心问题。基于战略品牌管理模型，找到品牌定位需要确定一个参照结构以及与理想品牌联想的异同点，也就是说需要确定：（1）目标客户；（2）竞争对手；（3）本品牌与竞争品牌的相似性；（4）本品牌与竞争品牌的差异性。[1]

品牌成功的秘诀在于有力回答了一个关键问题——你为何与众不同？位于纽约曼哈顿的 Wachtell Lipton 律师事务所长期蝉联全球权益合伙人均利润第一的宝座，权益合伙人人均利润 570 万美元。Wachtell Lipton 超强盈利能力的背后是其独一无二的差异化战略：（1）只做并购；（2）只有一家设在纽约的办公室；（3）只招全美最顶尖法学院的最顶尖的学生；（4）事务所网站、品牌宣传的风格崇尚极简。

这样一种极端精英、热衷挑战又高冷低调的品牌形象，在美国市场目标客户、最优秀的法学院毕业生以及无数律师同行的心中打下了深深的烙印。[2]

在中国也有不少像 Wachtell Lipton 一样借助差异化品牌战略脱颖而出的律师事务所，阳光时代律师事务所、天同律师事务所、尚权律师事务所是其中的佼佼者。阳光时代致力于成为能源环境领域最懂行的超一流律师事务所；天同专注于高端民商事争议解决，致力于成为“一家与众不同

---

〔1〕 李磊：《律师事务所品牌建设四大攻略》，载法制网：http://www.legaldaily.com.cn/Lawyer/content/2018-01/15/content_7448267.htm? node=75895.，最后访问日期：2020 年 1 月 15 日。

〔2〕 何佳伟：《顶尖律所的六大制胜法宝——以美国头部律所为例》，载智合微信公众号：https://mp.weixin.qq.com/s/JyvHQJ7Gfsi2DbrLOrfqtA.，最后访问日期：2020 年 1 月 15 日。

的律师事务所”;尚权则专注于刑事辩护法律服务,只做刑事业务是他们的宗旨。这3家律所虽然在规模上不能和金杜、大成这样的综合性律师事务所相比,但他们在各自领域的专业水准却可达到业内一流,不弱于甚至强于中国顶级律师事务所的相同业务领域,比如阳光时代连年获得钱伯斯评级机构能源与自然资源领域评级第一等。

当然,中国律师行业经过40年的发展,法律服务市场的格局已基本稳定,对于后起的律师事务所和律师团队来说,在品牌定位上可以从新兴业务领域以及更细分的市场着手。新兴业务领域比如区块链对所有律师事务所、律师都是平等的,大家都要从零开始研究。更细分的市场上,比如擅长交通肇事纠纷的元甲律师事务所,选择车祸被害方作为代理方,并借此在法律服务市场中占有一席之地。

但需要注意的是,在选择目标市场时最核心的因素还是盈利能力,如果细分市场的盈利能力不强,从市场概率来看迟早会遇到发展“瓶颈”。

(二)品牌落地

品牌定位只是品牌创建的第一步。成功的品牌建设要求律师事务所、律师团队将品牌建设提升到战略的高度,并通过一系列措施让所有员工、律师、合伙人以及客户认同品牌价值观。

1. 将品牌形象落实到所有场景及管理细节中

简单来说,品牌建设就是品牌+传播,好的品牌就是可识别的形象+好的内容。律师事务所是专业服务机构,对律师事务所来说,可识别的形象不仅仅限于品牌LOGO、品牌价值观的展示,还包括办公环境、律师的形象等所有客户可感知的接触点。要让律师事务所的所有场景、管理的所有细节、事务所人员的所有职务言行,都能有规范的“品牌感”和“识别度”。

比如办公环境的选择,天同律师事务所办公地址位于天安门东侧的一处四合院,装修风格古色古香、典雅别致,既能体现其高端民商事诉讼的业务定位,又能彰显其不甘平凡,追求与众不同的品牌诉求;元甲律师事务所将交通事故作为核心业务之一,且主要代理受害方,其办公地址与装修风格则在不失专业的基础上更接地气一点。

律师事务所开展品牌建设工作时,需要一定的曝光频率,但要注意律师事务所曝光的信息和行为一定要符合事务所商业、专业、积极的形象,各类渠道和行为传播的品牌诉求即价值观要一致,否则反而影响事务所形象。

2. 在考核制度中落实品牌价值观

品牌创建的核心是提炼品牌价值观，然后将品牌价值观传递给品牌的内部员工和外部客户，并获得他们的认同。品牌价值观的落地除了品牌形象的直观展示外，更需要在考核制度中加以贯彻执行。专业性是所有律师事务所、律师团队的品牌价值追求之一，在考核制度中，应对撰写专业文章、研发法律产品、参加论坛活动、培养青年律师等方面有贡献的律师进行鼓励和奖励。规范执业是专业价值的应有之义，比如，某具有一定规模的律师事务所的一位女律师在微博上炫富式宣传，引起网民口诛笔伐，对该事务所造成了极大负面影响，此类行为显然与律师的专业形象不符，应予以惩罚。

起步于山东的德衡律师集团(以下简称德衡)致力于成为"具有顶级品质而水晶般透明的法律服务集体"，并将该战略分解为"高品办公""高手律师""高质产品""高端客户"4 个方面，后 3 个"高"本质都是专业水平的要求。在提升律师专业水平方面，德衡有几个举措值得推广:第一，提倡所内专业分享，每周四中午是德衡律师固定的午餐分享时间，德衡对每个业务部门提出了具体分享数量要求，除此之外，各业务团队会在所内不定期的举办不同规模的研讨、讲座、论坛；第二，鼓励所内律师参加外部专业交流活动，并对参会费用予以报销，同时要求参会的律师将会议核心内容以书面形式提交所内供其他律师学习；第三，重视学术研究，德衡首开律界先河举办了首届律师实务学术论文大赛，并拨出专门经费举办首届律师实务学术年会，吸引了对外经贸大学、中国政法大学、北京大学等多所大学的 20 余名知名教授与会。

当然，考核不仅仅针对律师，也包括行政辅助人员。前台人员的形象气质，接电话的语气、态度等都会影响客户的体验，因此建议律师事务所梳理出品牌接触点，为不同岗位工作人员指定相应的绩效考核指标。

3. 打造标准化法律产品

不管是公司化律师事务所还是合伙制律师事务所，最终都是以不同的专业团队为客户提供服务。对律师团队来说，应根据各自业务领域的特点制定业务流程、实行标准化管理，把法律业务变成产品、办成精品，为客户提供物有所值、物超所值的法律服务。标准化法律产品凝聚团队的集体智慧，有利于提升律师专业素质，提高办案效率，降低律师个人能力差异对服务专业水准的影响，释放资深律师的时间，用以研究复杂疑难法律问题，开发高附加值的法律产品，最终在业界占据制高点。

律师事务所成功研发法律服务产品的例子很多，比如专注于明星维权的北京星权律师事务所就明星名誉权、肖像权维护研发了一套标准化法律产品，从侵权信息的搜集、电子取证、发送律师函到起诉，形成了一整套规范的业务流程，而且星权在收费模式上也进行了创新，全风险代理，甚至诉讼和电子取证费用也由律师事务所先为客户垫付，最终从侵权主体的赔偿款中扣除。

4. 引入懂管理、擅营销的专业人才

我国律师行业品牌管理与其他行业相比相对滞后，与缺乏专业的管理营销人才有很大关系。长期以来，无论是何种规模的律师事务所，都没有完全实现管理和业务的分离，每个律师都成了“多面手”：既要拓展市场，又要承办业务；既要维护关系，又要参与管理，难以静下心来做自己最适合、最擅长的事情，既达不到效果，又造成了人力资源的巨大浪费。

越来越多的律师事务所已经意识到这个问题的弊端，大型律师事务所普遍启用专职管理合伙人制度，中、小型律师事务所也会建立自己的品牌或市场管理部门，不具备成立独立部门条件的小型律师事务所或律师团队，也应该配备一名懂管理、营销的专职人员，或将相关营销工作外包给专业机构。

管理营销人才虽然多，但了解律师的管理营销人才却不多，这也是制约律师行业品牌建设的最大痛点。可行的解决方法是：律师事务所对引入的管理人才进行培训，或者从法治媒体人中挖掘人才，比如阳光时代律师事务所的品牌负责人潘卫群曾是《中国律师》杂志的资深记者，她加入阳光时代后，极大提升了阳光时代的品牌宣传工作，她还协助事务所创办了能源法务论坛品牌活动，在能源行业颇具影响。

（三）协同传播

品牌有了清晰定位，有了配套措施，下一步就是协同传播。协同传播是品牌外部化的过程，指律师事务所或律师团队通过不同的形式、借助不同的渠道将品牌价值观和重要信息传递给外部客户，促进形成积极的品牌形象认知，形成对潜在客户和利益相关者的有效诱导。笔者将在下一节中详细阐述协同传播的方法。总体来说，律师事务所品牌建设是个系统性、长期性的工程，单一传播、短期投入、局部实施，都难以实现既定品牌目标。

第三节 市场营销

2019年年初,司法部权威发布了2018年度律师、基层法律服务工作统计分析情况。截至2018年年底,全国执业律师人数达到42.3万人,比2017年年底增长了14.8%。随着律师制度近40年的快速发展,我国改革开放程度的不断加深,新执业律师的人数以每年至少10%的速度递增是必然趋势,这也将导致律师执业面临更为宽松的发展环境和更为激烈的市场竞争。如何在激烈的竞争中生存下来并突出重围?一方面,律师需要通过有效的市场营销手段实现业务增长;另一方面,不懂或不会市场营销又是大部分执业律师亟待解决的难题。

做好律师的市场营销,首先要对自身的专业领域进行分析和定位,然后对市场、客户需求及竞争对手定位进行分析,打造出迎合市场需求的法律服务产品,再制定多渠道营销策略,最终获得市场和客户的认可。律师要向市场营销些什么?笔者认为,应该将律师的专业、公益、品牌及文化形象同时进行营销,这有助于客户更加深入地了解律师,也更容易建立对律师的信任。

一、律师要向市场营销的四种形象

(一)律师的专业形象

律师不仅是一份体面、受人尊敬的职业,更是一份可以为之奋斗一辈子的事业。律师的核心竞争力就是帮客户解决问题的能力,律师的专业能力越强则核心竞争力就越强。在传统法律服务领域,同质化竞争日益激烈,因此,就需要展示出自己的核心竞争力。简言之,就是别的律师可以做的业务,自己可以做得更好;别的律师做不来的业务,自己也可以做得很好。把自己的核心竞争力充分展示出来,就形成了自己的业务特色。比如,中伦律师事务所上海办公室的贾明军律师,只身一人从大西北到大上海,前期也经历了执业的窘迫和迷茫,后来坚定地选择了婚姻家事专业化方向,不断地打磨自身专业能力,沉下心来深入研究,同时借助互联网平台进行宣传推广,逐步为自己打造出专业的婚姻家事律师形象。之后,为了将婚姻家事业务和资本市场进行对接，贾明军律师选择加盟中伦律师事务所并借助中伦律师事务所的品牌影响力，加快提升其个人的品牌形象，重点发展私人财富管理业务，如今已取得骄人的成绩。贾明军律师展现了极强专业拓展张力和核心竞争力。

（二）律师的公益形象

律师需要向社会展示自己的公益形象，作为法律人，更要以“维护法律实施，维护社会公平正义”为己任。律师在积极投身公益活动的过程中，会向全社会积极展示并提升律师的执业形象，提升社会公众对律师的正面评价。近年来，深圳律师积极参加深圳市司法局设立的“12348 法律援助热线”，作为值班律师义务解答群众遇到的各类法律问题；积极响应广东省司法厅推出的“一村一法律顾问”活动，走进各社区并协助社区“调解纠纷、化解矛盾”。律师的身影不仅出现在政府举办的各类法律服务活动中，还出现在各类公益诉讼中。律师作为法律专家，参与并积极推动了“法治中国”的进程，向社会各界人士展示了律师群体强烈的社会责任感和良好的执业形象。

公益类的诉讼案件比非诉讼案件有着更广泛的社会影响力，对律师的公益形象营销有着极佳的积极作用。律师可以针对性地提起公益诉讼，以此来吸引媒体和社会公众的眼球，提高自己的影响力。比如，社会关注度高的重大刑事案件，专业的刑辩律师在当事人家属尚不知情或尚未聘请律师之前，主动与当事人家属取得联系，免费为当事人提供法律帮助和辩护，既能提高自己的知名度，又能得到当事人的感激，可谓是一举两得。又或是为“劳务工”等社会弱势群体打抱不平的案件，也会受到社会大众的普遍关注。据说，10 多年前，深圳有位专门为“劳务工”维权的知名劳动法律师，不仅专业能力突出，还专门为经济困难的受工伤劳动者提供食宿。另外还有一种案件，就是一审败诉，经过律师的分析策划，二审或者再审胜诉的公益诉讼案件，律师更容易“一鸣惊人”。

（三）律师的品牌形象

就律师而言，品牌可以让客户将自己和其他律师区别开来，同时品牌可以为律师带来溢价、产生增值。营销就是把律师的品牌树立起来，让品牌植根于客户心里，在客户有法律服务需要时，能够第一时间想到并相信该律师能够帮助自己解决问题。世界著名广告大师大卫·奥格威就品牌曾作过这样的解释:“品牌是一种错综复杂的象征,它是品牌属性、名称、包装、价格、历史声誉、广告方式的无形总和。品牌同时也因消费者对其使用的印象,以及自身的经验而有所界定。”对于律师而言,品牌就是专业能力、社会形象、客户评价、历史案例等方面的无形总和,而不是“王婆卖瓜式”的自吹自擂。所以,律师品牌需要认认真真、踏踏实实地打造,来不得半点虚假。

律师行业有着较强的流动性,所以建立律师团队品牌就更为重要和有价值。“铁打的营盘,流水的兵”,团队品牌树立后,即使团队律师偶有流失,也不影响团队形象,而且随着团队经验的不断积累,团队品牌形象亦会越发牢固。

(四)律师团队的文化形象

有人认为,律师文化是一种虚无缥缈、看不见也摸不着的东西,其实并不是这样。律师的文化形象看得见也摸得着,归根结底就是律师的“价值观”,也就是做律师的原因。

现在人们都在谈论“愿景”“使命”“价值观”,那么,应该如何确立律师团队的“愿景”“使命”“价值观”呢?“愿景”是律师团队自身要成为什么样的团队,“使命”是律师团队要为他人做什么,“价值观”是判断是非对错的标准是什么。律师团队在组建之初,一定要深层次地思考“我是谁,我从哪里来,我要到哪里去”的哲学问题,从中提炼出律师团队的“愿景”“使命”“价值观”,并以此为核心驱动力。在律师团队文化建设方面,需要在“形成、明确、传播、认同、落实”5 个方面,按照顺序形成闭环。通过团队内部成员之间的讨论和思想碰撞,形成明确的价值观,并进行传播,获得内部成员和客户的认同,在出现分歧的时候选择依照价值观排序来进行最优决策。

同一个愿景、使命和价值观,有助于团队成员形成统一的思想意识文化,形成一致认可的制度和规则。律师的形象是理智、专业、平和和克制的,律师的行为则反映了团队文化的建设情况,形象和行为一致度越高,说明团队的文化建设越牢固。所以团队文化形象营销更加困难,但同时也是律师团队营销的最高层次。

二、市场营销计划

律师团队在从事市场营销时,首先应当制订营销计划。制订一份切实可行的工作计划,是开展营销工作的首要任务。

律师团队在制订营销计划时,应当着重从以下几个方面考虑:

（一）法律服务市场的需求

制订营销计划的第一步,就是进行市场调查。调查在法律服务领域中,哪些行业有着广泛而刚性的法律服务需求,在有需求的领域中,是否能够复制、批量地开展法律服务工作。

例如,在企业客户中,大部分企业有着一个共同的需求——劳动法律服务。企业的用工管理过程涉及很多劳动用工的法律服务项目,特别是企业与劳动者解除劳动关系时,涉及劳动者的工资待遇、经济补偿、加班费结算等问题,这也是劳动争议中最多的纠纷。此时,如果律师能够制定相应的法律服务产品,并按照制定好的产品去开发客户,一定会产生良好的营销效果。

有的劳动法律师团队,制定了“解除劳动关系合规审查”“离职员工谈判”“离职员工争议解决”等多项涉及员工离职的法律服务的专项产品,这确实是企业客户所需求的,这样的产品在劳动用工单位推广就可以批量复制。

还有的律师团队,根据法院审理中较为常见的案由来分析多发性的案件是否可以进行业务推广。如婚姻家庭案件是法院受理案件中最多的一种诉讼业务,这说明婚姻家庭法律服务有着广泛的客户受众群体。因此,也可以通过制订完善的计划,就婚姻家庭案件进行有效的市场营销推广,实现营销目的。

所以,在制订营销计划时,一定要全面衡量客户的刚性需求,针对性设计符合市场需要的法律服务产品,完成计划工作的第一步。

（二）制订营销计划的推广途径

对于营销推广,现阶段各律师团队都有不同的推广方法,常见的有电话营销、陌生拜访、讲课营销、文章营销和网络推广等。

在制订推广途径的计划上,可以采取多种方式相结合的推广方法,不能仅局限在一种方式上,相互融合,达到多点开花的效果。

（三）做好内部人员的分工合作

在制订营销计划时,不但要对外部营销工作制定符合市场需求的法律服务产品和正确的推广途径,而且也要在律师团队内部定好人员的分工合作。

在制订分工合作计划时,律师团队要分为两个工作组。

第一，市场营销组。在该部门设立时，专职的市场营销人员可以不由律师担任，而是招录有市场营销经验的人员担任，但是在从事法律服务产品的推广之初，相关人员一定要经过专业律师的岗前指导和培训，深入学习所从事的法律服务产品后，再上岗工作。培训的内容既要包括专门法律知识，还要包括针对客户报价的各种情况的制定谈案话术，只有制定好各种服务方案，根据客户的不同需求，采取有效的应对措施，才能促成与每个优质客户建立合作关系。

市场营销小组还要有一名专职律师担任指导老师，在市场营销人员遇到客户的疑难法律需求时，给予其业务指导。作为指导律师，一定要将法律实体性或者程序性规定和操作方法告知市场营销人员，让其迅速掌握相应的法律知识，更好地与客户进行沟通。毕竟岗前培训不可能面面俱到，而市场又在不断发展变化，客户需求也是各种各样，所以，必须时刻加强内部的沟通，通过集体力量发挥最大功效。

必要时，律师也须亲自参与到与客户的谈案过程中，与市场营销人员一同和客户商谈服务项目，解答客户的法律咨询。律师在平时工作中不断积累法律实践经验，可以促进签单成功，更可以提升团队的专业实力和整体形象，这就是通过团队合作实现利益最大化的最佳方式。

第二，律师办案小组。设置这个部门，是要全力为市场营销组做好服务。之所以要为市场营销组服务，是因为律师必须要做好基础的硬件准备。特别是利用网络推广途径营销时，需要定期上传有质量的法律文章，这样前端营销人员在遇到客户有类似法律需求时，可以第一时间向客户展示团队专业能力，证明律师团队办理过相关案件，有丰富的办案经验，也可以对促成签单起到推动作用。

另外，律师办案小组还需根据法律服务产品的特征，制定市场营销人员所用的法律文书登记表。由于前端的市场营销人员大多不是法律专业出身，在与客户商谈法律服务时，对思维逻辑和中心思想的掌控有一定欠缺，此时，一份切实可行的《案情登记表》对促成签单非常重要。《案情登记表》承上启下，是市场营销计划中最重要的一环，其有以下 3 点作用：

1. 展示专业能力。一份要素全面、逻辑清楚的《案情登记表》，不但是市场营销人员在记载案情时的重要工作文书，而且也能在客户面前体现律师团队的专业性。对客户而言，此份工作文书恰恰可以体现出一个律师团队敬业、负责的工作态度,还能体现出所在团队具有办理类似法律服务业务的丰富经验,展示律师团队软实力,有助于促成签单。

2. 事后评估。在市场营销人员登记《案情登记表》后,就可以初步判断案件的未来走向,还能够快速分析出案件的价值。营销人员将此份文书带回律师团队后,后端的办案律师能够更充分地分析出案件的办理思路以及是否符合接案条件,如果符合接案条件,还可以继续分析论证事实上缺乏哪些需要了解的情况及证据。对于疑难案件,可以通过召开案件评估研讨会的方式补充案件的办理思路。这些工作的开展基础都是《案情登记表》的记载,这对案件采取正确的办理方式具有重要的指导作用。

3. 帮助办案律师迅速了解案情。律师团队接受案件委托人委托办案后,办案律师可以通过《案情登记表》迅速了解案情,避免办案人员再次前往委托人处了解案件事实,减少无用功,与市场营销人员无缝对接。在办案过程中,不可避免的是,律师团队往往因办案律师的离职而在案件衔接上出现问题,导致与委托人产生矛盾,后接手案件的律师又要重新了解案情,大大降低了工作效率。一份完整的《案情登记表》就可以避免这种情况的发生,让接手律师在短时间内迅速了解案情,继续办理此案,减少更换律师造成的损失。

除此之外,律师团队还应该制作宣传册。市场营销人员在拜访特定行业客户时,除留给客户联系方式之外,还应当给客户一份针对其需求的法律服务产品宣传册,增强客户对律师团队的了解。

宣传册在制作上一定要体现律师团队的法律服务产品的工作成果、获奖记录、产品介绍和主办律师的履历,特别是工作成果中关于过往业绩的介绍,是客户加深对律师团队信赖的重要参考要素。例如,出版专业图书等专门的学术成果,更应在宣传册中着重说明,不但会给律师团队加分,更是让客户做出选择的重要参考条件。

最后,律师团队还应制定灵活的价格机制。如果前端沟通已颇为顺畅,但在与客户商谈收费价格上出现困难,也会导致签单不成功。因此,制定一套符合客户预算标准,符合市场行情的收费机制也是营销计划的重要内容。律师制定收费机制切不可一成不变,也不能“一刀切”,而是应当采用灵活制定。遇到客户砍价时,最好的应对方法是将法律服务以有形化状态向客户展示。传统的法律服务往往都是无形的,客户在签单时不知道律师会为他们提供哪些服务,律师费是否物有所值。所以,制定一份详细的法律服务方案,并根据方案制定每一项的单价,在面对客户砍价时就有了相应的针对性措施。如果客户仍然认为价格是不能接受的,此时,律师团队应当具有商业性思维意识,比如,可以附加赠送客户一些法律服务项目,如每年赠送 10 小时的法律咨询,而且要告知客户每小时的法律咨询的价格,让客户感到有实惠,可大大提高签单的可能性。具体的方案和措施需要律师团队充分了解本地所在律师行业的平均收费标准后,再制定一套符合市场合理收费标准的价格表,并结合服务项目向客户展示,将法律服务可视化和透明化。

三、营销的渠道和方法

对于法律服务产品的营销渠道和方法,律师必须要找准方向,做好定位。

现阶段,在法律服务产品推广过程中,如前文所述,主要可通过电话营销、陌生拜访、文章营销、讲课营销和网络推广等方式进行推广。这些推广方式在实践中既可以独立运用,也可以相互结合,渠道较为广泛,如讲课营销,可以在律师团队的网络平台上展示课程信息,也可以通过培训机构建立合作关系共同推广。但是,无论哪种推广模式,都需要与法律服务产品相关,并精确找准客户,比如,讲课营销中关于股权和商标维权的业务,往往多是面向企业客户;交通事故赔偿业务,则要通过陌生拜访的方式,前往医院寻找需要理赔的交通事故伤者,面向的多是个人客户。所以,客户的选择决定了产品的制定方案,也决定了产品推广的渠道和方法。

在法律服务产品营销过程中,较为常见的营销渠道和方法有以下几种:

(一)文章营销

文章营销是指律师团队通过与网络平台相结合,以不断推出法律专业文章的方式推广业务,让符合文章题材的客户通过阅读了解其所关心的法律问题,进而影响潜在客户与律师建立网络沟通,律师通过筛选后得到有价值的优质客户。

由于文章营销的定位是面向普通大众,因此,在撰写文章时不能有太多专业化的法律术语,尽量减少对法条的引用,通过摆事实、讲道理,结合代表性案例,详细阐明所要表明的问题,将法律问题通过简单、通俗易懂的短文呈现给读者,让读者在阅读中寻找到其所要了解的法律知识。同时,在文章写作上更要突出律师的作用，说明在读者遇到类似问题时，如果自身无法独立解决，应及时委托律师，在律师的帮助和指导下达到维权目的。

现阶段，微信公众号是律师团队进行文章营销的主要途径，如何增加客户打开公众号文章的概率？如何吸引客户长时间关注公众号？需要律师团队不断摸索与研究。

首先，设置标题时，应认真思考如何让标题更有吸引力，比如，标题可以设为疑问句，提出一个大众都比较感兴趣的话题，或者在题目中提到一个大众耳熟能详的知名人士，引起大众好奇心，这些小技巧在一定程度上都能提高点击量。常见的还有：在标题上设置数字，增加关键词以便搜索，增加网络曝光率，进而引流。拥有一个成功的标题，文章营销也就成功了一半，这需要律师在文章发表后结合转发量、点击量等数据分析受众心理，不断地摸索和研究。需要注意的是，标题设置和内容描述必须符合《网络信息内容生态治理规定》等相关规定的要求。

其次，要充分利用微信公众号的“超级链接”功能，吸引读者阅读本公众号其他文章，逐渐了解和信任律师团队。在设置链接文章时，一定要与本次发表的文章题材基本一致，如发表婚姻类的法律文章，那么链接文章最好也都涉及婚姻类题材，让客户在本公众号上“一次看个够”，增加读者与律师团队的黏性，增加客户在公众号上停留的时间，建立对客户专业性的影响力。

可发布文章的网络平台除了微信公众号之外，还推荐新浪微博，因为微博流量非常大，影响力也更广，应充分加以利用。

同时，还应在其他流量较大的互联网平台，如知乎、头条等网站上创建账号，推广法律文章，不断形成更广泛的社会影响力。现阶段，百度的搜索范围暂时还不包括微信公众号和新浪微博，因此，为了能够让文章在大流量搜索引擎软件（如百度）上增加曝光率和点击量，就必须要在流量较大的网站上增设宣传窗口，这也是文章营销和网络推广相结合的重要推广方式，对律师增加业务量是非常重要的一种途径。

（二）讲课营销

讲课营销是取得业务最佳的途径，也是目前为止法律服务业务推广转化率最高的营销手段。

讲课营销是指在固定的时间内（一般是 2 ~ 3 小时），向客户就特定的法律学术课题，较为全面地讲述有关的法律规定和实践操作方法，放大课题在现实中的解决难度,激发客户的强烈需求,进而增加客户课后主动与律师团队签单的成功概率。

在讲课营销的过程中,为了有效促进客户的委托概率,要注意以下两个重要的环节:

第一,选择课题时,应该贴近市场需求,选取客户关心的问题。课件内容要有针对性,言之有物,让客户真切感受到授课律师确实在此项法律业务中轻车熟路,经验丰富,能够放心地将自己所涉及的法律事务项目委托给这样业务精湛的律师团队。所以,课件的制作可以真正体现出一个律师团队的专业水平和办案能力,也对促成客户签订起到最关键的作用。这需要授课律师查阅大量的法律实务书籍,搜索相关的案例,汇总成精华篇,以树立其专业形象,促成客户签单。

第二,律师团队之间一定要做好分工合作,相互配合。讲课营销是检验律师团队整体合作能力的一把标尺。在讲课营销过程中,切不可由授课律师一个人亲自去完成拜访、讲课和课后跟踪等全部事宜。试想,如果由授课律师进行拜访,事后又亲自跟踪客户,必然会降低律师在客户心目中的地位,不利于建立案件委托关系。因此,团队成员之间的合作机制至关重要。

在前期的客户开发过程中,营销人员可以通过电话销售或前往专业培训机构建立合作。其中,电话销售的对象最好是已经参加过律师团队授课,对律师团队及相关课题有一定了解的客户,否则向陌生客户进行电话销售,不但成功概率非常小,而且电话号码可能会被列入不诚信名单,不利于律师团队在市场的口碑形象。

与专业培训机构合作时,授课所得课时费一定要放在第二位,重点应放在通过授课与客户,特别是潜在客户的良性互动上,激发客户购买法律服务的欲望。而且,在与培训机构的合作过程中,最好能在课堂上吸引学员加入微信群或加为微信好友。如果情况不允许,也要在课后要拿到学员名单,对名单进行筛选,做好客户管理,特别是课后的跟踪拜访和提供一定的免费服务,是达成委托协议的重要手段。不要把授课当作一种推广,被动接受客户的委托,而要在课后主动地联系客户,建立合作关系,跟踪客户,收集客户的反馈意见,促成客户签订委托合同。

值得注意的是,客户跟踪环节还是要由最初的市场营销人员进行,这也是其本职工作项目之一。如果授课的时间长达一天或者多于一天,市场营销人员一定要全程陪同客户，包括一起听课，一起共进午餐（这个环节至关重要），一起课间交流等。这是增进与客户关系，建立案件委托的基础，能够让客户真切地感受到团队的专业性和团队服务的质量，增进与团队的感情，对促成签单可起到决定性作用。

对于课后跟踪环节，可以在授课后，通过律师团队与听课人员共同组建微信群，并不断推送律师团队的文章和专业成绩来展示律师团队的专业形象，形成客户心目中的影响力。同时，由专人负责在群内解答客户法律咨询，了解客户需求，判断市场中客户最关心的法律事务，进而不断调整营销措施，针对性开展营销计划。

另外，在跟踪客户时，如果已经接近达成委托关系，彼此之间已经有了一定信任感，在时机合适的情况下，授课律师才可以亲自参与到与客户的商谈过程中，解答客户最关心的专业问题，与市场营销人员通力合作，做好签单时所有的准备，增加签单的成功性。

（三）陌生拜访

陌生拜访这种营销方式可能对于多数律师而言是无法接受的，甚至有很多人一直戴着有色眼镜看待这种营销方式。

诚然，陌生拜访的营销方式走入法律服务产品推广中，确实对传统律师行业带来了冲击，在这个过程中，思想文化的撞击不可避免，需要律师团队辩证看待新事物。

首先，应当正确认识陌生拜访这种营销手段。如果生存都无法解决，还要在乎陌生拜访是否会让自己没有面子或失去尊严吗？为了生存和发展，律师团队采用陌生拜访这种推广方式也是合适的，只要没有影响正常的社会秩序，完全可以加以推广适用。

在实践中，采用陌生拜访最多的业务莫过于交通事故赔偿业务。律师团队前往医院去拜访交通事故伤者，与其建立沟通关系，通过法律途径帮助伤者索赔，进而达到营销目的。其中，律师团队需要掌握一定的医学知识，并可以灵活运用，这将会在客户面前展示专业性，特别是在与伤者的沟通过程中，一定要做到法律与情理相结合，用真心感化伤者，这是与伤者建立委托代理关系中最重要的一环。当然，律师团队在拜访的过程中也要有充分的心理准备，毕竟建立委托关系的客户还是少数，这也是陌生拜访的普遍规律。不要因为一时被拒绝而心灰意冷，要不断地锻炼自身的心理素质，特别是在陌生拜访过程中正确看待问题，努力维护好每位客户。

在讲课营销推广过程中，其实也存在陌生拜访开发法律服务市场的方式。在与专业培训机构建立合作关系之初，必须要不断拜访各种培训机构，积累拜访数量是促成合作的基础，可能拜访10家培训机构，有2～3家有意向建立合作关系，而在深入交流后，只有1家机构与律师团队建立合作关系。拜访数量不够，也很难成功与培训机构建立合作关系。

综上所述，只要存在就说明有其合理之处，因此，如果灵活、有效的用好陌生拜访这种营销方式，就可能打开市场。而且，这种方式能够直接与潜在客户对接，减少支付案源费的中间环节，更加节省律师团队的运营成本，增加利润，也能够更快速地与客户建立关系，形成广泛的客户基础。

（四）论坛营销

这里所提到的论坛不是网络论坛，而特指就某个主题或某类主题而召开的会议，参与人员多为高层人员。被邀请参加论坛的人往往已经有了一定的社会地位和较高的职位，如果律师能够参加论坛，并借机展示自己，甚至还可以结合媒体宣传，达到展示自己、扩大影响面、树立高端形象的作用。当然，与会聆听大咖观点，了解行业前沿信息，也能够让自己得到成长。

除了参与他人组织的论坛，较大规模的律师团队也可以面向客户组织小型沙龙，组织同行业或同类职位的人员探讨某一话题。被邀请人员也可以邀请他的朋友或同事参加，通过这种模式扩大团队影响面。如果沙龙运营良好，后期可以定期举办，甚至可以成为一个沙龙品牌，大幅提升团队影响力。比如，北京天同律师事务所每周举办“法务之夜”活动，专门邀请金融机构、国企等公司的法务人员参与，并限定参与人数，内部分享行业前沿动态及有价值的专业法律知识。这样的沙龙不仅可以在行业内树立律师事务所的品牌形象，更能够通过对公司法务的营销转化一部分案源，实现有效的营销。

（五）协会（或商会）营销

我国有很多行业协会，也有很多地方商会。这些协会或商会，联结着大量的企业或单位。如果能参加协会（或商会），为协会（或商会）的发展提供法律服务，进行行业研究、提供专业建议，充分地表现出律师的专业和价值，不仅能得到协会（或商会）的认可，也能得到与协会（或商会）联结的客户的认可。

(六)学习营销

律师需要不断地学习,提升专业能力。在学习的过程中,除了获得知识,还能结识各种学友,这些学友也是律师的人脉。律师可以通过行业内的法律培训、研究生学习,行业外的 MBA、EMBA 课程等多种类型的学习来充实自己,扩大眼界,增加见识。在学习中,要注意与学友及老师建立联系,同时适时表达自己的观点。

(七)媒体营销

媒体营销是一种借力营销,借助媒体力量树立律师的专业形象。各类社会事件发生后,电视台、电台、报纸杂志、网站等媒体都会邀请律师进行法律方面的点评。律师要想获得媒体邀请,首先要有过硬的专业能力,其次要有一定的成就背书,最后还需要有较好的镜头感。所以,律师可以多发表各类观点文章、时事点评,保持好良好的仪态仪表,主动接触各类媒体平台,以争取得到媒体的邀请点评。

(八)网络营销

网络营销是一种投资少、传播速度快的营销模式,虽然目前网络营销已经非常普遍,仍有其积极意义。律师在网络上展现律师的专业能力,传播律师团队的品牌,使网络另一端的客户快速了解律师团队并做出选择。即便短期内无法快速获得案源,也可以通过网络建立自己的名片,让潜在的客户可以通过网络搜索到自己。网络营销主要有以下方式:

第一, 建立团队网站,并对网站进行推广。推广时可以进行搜索渠道推广,让律师团队网站能够快速被潜在客户检索到。但网站有一定的局限性,网站建设后就处于等待搜索的状态,用户如果不主动检索,就很难发现。所以律师还可以结合新媒体渠道,比如微博、微信公众号、知乎、抖音号等,定期发布文章或视频,通过圈内传播。获得大咖媒体转发的优质文章,能引来更多的流量。

第二,新媒体渠道的传播,最为简单易行,不需要投入过多的人力。即使律师不采用前文介绍的“文章营销”的方式建立自己的微信公众号、微博账号等,凭借在其他有影响力的网络媒体上投稿,也能获得很好的流量。

第三, 律师还可以在找法网、华律网等法律咨询网站上回答问题,进而建立个人的品牌形象。这种方式对于新入行的律师还能起到梳理自己的法学思维、锻炼文笔、提高沟通能力的作用,一举多得。

律师进行网络营销应该把握以下几点：

1. 根据自己的业务专长和资源特点进行精准营销。首先，律师要善于在市场上发现机会，寻找并抢占资源，并根据该资源的特长来包装自己、营销自己，不断学习和研究该领域的知识，有针对性地对该资源进行挖掘并营销。要善于运用专业的信息检索工具，特别是关键词检索。

2. 开源节流，以最小的投入换取最大的利润。有的律师错误地认为网络营销就是在网上大量投放关键词，结果却没有效果。与其如此，还不如系统学习网络营销的知识，根据团队实际情况进行网络营销规划，达到事半功倍的效果。

3. 进行长期规划，建立客户回访系统。律师在解答线上法律咨询时，要做好长期规划，建立客户回访系统，通过梳理客户资料，进行数据分析，从而进一步促进律师团队网络营销的合理规划。

4. 在网络上建立客户口碑展示窗口。当律师尽心尽力地做好每一个案件时，律师的口碑就形成了，通过展示客户群体反馈的良好口碑，以点带面，形成“星星之火，可以燎原”之势。

5. 做好数据统计和分析。现在的新媒体大都可以提供 PV、UV、转发量、点赞量等多种数据，律师在发表文章后，可以结合数据，判断哪些文章更易获得客户点击和转发；在获得客户咨询或委托时，了解客户是通过哪个渠道知道自己进而选择自己的。通过不断地分析、总结和改进，提高所拟文章的阅读量和转发量，找到转化率更高的宣传渠道。

（九）出书营销

律师出书，好处多多：(1)律师出书有助于塑造专业价值；(2)律师出书可以在律师竞标案件时获得加分；(3)律师出书读者可能就是律师的潜在客户，会获得慕名而来的客户；(4)律师出书有利于律师开展其他营销方法；(5)律师出书是一种投入产比极高的投资。

（十）电话营销

在大家的印象中，电话营销都是卖房、卖车、办贷款的，而律师是靠知识和能力吃饭的，不需要采用这种营销方式。其实这都是大家的误解，身为一名律师，经常会接到 3 种类型的电话：(1)客户试探型，表现为客户对律师能力的不了解或不放心，试探专业度；急切需要委托律师，选择、比较律师；比较律师费的价格。(2)简单咨询，简单咨询相关法律问题，没有委托代理意向。(3)无意义的聊天。

大家都会接电话,可你会从这些电话中筛选出真正的客户进而获得成交吗?所有人的时间都是有限而宝贵的,没有人会无缘无故地打电话。碰到试探和简单咨询的客户,律师通常会觉得:这是个好机会,肯定能有成交的,而对于毫无意义的聊天电话则常常会选择放弃。应该明确的是:无论是哪类电话,只要打给你了,你都应该试着邀约上门。有邀约才会有交流,有交流才会有成交。因此,邀约上门的话语话术就很关键,值得律师团队学习、设计。

律师营销要注意方法和限度,要遵守《律师法》《反不正当竞争法》《律师执业行为规范(试行)》等法律法规及行业规范要求,合法营销、适度宣传。

四、营销效果评估及数据分析

无论做什么事情,不学会总结,就永远也不会进步。只有在工作中不断总结,分析利弊得失,才能不断改进工作方法,不断创新和完善符合市场需求的法律服务。

在法律产品营销过程中,不是每一个客户都可以促成签单,总会有谈案失败的情况发生。为此,律师团队要对营销过程中产生的各种问题,制定一套分析体制,包括汇总谈案失败的情况和成功签订的情况。对失败与成功的各种要素进行分析,总结出失败的原因和成功的经验。汇总分析报告主要有以下两种作用:

第一,不断改进谈案方法。在找到失败的原因后,制定有针对性的工作方案,杜绝类似的情况再次发生,以提高成功签订委托代理合同的概率。不总结,就永远不会找到通往成功的道路。

第二,制作培训课件。汇总失败的原因和成功的经验后,将其制作成培训课件,让团队成员共同学习,总结工作方法,改进工作标准,以符合市场和客户需求。同时,制作培训课件也是为新入职员工的系统培训做准备。这些培训课件都是非常宝贵的财富,是从实践工作中总结出来的,具有非常现实的指导意义。

总结营销工作的各方面经验,对于采取正确的营销方式也具有非常重要的作用。律师在结案后,要回顾案件的来龙去脉,总结其中的得失,对每个案件进行整理,汇总成结案报告,总结办案经验。法律服务市场营销工作也必须要进行总结,例如,在交通事故赔偿案件的市场营销过程中,可以发现哪些医院的潜在客户较多,哪些医院根本就没有或者很少有交通事故伤者,根据伤者集中的医院,委派相应的市场营销人员开展营销工作,把最优质的资源分配给最优秀的人员,做到资源合理分配。这些工作的开展基础,都是营销工作的汇总,所以,市场营销必须进行总结,让市场来指导律师团队如何采取正确的营销方式,进而增加业务量。

在进行总结时,还要制作营销数据和案件办理结果数据,根据数据分析今后的营销重点,作为开展营销时的参考依据。之所以要制作营销数据,是因为在营销过程中,在某类业务中频繁出现的要素正是这类案件的共同点,根据这些共同点来分析,对于指导如何开展营销工作非常重要。

例如,在讲课营销过程中,80% 的参会人员是公司人力资源部门的负责人,此时,课程的题目是人力资源管理人员所关心的《劳动法》,那么,在讲课以及事后客户维护过程中,律师可以通过劳动用工需求的途径,了解其对劳动用工的法律疑难问题,加强相关法律业务上的沟通,多提及一些律师团队办理过的劳动法律纠纷,展现律师团队在劳动争议案件中的办案经验,通过这种影响力促成与客户的委托代理关系。如果前来听课的大部分人是在公司负责技术研发的人员,那么他们一定会关心一些涉及专利领域的法律实务问题,这样就可以针对性地制作课件,向潜在客户推广相应的专业领域法律知识,促成签单,这就体现了营销数据分析的重要性。

还有一点不能忽视的是,办案律师对某类案件后端的办案结果所进行的分析也至关重要。例如,开展刑事辩护业务的营销推广时,可以就某一个法院近半年来有关故意伤害犯罪的量刑结果进行分析,具体的操作办法是,通过伤害级别(轻伤二级、轻伤一级、重伤二级、重伤一级)来分析每个伤害级别平均的量刑刑期,结合被告人是否赔偿,被害人是否有过错,判决的刑期,案件的起因是工作纠纷、情感纠纷还是债务纠纷等各种要素进行分析,形成理性的报告,让团队成员进行内部浏览并发表意见。在遇到相同案件时,律师在脑海里能够迅速过滤出被告人涉嫌的罪名,以及在符合相关要素的情况下其大概的量刑区间,在实践中,有助于与被告人家属成功签订委托辩护合同。分析总结报告能够有效增强市场营销人员和辩护律师的谈案信心,让他们在与委托人谈案的初期就对案件的结果走向有一定的预判,对谈案起到了重要的指导作用。

无论是营销数据分析，还是案件办理结果分析，都会对法律服务产品的市场推广产生重大影响，能够指导律师团队采取正确的营销手段和措施，根据市场反馈的信息不断调整工作方式，推广适合团队专业领域的法律服务产品，将法律服务营销工作推向更高层次。

第四节 客户管理

客户管理是为提高核心竞争力，利用相应的信息技术以及互联网技术协调律师与客户在销售、营销和服务上的交互，从而提升其管理方式，向客户提供创新式、个性化的客户交互服务的过程。其最终目标是吸引新客户、保留老客户以及将已有客户转为忠实客户，增加市场。

日本“经营之神”松下幸之助说：“同样的商品，许多家商店都有，而顾客却来你的商店买，甚至是不止一次地来买，介绍亲戚朋友来买，这就表示着顾客对你的信任和眷顾，具有了超出金钱货品的意义。因此，商家也就应该有感情交融，心意相通的心态和行为，这种交流和感动，不仅可以给人与人之间的关系增添温馨，同样也可以带来巨大的商业价值。”

松下先生道出了商业成功的真谛——做好客户管理，处理好客户关系。

与此相同的是：全国有 42 万名律师，客户不找其他律师而偏偏选择了你，这是客户对你的专业人品以及其他方面的信任。所以，做好客户管理，赢得客户的信任是律师从业人员对自己的基本要求。那么，如何做好客户管理呢？笔者认为，应该从赢得客户，维护客户，建立和完善客户服务与管理体系等方面着手，树立律师专业形象，赢得客户青睐与信任。接下来笔者将从方法论的角度阐述：如何赢得客户，维护客户，建立和完善客户服务与管理体系。

一、如何赢得客户

（一）树立良好的个人形象

成功的第一印象对律师来说至关重要，不良的第一印象所带来的危害远比当事人能意识到的还要严重。客户有很多的选择机会，很多其他律师会争相吸引他们的注意力。

客户不仅会因为不能忍受律师不好的服务而离开，而且还可能会把对律师不好的印象向更多的人传播。所以，要赢得客户，首先要避免给客户留下不好的个人形象。

律师常常被客户赋予学者、问题解决专家、演说家、心理学家等角色。客户的这些要求，需要律师具备综合、全能的性格，律师需要克服性格上的缺陷，应该有自信，通过完善自己的性格将自己真实的水平恰到好处地展示给客户，充分发挥自己的人格魅力，即在“完善”性格的同时展示自己的“个性”——只要“个性”不会令客户反感。在性格的培养上，应该学会观察同行，多学习成功律师的长处，克服“失败”律师的缺陷，不断完善自己的性格，为成为优秀的律师打下优良的“性格”基础。那么，如何树立良好的个人形象呢？笔者认为值得注意以下几点：

1. 打造“微信名片”。随着互联网的发展和科技的进步，传统的见面发名片的形式已经逐渐被淘汰，微信成为日常生活中不可或缺的工具，也是新客户了解律师的窗口。律师的微信头像应用清晰，有朝气的生活照或者职业装照，让客户第一眼就感受到律师积极阳光的个人形象，给客户留下良好的第一印象。

2. 打造正能量的“朋友圈”。通过高质量的图片和文字让准客户感受到自己对事业的追求，对家人的热爱，对律师行业的认可，对客户的关怀，对社会的责任等。

3. 一对一沟通。在不打扰客户正常生活的前提下，通过微信或者电话与客户进行沟通，通过聊天和朋友圈了解客户的家庭、工作、生活、爱好、财务、健康、梦想等，加深客户对你的印象。

4. 一对多建“圈”。根据客户的标签，建立不同的微信群组织。比如客户爱运动，刚好你也爱运动，就可以组一个运动健康群，邀请有共同爱好的朋友和客户加入，创造机会一起运动，既锻炼了身体，又拉近了彼此的距离，客户也会更加信任一个有共同爱好的人。

5. 朋友圈互动、点赞。对准客户发的朋友圈点赞，表示你对他的关注和支持。准客户生日、重要节日送上温馨的祝福，让他感受你的真诚和真心。定期在微信群发起话题，活跃气氛，提高其参与度、增加其客户黏性。

（二）精通律师业务，打造专家形象

律师起源于古罗马，共和制罗马的诉讼，必须根据执政官或法务官的告示，按法定的手续进行。由于法律和告示不断增多，日趋复杂，当事人在诉讼中，特别是在法庭进行辩论时，需要熟悉法律的人协助，因此，从共和制末期到帝国制初期，辩护人应运而生。

作为一名律师，要精通自己业务范围内的法律法规，向客户展示自身的实力，经办的成功案例、经典案例等，通过可视化让客户见证自身实力，进一步增强信任感。

（三）了解客户需求

律师的工作是一个理解和满足客户需求的过程。满足客户需求是律师处理案件时需要实现的主要目的，如何满足客户需求是律师进行思考和付诸实践的第一要务。满足客户需求的前提是要了解客户的需求，律师不能把客户委托自己处理案件的意愿当成客户的需求，诉讼只是手段而非目的。然而，纠缠于案件中各种琐碎事务时，律师可能会在不经意间错将手段作为目的。因此，了解并满足客户的需求，是做好律师工作的基础。

1. 对于客户需求的定位应当尽量精准

律师应当对客户需求有一个精准的定位，并筛选客户的“伪需求”，识别客户的“真需求”，即其需求的真正内涵。例如，有些客户请律师草拟一份投资协议，但客户理解的“投资”实际上是借款，那么律师如果只是起草一般的投资协议，就无法达到客户要真正实现的商业目的。又如，客户拟委托律师事务所作为其常年法律顾问，但律师与客户沟通后，发现客户只是在公司设立初创期的架构搭建方面有明确的法律需求，其余常规法律业务都可以通过内部法务工作解决，那么客户的真正需求就并不是常年法律顾问，而是公司股权架构搭建的专项法律服务。如果对客户的需求定位错误，客户可能不愿意委托，或是在接受委托后，因律师提供的服务未符合其需求而追究律师失职的责任。

2. 从一般到特殊——定位客户需求的过程

如何精准的定位客户的需求的确是一个让律师大伤脑筋的事情。不过客户的需求总有其共性的一面，律师可以考虑在把握共性的基础上从特殊性的角度进行个别修正，从而对客户的需求进行理解。

第一，客户需求的普遍共性是金钱利益，正如《史记 · 货殖列传》所言：“天下熙熙，皆为利来；天下攘攘，皆为利往。夫千乘之王，万家之侯，百室之君，尚犹患贫，而况匹夫编户之民乎！”因此，律师在理解客户需求时，可以从如何最大化实现客户经济利益的角度进行初步把握。

第二，在普遍共性的基础上，还需要把握客户需求的局部共性，对此需要律师在积累实务经验的基础上根据客户身份及案件类型进行归类。例如，国有企业可能需要考虑如何免责，民营企业可能希望借机炒作扩大知名度，个人客户可能只希望出口气。又如，遗产分割案件的当事人可能只是需要拿到判决方便办理房产过户，仿冒类不正当竞争案件主要是为了打击竞争对手以维护自身市场份额，名誉侵权案件主要是为了消除负面影响。

第三，律师需要针对具体案件来分析客户需求的特殊性，主要是指客户是否有希望通过诉讼来实现诉讼结果之外的目的，此种案外目的如果存在，往往比诉讼结果更为重要。例如，在租赁纠纷案件中，出租方与承租方会在《租赁合同》中明确约定“非因出租方原因而承租方不交租达到一定金额或天数时，出租方有权解除合同”，故在此类案件中，欠租或逾期交租往往就是相对于承租方而言的硬伤。若作为该承租方（违约方）的律师，应在诉讼前明确告知诉讼风险，即租赁合同很有可能被解除，而且违约方还将面临被没收租赁保证金、支付违约金或赔偿其他损失的风险。在此情况下，对于违约方而言，“赢”的概念是尽量减少违约成本，当最后律师帮其把违约成本降到最低时，尽管案件“输”了，但律师的服务与其预期值能够相匹配，客户是满意的。这种满意的前提是：律师能够了解客户的需求，并提供与之需求相匹配的法律服务。

3. 合理沟通协调

沟通能力，特别是有效沟通能力，是作为律师从业人员应该具备的一个基本素质。律师是跟客户打交道的工作，倾听客户、了解客户、启发客户、引导客户，都是与客户交流时的基本功。只有了解了客户需要什么服务和帮助，了解了客户的抱怨和不满在什么地方，才能找出存在的问题，对症下药并解决问题。

作为律师，要学会耐心倾听，并对谈话内容表示兴趣。律师需要听客户讲故事，全面了解案件相关事实。会说话，是律师的一项基本功，也是律师制胜的法宝。然而，在特定场合，律师必须会听话。因为，对于有法律需求的客户来说，他们有一肚子委屈需要诉说。律师应鼓励客户多说话，并在谈话的过程中表现出极大的兴趣和好奇心，引导客户倾诉与案件有关的事实，如案发的时间、地点、经过、起因、处理结果和客户希望达到的结果等，并做好详细的记录。

作为律师,要具备同理心,站在对方的角度思考问题,并切身体会对方的感受。律师在接待客户时,如果具备一定的同理心,将会使沟通效果事半功倍。客户找到律师时,常常已经是“火烧眉毛”,当客户来到律师办公室,应让客户先坐下来,不要着急,有话好好说、慢慢说,并注意保护客户的商业秘密和个人隐私。客户在谈话过程中,说到伤心处会流泪、发怒甚至失声痛哭,律师应让客户放松一下心情,表示出理解和同情,并给客户倒一杯水、递上纸巾等,这些都是能够让客户感受到温暖和理解的细节。律师不仅在倾听的过程中需要展现自己的专业性和严谨的思维,还要在客户的角度为其着想,尝试着理解客户,并表达出对客户的尊重及认可,再在此基础上将自己的代理方案娓娓道来,得到客户的理解。

二、如何维护客户关系

维护客户关系的核心是让客户对律师提供的法律服务放心,通过让客户感受到律师高质量的服务,最终形成比较稳定的、忠诚度高的客户群。

美国十大营销高手、原 IBM 营销副总经理巴克·罗杰斯说:“获取订单是最容易的一步,销售真正的关键是产品卖给客户之后。”开发一个新客户所花费的时间和精力远远高于维护一个老客户,更何况老客户的评价是最好的广告,更容易创造新客户。律师行业的一大特点是:客户介绍客户是案源的重要渠道。因此,开发新客户与保持老客户应当并重,保持老客户以及老客户的二次开发更为重要。

维护客户关系的核心不但需要让客户对其所使用的产品放心,而且要让客户感受到良好的服务与产品附加值,最终形成比较稳定的、忠诚度高的用户群,形成一定规模的产品市场。

因此,在律师业务营销活动中,开发新客户与保持老客户应该并重,甚至可以这样认为:真正的销售始于售后,成交后还应当花更多的心思增进与客户的关系。实际工作中,应该尽量避免将重心置于售前与售中而忽视了售后,尽量避免因客户提出的问题得不到及时有效的解决而造成老客户大量流失,律师应该采取有效办法增进与客户的关系来创造再销售。

(一)建立一个周全的客户资料数据库

“好记性不如烂笔头”,律师在经年累月的工作中积累了大量的客户资源，如果没有对客户资料进行详细记录，将会错过很多对自己有用的客户。这时候，建立一个客户资料库会对工作有很大的帮助。律师可以善用网络工具，如 iCourt 推出的 Alpha 数据库系统，对每位客户的基本信息和喜好进行记录。

(二)将客户分组

客户价值的高低该如何衡量呢？律师应如何分配客户维护时间呢？这就需要利用到办公平台的通讯录分组功能，该功能可以按照个人需求随意并无限制地进行分组，比如，可以将通讯录分为家人、朋友、重要客户、普通用户、集团客户，等等。

在通讯录数据库中，将忠诚的、能带来利润的客户按照不同的标准来进行分组，然后用不同的策略予以对待，或根据利润大小来分配工作时间，赢得更多的商业利润。针对不同的行业，衡量的标准也不一样。可以仔细观察客户的需求和习惯，并详细记录(利用平台的添加评论功能在通讯录中添加)，这些记录就是在以后的客户服务中需要注意的细节。这种做法花费不多，效果却非常好，往往能获得客户很高的评价。

(三)客户维护的“二八理论”

人的生命是有限的，时间更是宝贵的，如何平衡时间成本与利润呢？笔者认为“二八理论”能带来一些启示。

在很多行业，20% 的最有价值的客户能给企业带来 80% 的利润，律师行业也不例外。律师想要做好这 20% 的人的工作，或许要付出不小的代价，但却是值得的。另外，80% 的客户中有 20% 的客户是在浪费律师的时间和资源，对于他们，律师有必要果断地进行放弃；剩下 60% 的客户是不亏不赚的，但能维护律师的业务数量，律师要尽量保持住他们。所以律师要研究和找出那 20% 的人有什么特征，他们为什么会忠诚于某律师或者律师事务所，该采取什么策略让他们继续保持忠诚，从而产生律师的利润。

时间安排上，也需要遵从“二八原则”。80% 的时间应花在建立客户关系上：(1)每周至少与你现有的客户联系一次；(2)列出案源介绍人的名单，定期致电或拜访他们；(3)列出至少 3 名潜在客户的名单，半个月至少与他们联系一次(至少要联系 7 次后，他们才能记住你)；(4)自己或助手着手研究潜在客户，制定如何为他们解决问题或抓住机遇的方法；(5)让家人、朋友、社会关系圈清楚你及你的业务能力；(6)与本所其他律师建立良好关系并经常交流;(7)列出一份可能成为案源介绍人的其他专业人士的名单;(8)把其他专业人士的名单给客户、关系户和案源介绍人;(9)经常给客户、关系户和案源介绍人邮寄或E-mail他们感兴趣的文章;(10)与准客户共进午餐或晚餐;(11)邀请准客户参加各类文化体育活动;(12)向准客户邮寄你的个人名片、律师事务所简介或某一业务领域的信息及某领域业务专长的资讯;(13)挑选老关系,邀请客户;(14)以个人名义发出对客户业绩的祝贺卡;(15)不要忘记给案源介绍人发致谢卡;(16)每年都不要忘记寄节日贺卡;(17)多参加与客户或关系户有关的团体;(18)时常更新各类名单;(19)积极参加本地区的各类社会活动;(20)让助手一起参与业务开拓计划;(21)跟踪结果,加强与案源介绍人、客户的联系;(22)设法扩大为客户服务的范围、增加服务方式,相互推介本所其他律师;(23)组织一支客户服务团队,为每个客户制订专门的服务计划;(24)主动要求对客户的项目管理及预算提供帮助。

(四)客户维护的时间分割技巧

如果与客户进行面谈,推荐"2分钟谈主题,8分钟聊家常或时事"的时间分配和谈判技巧,因为这样做可能会让双方很愉快,有了这种体验,就能成功维护客户关系。

(五)客户维护成败分析

对于流失的客户,首先要找到问题的症结所在:客户为什么会流失?哪一类的客户在流失?是什么时候流失的?要把更多的工作重点放在症结所在,而不是放在流失的客户身上。之后,根据问题进行深度挖掘,对症下药。

(六)增加客户黏性

两个陌生人能否迅速熟络,关键在于他们之间有多少连结点,这种连结点可以是共同认识的人、共同熟悉的某一件事,或者共同去过的某一个地方,共同喜欢的某一本书、某一部电影等。同理,客户对律师的黏性取决于律师是否与客户有足够多的连结点,这决定了客户在遇见法律问题时能否第一时间想到你。

增加客户黏性的办法有很多,常见的方式包括逢年过节的问候短信、贺卡,或者是送个小礼物,定时上门拜访,举办小型聚会或沙龙活动等。最重要的是:定期对涉及客户的业务进行汇总,及时汇报近期服务情况,保持业务上的良性互动。

另外，注意穿着和言谈的严肃性和随和性，既提高了自己的形象，也是尊重客户的表现。

三、如何建立和完善客户服务与管理体系

当前，律师行业已进入激烈竞争，服务已成为立足市场的重要因素之一，建立并完善客户服务体系是律师事务所和律师在激烈的市场竞争中生存下来重要的保障。律师要把服务提高到应有的高度，系统、规范地为客户提供服务，形成具有竞争力的服务管理体系。

构建卓越的客户服务管理体系，秉承“客户永远是第一位的”，以客户为中心，从客户的实际需求出发，为客户提供有价值的服务。通过增加客户满意度，增强客户忠诚度。

建立和完善客户服务与管理体系是指以服务客户为中心，通过建立客户服务管理系统更好地黏合客户关系、更好地满足客户的需求，借此提升自己的竞争优势。为客户提供更多、更具有附加价值的服务，让客户时时感受到律师的服务质量和服务诚意。

满足客户的需求，即是迈向成功的基石。与客户建立伙伴关系，帮助客户就是帮助自己。因此，律师应当认识到客户服务与管理对律师、律师事务所的重要性，客户是律师、律师事务所生存与发展的根本，客户资源是其中最重要、最有价值的资产之一，通过对客户资源进行数据管理，建立真正拥有、能够控制的客户资源。

客户管理，确切地说，是客户关系管理，是对全体客户包括现有和潜在客户进行资源整合的过程，包括对客户信息的收集、汇总、分类、归类和分析；定期服务、跟踪回访、引导需求；调查反馈客户满意度、提升客户满意度、将客户需求及时反馈、改进服务、对客户信息档案地跟进记录及管理等。既包括对个体客户的关系管理，也包括对全体客户的关系管理，这是对客户进行的全方位的跟踪服务与信息沟通。

随着客户数量增多，客户领域扩大，仅局限于一对一的客户服务还远远不够。律师需要建立完善的客户管理体系，对客户资源重新进行整合，有效维护和跟进客户，对客户提供标准的系统服务，提升总体客户的满意度和忠诚度，稳定地扩大市场占有率。

(一)团队分工、合作

对客户进行分类,对需求进行划分,建立合理的用户分类体系,可以进一步了解客户需求,发现核心用户,挖掘潜在客户群体,还能调配资源,实行个性化、差异化服务,实现业务高度规范、高效服务、实时监控、全面决策的局面。

(二)建立客户回访制度

安排专人回访客户,做好客户回访登记。可以采取定期或者不定期的方式进行客户回访,包括问卷调查、定期座谈、个别走访、积累信息资料等。对重大疑难案件必须回访,对回访中遇到的问题及时汇报并作个性化处理。回访时还要注意了解竞争对手的优势、市场定位、竞争手段和发展趋势等问题,为客户出谋划策,确保客户回访工作取得实效。

(三)提供标准化服务、业务操作流程、质量监控和客户服务体系

建立完善的客户服务体系,从被动服务走向主动服务。服务标准化有利于提高服务效率、控制服务质量、提升整体竞争力,体现规范化管理的对外形象。避免因人员流动导致工作无法衔接,也有利于团队新成员的快速适应和成长。

客户服务的标准化即树立服务意识,要求成员按照制定的服务标准为客户提供服务,确保服务有序有效。服务的标准包括很多的内容,如服务礼仪标准;电话、接待、拜访的标准用语,服装服饰,行为举止,来往行文格式等;收案、办案、结案流程标准;客户跟进回访时间、内容、信息记录分类标准;解答反应时间及处理流程标准;投诉处理流程标准,案件归档标准,各种法律文件格式标准等。

服务质量标准包括办案时间效率标准、办案结果标准、客户满意度标准、最低投诉次数及理由或者最低投诉率标准等。

(四)建设专门客户服务与管理机构

律师事务所内部可以进行分工配合,制定全程服务标准,开展全员服务,完善客户投诉机制。安排专人对客户进行长期服务与管理,完善客户投诉机制,不但是给客户一个反馈渠道,更重要的是能更好地解决好投诉,得到客户的理解,让客户对律师更有信心。在客户投诉中发现问题并解决问题,同时反馈到律师服务中去,从而能够有效、持续地改进产品,改善服务。客户投诉机制应当包括客户满意度调查、投诉处理流程、客户投诉数据分

析、不满意客户的跟进、产品及服务的改进建议及培训、涉诉部门律师及人员的考核等。

第五节　参考案例

一、外部渠道营销案例

律师营销的核心就是展现律师法律服务的专业性，加深客户对律师服务的信任。发表专业文章是一种非常快捷、有效的专业营销方式。律师通过撰写和发表专业的法律文章，可向读者展示自身在某领域或某类案件办理过程中的专业观点和服务经验，建立自身专业形象。上海星瀚律师事务所的卫新律师提出“营销是心智的到达，渠道则是物理上的到达”，这是对律师市场营销的形象描述。专业文章是营销的内容，渠道则是将营销内容传递给潜在客户的路径。好的营销是要通过合适的渠道将满足需求的信息传递给客户，以在客户心智上建立对律师的信任感和依赖感。

（一）新媒体营销

随着互联网的发展，律师文章营销的方式也发生了巨大的变化，伴随着博客、微博、微信等互联网新媒体的出现，律师文章的发布渠道也从传统的纸媒体转为博客、微博、微信等新媒体，以下对目前较为常见的律师新媒体营销渠道进行简单介绍：

1. 博客

博客是传播个人思想，集合知识的网络载体，结合了文字、图像、声音、视频等内容的个人性的日记。博客以网络作为载体，能够简易、迅速、便捷地发布个人观点、心得，进行个性化的展示，还能通过评论、留言进行交流沟通。博客的这些特性很好地满足了律师营销的需求，通过文字、图片发表观点和心得，有效展示律师的专业形象；发布方便快捷，能够快速对新闻热点发表观点；能够直接留言交流，做到个性化问题解答沟通，增强客户信任。2005 年起，国内各门户网站陆续开始运营博客，目前比较好的博客平台为新浪、网易、搜狐、腾讯等。很多律师也通过运营博客平台积累了大量的粉丝和客户，但是我国博客网站平台众多，到底开设哪个平台博客，应该开设多少个博客,博客应该怎么运营呢？笔者在此总结几点经验：

第一,博客内容要锁定某一业务领域,切忌撒大网。比如,北京中闻律师事务所的沈律师的博客通过发布劳动法领域专业文章、案例评析、劳动法答疑等劳动法主体内容,锁定企业法务、人力资源等劳动法实务领域,累积访问量已超过两百万次,发布文章的阅读量均在数百次以上,积累大量潜在客户。

第二,要多创作原创文章。互联网的特点就是传播快,所以转录、复制的同质化内容很多,只有原创文章才能体现出差异化和专业性。原创文章能够建立客户对你的信任,但是要转化为客户的依赖性,一篇文章还不够,读者不一定认可。如果博客有数十篇、百篇的原创文章,读者对你的信任感持续加强,一定会产生依赖性,从而转化为客户。远闻(上海)律师事务所的赫律师的博客以房地产实务、民商法律实务、金融担保实务等内容为主题发布相关文章,原创文章数量较多,先后累积发布博文1324篇,累积访问量两百余万次。

另外,要善于抓住社会热点,增加博客文章曝光率。自带流量的话题才能引起读者的兴趣和关注,增加博客的阅读量和曝光率。

2. 微博

2009年微博开始出现,微博用户既可以作为观众获取信息,也可以作为信息发布者,发布自己想展示的内容。用户发布的内容限制在140字以内,信息发布便捷迅速,可以通过电脑、手机等移动,可以随时随地即时发布信息。微博营销是指以微博作为营销平台,通过内容发布吸引粉丝关注,通过粉丝互动交流增强信任,将粉丝作为营销对象。

上海正策律师事务所的李律师利用微博信息传播快捷、便于互动的特点,传播树立娱乐法领域的专业形象,利用热点话题分享相关法律观点,打造在娱乐法领域的权威形象。李律师善于通过微博发布自带流量的热点话题,通过热点话题的评论将流量转化为案源。在微博热门事件“牛奶咖啡”组合被侵权事件的话题评论中,李律师发表了一篇名为“任何商用歌曲必须取得授权”的微博。微博内容基于自己掌握的信息,结合律师个人经验,站在潜在客户“牛奶咖啡”的立场对整个事件做了一定程度的解读。此事件中,大公司侵权小歌手,社会普遍关注,各种声音、观点、争议铺天盖地,这时一名专业律师站出来发出理性声音,且以受害者的立场发表了有利解读,极易引起受害者的关注和信任。李律师赢得了客户的信任,受聘于“牛奶咖啡”组合代理了维权案件。

3. 微信公众号

微信公众号,是一个通过用户订阅关注,获取信息和资讯的渠道。律师通过运营微信公众平台发布专业文章,向用户推送法律信息和观点,是律师为客户提供知识的渠道,核心在于通过知识分享去指导、帮助潜在客户认识到自身情况和存在的问题,从而促进其法律服务的消费欲望,实现潜在客户转化成单的目的。

北京市盈科(深圳)律师事务所的李迎春律师运营的“劳动法库”公众号定位为劳动法实务分享,每日分享劳动法实务文章或指导案例,具有较强的实操性,积累了包括法官、仲裁员、律师、企业法务、人力资源管理师等在内的大量用户关注。线上积累用户引流,线下开设课程实现交易。李迎春律师在线下开设如“劳动合同解除和终止权实操技巧”“处理危机、不能胜任工作、调岗、泡病假的 88 个要点”等实务培训课程以满足用户需求,将关注流量转化为购买服务的客户,同时也进一步加深用户对律师专业的认知。

北京大成律师事务所的肖飒律师运营的“肖飒 lawyer”公众号定位为金融领域法律信息风险,结合时事定期发布金融领域法律实务评论、律师个人动态等信息,积累了大量互联网金融企业高管、法务、律师等用户。

4. 微信

随着智能手机等移动通信工具的普及,微信成为人们相互之间交流、联络、信息传递的重要途径。朋友圈汇集圈内好友生活状态、各类文章信息,是良好的交流沟通平台,是相对圈内人的公共空间,也是一个营销平台。可以通过加入微信群,实现特定好友之间的交流沟通,汇集流量。律师微信营销应该注意几点:

第一,微信名用真名,且要体现律师的身份,让好友直观地知道你的律师身份。QQ 时代大多数人用的是虚拟名字,满足互联网交友的需求,而微信是基于工作和生活的社交,让好友了解你的职业对他的价值,更利于维系好友。

第二,建议用真人照片作为头像,可稍作修饰,结合律师职业形象,打造一个专业的形象。

第三,个性签名要体现个人特点。微信是塑造自己思想层次和价值观的地方,个性签名可以放个人座右铭,通过细节塑造个人形象。

第四,朋友圈是微信最主要的营销工具,要注意发布的时间和频率。微信用户一般都是利用碎片化的时间查看朋友圈,选择合适的时间,才会有更多的人看到。据相关网络统计数据显示,一般在8:00~9:00、11:00~12:00、17:00~18:00、20:00~21:00这几个时间段看朋友圈的人数较多。同时,发布频率一天不要超过5条,3条左右的朋友圈是比较合理的。

第五,通过朋友圈打造专业形象。发布原创文章,避免同质化高的内容,有利于打造专业形象;转载行业相关信息,要进行点评,分享观点或说明推荐理由;发布提升个人层次的内容,可以晒旅行、健身、专业知识和参与的线下活动,让好友感受到你是一个积极、正能量、有才华的人,提升个人社交形象;主动给好友点赞、评论,引起对方关注。

第六,朋友圈尽量多用图片,配以少量文字表达核心观点,减少好友的思考时间;配图和文字编排要美观,内容展现个人才华,观点要突出个人的人格魅力。

5. 抖音

抖音是短视频平台的一种。短视频是近年来兴起的一种新媒体方式,随着网络传输技能的进步,5G时代的到来,因为视频具有更加直观且能互动的优势,网络信息传播内容也从文字图片逐渐向视频转型。无论是"网红"带货,还是博物馆宣传,甚至政府单位的政务信息发布,都开始尝试通过短视频这种更易为广大公众接受的方式,在当今这个快节奏的时代传播信息。

目前许多律师,包括律师事务已开设抖音账号,并取得了不俗的成绩。律师们输出的短视频内容相对生活化、实用化,涉及借贷、租房和婚姻等生活中常见的基本法律问题。

吉林良智律师事务所于2018年11月设立"良智说法"抖音号,2019年4月抖音号粉丝已突破百万。其一直致力于普法为民、服务于民,不断完善抖音账号的内容,为大家提供更为丰富、更具有价值的法律知识,让粉丝能够在网上用最简单、最便捷的方式了解法律知识,并将法律知识应用到生活当中,很好地实现了社会效益与经济效果双丰收。

(二)研讨会营销

研讨会是针对某一特定主题开展的研究讨论,能够彰显律师在某一领域的专业素养,提高律师的美誉度。研讨会方式有几个特点:第一,研讨会只是针对特定领域或特定主题的研讨,受众面窄,参会人数有限;第二,研讨会的举办场地有一定要求,通常需要比较正式和高档的会议场所,营销成本较高;第三,时间有限,研讨会举办的时间是固定的,且要求限定发言时间,对专业能力的全面展示有所局限;第四,目标明确,针对单一主题的受众进行针对性营销,容易实现客户转化。

北京尚权律师事务所是一家只做刑事辩护的律师事务所,该所每年举办尚权刑辩论坛,邀请刑事辩护领域的专家、学者研讨前沿的刑事辩护热门话题。该论坛自2007年以来,已经成功举办9届,创建了刑辩业务的研讨和交流平台,也展示了律师事务所刑辩业务的特色和实力。

(三)专业书籍营销

树立律师专家形象的最好方式是出版专著,这也是赢得客户信任的最有效的方法。段建国律师在《中国式律师营销》一书中提道:"律师出书是很有品位的营销""律师出书可以展示自己突出的专业理论造诣。专著是作者心血与智慧的结晶,是作者潜心研究成果的展示。一本好的专著不仅可以推销作者理论思想,也会说服读者,赢得读者认可。如果遇到相应的法律问题,读者就可能成为忠实的客户"。出书能够提升律师行业地位,甚至有助于律师奠定行业标杆的地位。业界最有名的建设工程领域专家律师朱树英律师就是典型的代表,其出版的《建设工程法律实务》一书奠定了其在建设工程法律服务领域的标杆地位。

出书还有利于律师谈案。北京元甲律师事务所出版的《交通事故赔偿与和解》等交通事故处理实务专著可作为律师谈案工具,在与客户面谈之前送给客户,客户的任何疑虑都能在书中找到答案。可以想象,这样的谈案方式,必然大大提高客户的信任度。

律师应该如何写书呢?笔者认为以下几点需要注意:

第一,出书前要有明确的定位,要明确读者是谁。如果设定的读者不是目标客户,或者目标客户根本不看书,那么所写书籍价值有限。

第二,书籍的内容要符合律师的专业特长,要结合社会热点和读者的阅读需求,要切换视角,从读者的需求出发提供书籍内容,才有机会获得更多的传播。

第三,平时要养成写文章或记录执业感悟的习惯,长期积累才会有更多写书的素材。

二、业内渠道营销案例

业内营销是指律师或律师事务所将同行律师定位为营销对象，在行业内形成良好的口碑，通过行业内不同专业律师之间的合作和客户推介，实现签单的目标。业内营销的核心是突出律师业务的差异化。律师的时间和精力是有限的，不可能满足所有客户的需求，也不可能服务所有行业、专业领域的客户，所以律师只能专注在某一个或几个领域，业内营销的目的就是将自身的差异化优势推介给同行。那么差异化应该如何展现呢？笔者认为有以下几个方面值得注意：

第一，选定一个标签。所谓标签化就是律师或律师事务所根据自身特点，找到一个识别自身特征的关键词，通过宣传标签让潜在客户精准识别、选择，从而赢得客户。标签可以是一个专业，比如劳动法、刑事辩护、知识产权；也可以是一个地域或区域，比如北京律师深圳律师等，只要是能够让目标客户迅速、精准识别、选择的关键词即可。

在业内，盈科律师事务所较早开始律师标签化。盈科在律师事务所内部形成了一个市场网络，设立客户管理部负责分所律师之间的合作，鼓励律师专业化，让每个律师为自己贴上某个领域的标签。通过大量的跨所活动、所内活动促进律师之间交流熟悉，鼓励律师相互推介客户，让最专业的律师谈客户，增加律师交易成功率。盈科律师的标签在一定程度上实现了地域性的差异化服务。

不仅律师需要贴标签，律师事务所也需要贴标签，进行差异化竞争。比如，广东广悦律师事务所设定的标签为“只做复杂商事案件”，提起广东省高级人民法院的商事案件大家都会想到广悦律师；广东摩金律师事务所设定的标签为“一家专注企业法律服务的律师事务所”；北京尚权律师事务所是“只做刑事辩护的律师事务所”；北京家理律师事务所“只接受婚姻家事法律服务委托，其他一律不接”。

标签也可以专注于某一行业，北京极光律师事务所设定的标签为“专注服务于互联网与高科技企业的律师事务所”，该所以人力资源服务为企业服务切入点，注入科技等要素，为高科技领域企业提供法律服务，突出了该所在互联网和高科技领域企业的服务优势。

第二，在所内举办专题讲座、论坛、研讨会，提升自己的专业能力，争取在本事务所内部打造个人知名度。盈科律师事务所的余勇波律师在事务所内号召成立了“股东诉讼研究会”，通过带动同事对“公司股权争议纠纷”领域的主题研究，形成研究成果，对所内同事发布，在同事之间形成一定的知名度。

第三，以参加各地律师协会演讲，参加业界论坛并争取演讲或发言机会，在律师协会官方杂志发表文章，写专著，接受媒体采访等形式，扩大在外所律师同行间的影响力。

第五章 团队薪酬分配策略

第一节 团队薪酬分配策略及其意义

一、律师事务所薪酬制度发展之长期规划和年度规划

自1979年中国的律师制度恢复重建以来，对律师事务所管理体制不断进行完善也成为律师服务行业专业化、规模化、国际化的要求，其中，建立合理有效的薪酬制度便是关键。

根据《劳动合同法实施条例》第3条的规定，律师事务所作为用人单位，享有管理权利，也将相应地承担劳动法规定的义务。但律师事务所不同于公司、企业或其他市场主体，我国律师事务所分为合伙制、个人制和国家出资制3种组织形式，在实践中，合伙制和公司制是主要的律师事务所内部组织形式。根据司法部发布的2018年度律师大数据，截至2018年年底，全国的3万余家律师事务所中，合伙所2万多家，占比66.17%，由此可见，合伙所是当前中国律师事务所最为主要的组织形式。严格来说，所有的合伙制律师事务所在法律架构上都是合伙制，因为合伙制律师事务所是根据《合伙企业法》《律师事务所管理办法》组建的合伙企业。合伙人需要对律师事务所的债务承担无限连带责任，通过连带责任增进合伙人之间的凝聚力，并通过加重合伙人责任督促合伙人提升自身的专业水平。但是，由于中国律师行业恢复时间不长，整个市场发育不够成熟，绝大多数合伙制律师事务所采取“提成制”业务分配模式，在此背景下，提成制似乎成了合伙制的代名词。

与此对应，内部管理一体化，律师薪酬制、合伙人分配一体化的合伙制律师事务所，被称为“公司制”。此外，合伙制律师事务所的薪酬分配模式又有提成制和计点制之别。

提成制是当前律师事务所的常见模式。所谓提成制，就是将合伙人的收入根据个人所获取的业务收入进行计算，扣除律师事务所的管理费用和基本运营成本分摊后，其余部分全部归合伙人个人。在提成制下，合伙人之间、律师之间的共同利益很小。提成制分配模式有产权清晰、管理简单、合伙人显性成本低、有利于规模快速扩张、抗市场风险能力强等优点，但提成制分配模式也存在合作不充分、公共职能较弱、合伙人隐性成本较高、客户体验受到影响等缺点。

计点制是与提成制对应的一种模式。部分公司制律师事务所在合伙人分配方面采用计点制的方式。计点制综合考虑律师的业务获取能力、承办业务能力和公共服务能力，合伙人的分配不仅要考虑创收，还要综合评价工作量、工作业绩、参与事务所管理所花费的精力和所产生的效果、文化品牌的宣传，以及服务年限等因素。通常，事务所会确定合伙人的基本点数，每年根据一定的权重对上述工作事项进行评估，并对最终合伙人的分配点数进行确定或调整，然后根据进行分配。公司制律师事务所中，律师的个人收入与其为事务所带来的业务收入相关性较弱，最终通过一定的权重折算业务创收为点数。公司制的优点在于：内部一体化运作、公共职能强大、合伙人隐性成本较低、客户体验好，但也存在合伙人利益关系不够清晰、管理复杂、不利于规模快速扩张、对于案源型合伙人激励不足等缺点。

另外，根据律师事务所人员工作性质的不同，律师事务所内部存在不同的薪酬分配模式。例如，行政工作人员一般实行固定的薪酬分配模式，授薪律师、实习律师、律师助理等一般实行固定工资 + 提成的分配模式，而合伙人律师则有提成制和计点制等不同的薪酬分配模式。

综上所述，律师事务所的薪酬分配模式错综复杂，需要结合律师行业的特点及各律师事务所的实际情况，进行科学合理的薪酬规划。

律师事务所在进行薪酬规划时应当考虑以下因素：(1)不断增强律师事务所的经济基础和抗风险能力，使律师事务所向规范化、品牌化方向发展；(2)不断提高律师事务所的专业水平和服务能力，使律师事务所向专业化方向发展；(3)不断完善律师法律服务市场竞争机制，不断提高律师综合素质，使律师法律服务的公正性与效率性得到体现。建立新时期律师服务行业的要求和薪酬体系,使律师事务所实现社会效益和经济效益的最佳平衡。

二、薪酬相关概念

(一)薪酬概念

古曰:薪者,柴火也,出自《南史·陶潜传》中的"打柴汲水",引申为日常生活所需,如《魏书·卢昶伟》记载,如薪水少急,即可量计。中国明朝将官员俸禄改为"柴薪银",即指柴、米、油、盐等日常生活费用支出。酬是指用财务报答,指用金钱、礼物等表示谢意,具有补偿、弥补之意,补偿或弥补不仅包含货币因素,还包含非货币因素。那么,薪酬就是指因为某种已经存在的关系,一方向另一方支付财物或其他形式的报答,这种报答不仅要能够满足另一方生活所需;而且要能弥补另一方的付出,做到平衡或公平。

古代薪酬侧重保障功能,而如今,随着经济发展,社会变革,薪酬的功能已发生变化。作为现代团队的合伙人,在运用薪酬策略前,需要明白薪酬的内涵,薪酬是影响团队成员流动的一个重要因素。从团队角度看,既是团队的支出项目,会影响团队的利润;也是激励手段,激励员工创造更大的价值。从员工的角度看,是自己付出劳动后的补偿。所以,对于团队薪酬管理而言,在当下开放竞争的市场中,要从组织和员工两方面去看待薪酬。学会运用薪酬管理,引导员工不要仅以获得的金钱来衡量自己的薪酬水平,要建立客观的薪酬认知,激发团队成员潜能。

薪酬构成是什么?薪酬是员工为组织工作而获得的自己认为有价值的东西。不仅包括有形的,也包括无形的;不仅有物质的,也有精神的;不仅包括内在的,也包括外在的。薪酬是员工的心理价值感知。团队中有些员工不只是为货币薪酬而工作的,是靠内力的激励工作的。为什么会如此?因为员工在工作的同时会获得心理收益,这种收益源于工作的参与权、展示自身潜力,或有趣性、挑战性等。

薪酬结构是什么?薪酬由基本薪酬、绩效薪酬、奖金、津贴、补贴、福利等构成。基本薪酬是指针对工作本身价值而言的固定收入。绩效薪酬是指通过绩效评估而获得浮动的薪酬。奖金是指表达劝勉、勉励、称赞的变动薪酬,是对员工超工作表现的价值奖励。津贴是指付给员工特殊付出如野外作业、山区作业等的补充薪酬。补贴是体现组织关爱,给予员工生活的补助，如餐补、交通补贴、通信补贴等。福利则是对员工工作之外的生活报酬，如生日礼物、健康体检等。

薪酬的实质是什么？是组织与员工合作关系中形成的价值创造分配，这些分配受多方面因素的共同影响。

（二）薪酬管理哲学

管理大师彼得·德鲁克先生说：管理的本质就是激发和释放每一个人的善意；管理者要做的是激发和释放人本身固有的潜能，创造价值。团队薪酬管理要建立在以人为本，激发人的潜能等薪酬哲学理念基础之上。团队薪酬哲学是由团队合伙人和团队成员进行思想碰撞、彼此让步形成的共识。

（三）薪酬管理理念

《华为基本法》第69条规定："华为公司保证在经济景气时期和事业发展良好的阶段，员工的人均年收入高于区域行业相应的最高水平。"目前，华为公司实施员工持股计划，充分体现了"人人是主人"的企业共享发展机制，结成员工与公司利益的命运共同体。

律师团队薪酬管理理念不仅要学习同行业理念，也要学习优秀企业的薪酬管理理念，再结合自身团队条件，实施自己的团队薪酬管理理念。律师团队可以学习华为采取共生、共赢、共享的薪酬理念；可以采取物质报酬和精神报酬全方位的报酬理念，如薪酬、福利、学习和发展机会等；可以对应团队战略，采取实现组织战略目标为导向的战略性管理薪酬理念。律师团队是以人才和知识等智力资源为主的实体团队，薪酬理念一定要为团队战略或愿景起到支撑作用。

三、薪酬策略

上文详细介绍了薪酬的概念、薪酬管理哲学、薪酬管理理念，那么，为什么如此设计呢？因为团队合伙人首先需要明白这些概念，才能进而制定和实施自己团队的薪酬策略。

曾国藩创建湘军，在制度上引人注目的一点就是实行"厚俸制"原则。晚清军队战斗力较弱，有着多方面的原因，但"薄饷"是一个重要原因。一个军人领到的军饷不够养家糊口，就会导致军人开小差，干私活，如经商、种地、杀猪等，由于军官工资也不高，还会使一批军官利用权力经商赚钱。军队风气败坏，不务正业，战斗力下降。

曾国藩深知军饷太低是军风败坏的主要原因,于是他果断采取厚饷原则,招入的湘军士兵的收入是当时国家正规军的3倍。这使军队士兵能够专心训练,大大提升了军队战斗力,也成就了湘军的历史美名。

团队合伙人就是团队的最高统帅,要了解薪酬支付水平及结构会对组织成员产生哪些重要影响,要根据团队的条件设计团队薪酬策略。笔者将在下文具体分析团队薪酬策略及其影响因素。

(一)什么是薪酬策略

策略是指为实现团队目标的方案集合。薪酬策略是指在团队薪酬理念指导下,依据薪酬管理方针,结合团队内外部环境因素确定的一系列薪酬方案。

对于组织的薪酬策略而言,既要满足组织的战略需求,又要满足员工的期望。同时,薪酬策略是一个策略集合,包含了众多子策略,应尽可能使各子策略相互衔接、相互匹配,形成整体协调、相互促进的互动关系。现实中,由于组织面临多种复杂因素,很多时候,薪酬策略并不能做到完全的匹配与协调,而是在动态中逐步调整。具体而言,组织在确定薪酬策略应注意以下几点:

1. 组织的薪酬策略与团队自身条件因素相平衡。例如,组织的支付能力直接影响团队的薪酬定位,在团队收入有限,即支付能力不够的情况下,可能不会采取固定薪酬比例较高的薪酬,而采取季度性绩效、年薪的分阶段支付等滞后性薪酬策略。

2. 团队间的薪酬策略没有最优,只有适合不适合。对于每个团队而言,同行业战略薪酬会有些趋同,但在组织文化、价值观、资源、员工等方面存在差异,薪酬策略也往往呈现各自团队特色。为什么如此?因为每个团队的战略不同,在实施战略性薪酬策略时,如果团队能做到自身薪酬与同行业市场、组织战略相匹配,就会提高其团队战斗力,进而提升团队组织的市场竞争优势。当然,现实中还有一些雷同的薪酬策略,适用于不同的组织,产生了相应的效用,也有其存在的价值,但什么样的组织选择什么样的薪酬策略才会成功,也需要进行匹配。

3. 应用中的薪酬策略是动态发展的,在变化中成长。一个团队的薪酬策略不可能一成不变,随着经济发展、社会变化,团队需要不断调整,让薪酬更适合外部环境,更支撑团队战略。动态的薪酬策略是组织薪酬的永恒原则。当然会有增加型与减少型的薪酬管理循环，一个是良性发展，一个是恶性发展，如果不加以引导，必然会带领组织走向两个发展极端。

(二)薪酬定位策略

薪酬定位是团队针对人才市场以及同所、同行业、同领域的团队进行比较后，选择团队薪酬水平的策略，即确定自己团队成员薪酬在同所及市场的中高低位置，从而表明团队在争夺人才中的实力强弱。薪酬定位代表了团队在同行业、同领域的外部竞争力。团队采取的薪酬标准会吸引相应层级人才加盟。需要注意的是：薪酬定位是指团队中类似或相同岗位的薪酬定位。薪酬定位可以直接影响团队所招聘的政法院校生源、学历水平、能力层级等，故薪酬定位在吸引或留住员工与团队持续发展方面至关重要。例如，华为就是一家具有“高效率、高压力、高工资”理念的企业，其薪酬策略采取市场领先型策略。

如何确定团队的薪酬定位，首先，要看本地法律人才饱和度或供给情况。如果同类应聘者众多，团队出不高的薪酬也可以招聘到合格的员工。其次，还需要对本地法律类行业岗位做调研，例如授薪律师、律师助理等的薪资水平，分析市场对此岗位的薪酬定位，即工作岗位的职业价值，这样才能确定一个相对合理的薪酬定位。以下笔者介绍一起薪酬定位案例。

胖东来商贸集团公司(以下简称胖东来)，总部位于河南省许昌市，创建于1995年3月，涵盖专业百货、电器、超市产业，是河南省知名度、美誉度较高的零售连锁企业。胖东来百货在许昌市、新乡市等城市拥有30多家连锁店、7000多名员工，曾被称为“中国最好的店”。公司创始人于东来坚持将员工放在第一位。“你给员工吃草，你将迎来一群羊；你给员工吃肉，你将迎来一群狼。”“工资最高的时候成本最低”曾是该公司广为流传的名言。该公司在连锁零售行业以反传统商业逻辑著称，以高薪水、高福利、自由、快乐闻名。据称，胖东来商超的普通店长每年都可以拿到十几万元年薪，保洁员月工资在2700元左右，总体而言，胖东来的工资水平高于同业30%以上。并且，胖东来率先打破了国内零售业无假日的先例，实施“每周二闭店休息”，并定下“加班一次，罚款500元”的制度。但是，在2014年9月15日，于东来通过官方认证微博宣布了胖东来关店的消息：“我会尽力把时代广场做好！其余的门店三年左右时间关掉或转让！优秀的员工留下到时代工作，其余的员工会合理安排好！”2015年12月，新乡市胖东来百货有限公司(平原路店)正式闭店停止经营。

胖东来的薪酬定位理念令人深思。零售行业已处于较成熟的市场,有着较透明的盈利空间,如何协调市场空间与利润空间,值得律师团队思考。

薪酬定位策略有领先型薪酬策略、市场跟随型薪酬策略、拖后型薪酬策略。不同的定位策略适用于不同的产品市场。

1. 领先型薪酬策略适用于团队具有强大支付能力、盈利能力、市场能力时,团队必须具有一定的资金和资源,保持较高的利润。

2. 市场跟随型薪酬策略是根据本地法律行业当下的薪资平均水平而定,是较通用的薪酬策略,大多数团队采取此种策略。建议团队采取策略前,询问本律师事务所团队薪酬水平,询问本地行业薪酬水平,保持自身薪酬的一定竞争力,避免在人才竞争中落于劣势。这种策略可以招聘到员工,但是很难留住优秀的团队成员,人才流失严重。所以,制定团队的薪酬动态监测机制不能几年不变,而要及时根据市场或律师事务所内情况实时调整。

3. 采取拖后型薪酬策略的团队,因不具备市场竞争力,很难招聘到优秀人才,较多应聘者是优秀律师事务所筛选后淘汰的人才。同时,员工流动率频繁,易陷入招聘——实习——招聘——实习的恶性循环。但是,团队在初创期或资源相对不多的团队发展期有可能采取这种滞后策略。同时,可以适当用团队文化、长期利益来进行调和,例如,团队价值观一致,愿景、使命达成共识,会激发团队成员内在潜力,相对淡化目前薪资,以长期规划吸引人才。

现实中,律师团队一般采取混合型薪酬策略,即依据职位或者员工类型的不同,分别采取不同的薪酬策略类型。团队根据其为主办律师、协办律师、律师助理、法律秘书等职位不同而制定不同的策略,采取相应的薪酬定位。这样的薪酬策略相对灵活、具有针对性,可以根据团队人才需求或岗位功能来设置不同的薪酬定位,提高其市场人才竞争力。

(三)薪酬结构策略

薪酬结构策略是对组织内部设定档次和薪酬等级每一档之间的差距标准。薪酬定位策略主要考量外部人才竞争力,薪酬结构策略则针对团队内部薪酬一致性、公平性问题。

团队薪酬结构设计多种多样,传统的薪酬结构一般分为渐进型、稳健型和陡峭型,这是根据薪酬等级数量和薪酬节点率而分的。渐进型相对于稳健型策略数量多,点率低。陡峭型相对于稳健型策略数量少、比例上相对较高。

目前,新型的薪酬结构是宽带型薪酬结构。对多个薪酬等级以及薪酬变动范围进行组合,变成只有相对较少的薪酬等级以及相应较宽的薪酬变动范围。适应团队结构扁平化发展趋势,更适合律师团队。团队依据工作内容、工作性质对职位分类,并对不同类别的职位实施不同的薪酬结构,如管理系列、专业系列、秘书系列。

(四)薪酬构成策略

薪酬构成策略是指一份薪酬的具体组成,如固定薪酬、变动薪酬、福利、长期奖金等,固定薪酬在总工资的占比直接影响员工的绩效表现。固定薪酬占比高的员工工资取决于其职位价值,收入稳定。固定薪酬占比小,变动薪酬占比高的员工工资收入更取决于工作业绩,收入弹性大。混合情况下,固定薪酬与变动薪酬各占一定比例,会兼具稳定性与弹性。团队采取哪种薪酬构成策略取决于多种因素,建议考虑薪酬定位、团队定位、团队阶段、团队产品、团队文化等因素。

(五)薪酬支付对象策略

依据薪酬分配对象不同,又分为个体绩效薪酬和团体绩效薪酬。前者是针对员工个人的绩效薪酬,后者是针对团队整体的绩效薪酬,如项目团队奖励、部门奖励等。每个团队都会涉及具体员工的单个绩效和团队绩效,如何激发员工个体潜力,又不影响合作,如何激发团队集体智慧,又不存在大锅饭、分配不公等现象是需要团队考虑的命题。律师团队更倾向于项目团队,即为了完成一个特定任务而聚集团队不同岗位的人员,如个案项目。建议团队合理把握几个原则,如利益共享原则;团队成员共同参与原则,即不论是一次还是二次分配,都要尽可能地让团队成员参与其中,共同实施;团队监督机制确立原则,即在任务过程中需要有制度性评估体系,尽可能公平;灵活针对性原则,即根据不断变化的任务进行实时调整,尤其在诉讼案件的办案过程中可能会出现意想不到的工作量或工作繁杂程度加重等情况时。

(六)薪酬策略的影响因素

影响薪酬策略的因素有宏观环境、技术发展、人才市场供给、行业发展、组织文化、团队发展阶段等,具体如政策法规的变化、机器人人工智能的影

响、法律技术的应用等,笔者将主要介绍组织文化和团队发展阶段对薪酬策略的影响:

1. 组织文化对薪酬策略的影响

薪酬策略和组织文化是相互依存的,薪酬制度源于组织文化的元素,文化的内涵、方向都影响薪酬管理。当然,薪酬实践也会促成组织文化的形成和变革。

组织文化是在一定的社会经济条件下,通过社会实践所形成的,并为全体成员遵循的共同意识、价值观念、职业道德、行为规范和准则的总和。每个律师事务所或团队都有自己的组织文化,有的写进了愿景、使命、价值观,挂在了墙上,渗入了员工的血液,有的好似没有但已存在于实践中。组织文化有积极的,也有消极的,正面文化可以促进薪酬管理,但消极文化可能会对薪酬管理造成破坏。所以,一个团队应从薪酬体系、薪酬结构、薪酬定位、薪酬构成、薪酬沟通等几个方面做好与组织文化的匹配。例如:组织鼓励研发法律产品,在薪酬上可以采取能力导向型;组织鼓励团队合作,在薪酬上可以重点激励团结协作环节;组织着眼长远规划,招聘有冒险精神的团员,在薪酬上可以设计较低底薪,加大变动薪酬。

组织文化也是无形的薪酬,优秀的团队文化可以让团队成员除物质工资薪酬外,更收获一份心灵报酬。文化报酬更能让员工的内心获得感更强,更能起到激励作用。

2. 组织发展阶段对薪酬策略的影响

任何一个组织或团队都有其生命周期,组织在不同的发展阶段拥有的资源、面临的问题、工作的中心等都有所不同。组织所处的发展阶段不同,其制定的薪酬策略也会不同。如何运用薪酬策略手段来实现当下发展阶段的组织战略,如何相适应,达到统一,是团队需要思考的。

(1)团队初创期薪酬策略。一般而言,团队初创期处于资源匮乏状态,虽然可能是资源整合状态,但更多的是资源匮乏的情况。一名合伙人带几名助理,案件全部源于合伙人,人财物都由合伙人说了算;2 ~3 名律师组队,2 ~3 名合伙人带几个助理,案源源于合伙人资源,制度适用合伙人协商机制,工作职责和内容不固定,一人兼多职,团队薪酬决策较随意。这样的律师团队在初创期会面临资金紧张、收益无保障或不稳定、团队无知名度、吸引人才能力低等问题。此阶段的团队薪酬,建议实施以市场为导向薪酬策略。

(2)团队成长期薪酬策略。团队经过初创期,获得了一定产品或市场优势后,则进入成长期。此时团队发展速度相对快,团队具有一定品牌度和知名度,人员和规模扩大,也聚集了更多的资源。此阶段团队面临人才招聘需求、质量服务要求高。由于高质高效服务需要更多优秀人才的加盟,故团队需要调整薪资定位策略,抢夺人才,同时重视内部管理,分工明确,奖罚分明,激励薪酬也会增加。建议采取领先型薪酬策略。

(3)团队成熟期薪酬策略。团队进入成熟期后,市场地位逐渐巩固,需要考虑法律产品改良,深挖老客户法律服务市场,发展速度相对缓慢。此时团队运作规范,可以采取固定薪酬和变动薪酬较高策略。

第二节　国内外律师事务所薪酬制度介绍

一、国外律师事务所薪酬制度介绍

(一)“君主”制

“君主”制即律师事务所里只有一人能规定其他律师的薪水,某个律师是整个律师事务所的主要收入来源时,就会出现这种薪酬结构。通常,如果其他律师的实际收入能高于单纯依靠自己案源所获得的收入,他们就能容忍“君主”模式。这种模式一般要求律师事务所预先设定薪酬方案,而到年末已知律师事务所全年盈利情况下,再调整年终奖。中国目前也有采用这种制度的律师事务所,多见于专注于某一业务领域的律师事务所。但这些专业领域,不是获利空间有限,需要以量取胜(如劳动法业务),就是获利空间巨大,需要特定资源(如 IPO 业务),否则难以长期使其他律师的实际收入高于单纯依靠自身案源的律师创造的收入。

制度何时有效?如果负责薪酬分配的是一个善良、公正、能让全员信服的统治者,“君主”制就能运作良好。单一决策者有助于提高效率。最好的情况是:其他员工有机会就自己对律师事务所作出的贡献与成就,以及自己对薪酬和职权的期待及愿望与决策者恳谈。如果决策者能告知全体员工自己全年的期待和决策标准,并严格遵循,也有助于该制度的良好运行。一旦员工对薪酬不满意，决策者就要站出来说明决策理由，并让全员知道怎样表现才能保证高薪。

制度何时失灵？一旦有其他律师也变成了律师事务所吸金者，而统治者又对沟通和公正问题处理不佳，该薪酬制度就会运转不灵。换句话说，如果其他律师不信任统治者，那么等到这些律师能够自力更生，他们就会展开内斗，甚至离开律师事务所。

问题常常出现在统治者认为律师事务所归自己所有而非同属于大家的情况下，统治者甚至可能根本没有意识到这样的想法会使他慢慢变成独裁者。这种律师事务所的人员流失率极高，且成员缺乏忠诚度和团队意识。此时，如果有一批律师成为律师事务所的吸金者，就会引发一场政变，独裁者要么下台，要么分权，就会出现新的薪酬制度。对于实行君主制的律师事务所，不宜采用吸纳横向人才的方式，即从外部挖掘人才。从外部挖掘人才通常要支付更高的薪水以吸引人才，而空降人才的薪金容易打破现有人才的薪酬结构。

（二）平均分配制

平均分配制即全体合伙人均分律师事务所收益，这种制度通常适用于两三位同批次、本身是朋友关系，并同意组建合伙关系的律师。在中国，平均分配制广泛适用于初创期的律师事务所，或者专门从事某种业务的律师事务所。

制度何时有效？只有在律师们的业务能力、包容性以及职业道德水平大致相当时，这种制度才能奏效。合伙人通常从事相同或相似的业务领域，也会一同分担律师事务所的管理和行政职责。

这一制度的优势在于简单，让薪酬计算和细节争议变得更容易解决，同时基于水涨船高的原理，这样的制度也能促进团队工作和交叉销售。如果律师们的执业领域不同，比如，两名律师分别负责诉讼和商事交易，这样他们就能共同分担经济循环的风险。通常商业交易在经济形势好且诉讼少的时候会存在剧烈增幅；而在经济下行、诉讼频发的时候，交易就会锐减。短期业务暴涨的律师们应当具有长远眼光，提防在下个经济循环中遭遇惨败。

制度何时失灵？这种薪酬制度并不常见，它只适用于律师事务所创建初期，因为此时律师事务所只有2～3名律师，需要彼此团结维护大局。小型企业无法确定产品的销售量中谁的贡献最大，但如果制造者不制造出这个产品，再好的销售人员也“难为无米之炊”，反之亦然，所以他们之间均分利益一般不会引起太大争议。而在专业服务机构里，提供服务的人通常也是产出服务的人，因此，邀功对合伙人而言轻而易举。如果彼此的创收能力有差距，合伙人之间就会产生一定的摩擦。管理和行政权力没有均分也会产生摩擦，因为处理行政事务会挤占服务客户的时长，也会减少业务量。合伙人在某项管理职责所花的时间，无法在计费时长这种一目了然的指标上得到反映，所以其对律师事务所的贡献也就难以评估。这个制度在合伙人价值观不同或生活方式不同的时候也不适用。举例而言，工作狂一般不愿意与那些追求工作与生活平衡的律师均分利润。

（三）执行委员会专治制

在大型律师事务所中，“君主”制演变为执行委员会专制，一个稳定且可预知的执行委员会就等同于单一“君主”制。执行委员会的成员通常都是创始合伙人或律师事务所最资深的律师。目前大多数律师事务所采用了这一制度的改良版。

制度何时有效？执行委员会的整体效力与单一君主制相仿，如果单一“君主”制可以在律师事务所中良好运作，那么执行委员会制度在律师事务所也能奏效。另外，执行委员会成员必须具备包容的价值观，这样他们才能在彼此的薪酬问题上达成一致。律师事务所的律师越多，该主观的薪酬制度对信任度的要求就越高。

制度何时失灵？委员会模式依然有单一“君主”制的各种缺陷。因此，如果执行委员会要进行“团队思考”，各委员就需要共享看法并知晓彼此需求。执行委员会要与其他合伙人保持联系，负责回应大家关心的内容，并准确判断全员对律师事务所的贡献，从而保证执行委员会制成功运行。一旦有大批律师成为律师事务所的吸金者并开始挑战权威，这一薪酬制度就会分崩离析。高级合伙人可能会因为年龄增加和交际减少而减少业务量。尽管他们不愿克减自己的利益并放权给青年律师，但创收能力才是王道。

为了防止制度失灵，资深合伙人需要为执行委员会引进资历较浅但工作效率高的合伙人。另外，执行委员会还必须有明确的换届制度。

（四）论资排辈制

这一模式通常适用于大型、稳定且体制完善、客户众多的律师事务所。这种制度对资深律师更有利。通常，同一年升为合伙人的律师是同一等级，享有同等薪资。同一等级的合伙人在升任下一等级前的利润分配是以全体为单位的。最高一级合伙人与最低一级合伙人之间的价格差距并非天壤之别,但3:1 或4:1 的薪酬比较为常见。国内采用纯论资排辈制的律师事务所很少。

制度何时有效?这一制度只有在律师事务所成立多年,且客户的服务需求涉及多个法律实践领域时才能运行良好。在此情况下,客户会与事务所里的许多律师形成稳定的服务关系。律师事务所服务于某家500 强企业的时间,可能远长于任何一位律师服务某个客户的时间。总之,这种模式需要有长期稳定的机构客户。

目前,必须是非常成功的律师事务所才能驾驭该种薪酬分配制度,使用这种老派薪酬模式的多是全美前100 名的律师事务所。如果大家都赚得盆满钵满,就不会有人去计较那些小差别。从理论上讲,为了更高的收益,全体合伙人也会努力创收。

这一制度的支持者宣称:该制度同平均分配制度一样,是通过奖励全体而非重点培养个体的方式促进团队合作和权力分配。这种制度能消除合伙人间因业务拓展量、计费时长、管理耗时量、客户关系维护贡献力等诸多问题产生的冲突。同时,该制度还能简化薪酬计算,节省管理时间。

制度何时失灵?当该制度适用于那些不那么成功的律师事务所时,很容易造成人才流失。一个非常成功的律师事务所,其重量级人物可能满足于一两百万美元的年薪收入,且乐见合伙人之间的相对控权模式。而一旦律师事务所的合伙人薪酬显著下滑或低于同类律师事务所,重量级人物就可能被重金挖走。如果客户未与律师事务所形成稳定的合作关系,则这些重要客户易被一并带走。

同样的道理,如果律师事务所想聘请一些声名赫赫的律师,或是大举进军某一领域,该制度就不够灵活,无法调整薪酬以适应此种特殊情况。这与"君主"制不宜招揽横向人才的原因一样,打破现有薪酬体系必然导致内乱,除非同时涨薪,但同时涨薪可能无法满足部分空降者优人一等的心理。因此,论资排辈制更多会以律师事务所整体平台和内部业务量来吸引新合伙人的加盟。

论资排辈的薪酬制度易导致合伙人滋长自满情绪,缺乏变革动力,习惯于重复工作,甚至不太情愿继续这样工作。大多数律师会注重法律实务的修炼而非业务拓展,尤其是在未接受“吸金”培训的情况下。当前市场形势下,律师事务所不能一味依靠名声等待客户自行上门。许多采用论资排辈制的律师事务所因不想采用会折损信任、打击士气及伤害感情的严厉措施,而无法“请走”表现不佳的合伙人。在修正版薪酬模式下,表现不佳的合伙人会依据业绩得到对应薪酬,并对这样的效益权衡制工资相当满意。

(五)改良版论资排辈制

许多律师事务所都对论资排辈的薪酬制度进行了改进:设立一个委员会,就个人表现进行奖惩。这样的改进可以帮助律师事务所拓展业务,提高生产效率,招募、培训并指导律师、管理人员,还有助于维护客户关系,甚至可以灵活调整表现不佳的合伙人的薪酬水平,而不必将其踢出合伙人梯队。

有的律师事务所可能通过让某个合伙人较同梯次合伙人提前升职,或对某个合伙人惩罚以降级来实现改进,也可能通过设置一个“小金库”或协议将提成后置,以奖励那些表现上佳的合伙人。

制度何时有效?通常情况下,一旦合伙人在薪酬方案中加入了主观因素,该制度是否成功就要仰仗于成员对薪酬决策者公正性的共同信赖。薪酬委员会须提前公布预期与标准,务必保证与各合伙人保持全年联络。这样有助于委员会了解那些难以体现在每月工作报告中的出色表现;也有助于委员会区分该合伙人是因为懒惰,还是因为健康、个人原因或客户生意不景气而造成的表现欠佳。

在这一制度下,薪酬委员会可以通过奖励表现良好的合伙人来引导律师事务所的发展方向。如果律师事务所想进军新业务领域,或为保持竞争力在其他市场设立办事处,管理人员也可以保护并奖励那些为改善律师事务所状况而承担了更大风险的律师。这一设计也为横向引进顶尖或有大量案源的新合伙人提供了可变通的空间,律师事务所也可为招揽合伙人开出更具诱惑力的薪资,而不必担心新加入的合伙人名不副实,因为他们手中握有薪资和级别的调整权。

制度何时失灵?如果薪酬委员会由一群类型相同的律师组成,这些委员就难以对其他领域的律师进行准确评判。通常,薪酬委员会都由一批资历最老的律师组成,他们在发展客户时订立的制度可能与现在截然不同,他们可能无法体会女性为克服开发业务的障碍付出的巨大努力,也无法体会青年律师所面临的残酷竞争。律师事务所中业务量最多的团队往往比业务量少的团队更受重视。薪酬委员们作为正常人,其评判标准也可能受到私交或个人喜好的影响。

薪酬委员会当然愿意采用那些易衡量的指标作为评判依据,比如计费时长、创收额度,但这样就难以充分奖励或惩罚那些对律师事务所发展造成影响的行为。委员会应当就律师指导、律师事务所经营、业务开发以及提供法律援助服务的奖励制度作出书面规定。还应评估下属的跳槽可能性、性格缺陷等可能影响律师事务所发展的因素。

如果合伙人之间的价值观大相径庭、盈利能力也天差地别,或是有竞争力强劲的"黑马"出现,改良版的论资排辈制度即会失灵。如果黑马的薪水远高于其他律师,那么此项制度将不再适用。

有的律师很短视,只期待表现良好后一年就有高薪,不乐意分担"跷跷板"的另一端,即业绩不佳群体的压力,这样的矛盾心理会给薪酬委员会带来很大压力。

(六)论功行赏型(提成制)

每位律师的薪酬都是基于其为律师事务所的创收而定。通常会有一套费用支出的计算方法,扣除开销之外,剩余的利润即按照创收能力分配给律师。有的体制通过预先拨付固定或可预知费用的方式(如出租或分担员工工资),规定每位律师的固定管理费用。如果律师的支出或花费额超过了律师事务所规定的数额,则直接影响其业务拓展费、退休金计划及其手下员工或律师的工资。在该模式下,律师事务所更像是个有分成协议的办公室,而非合伙关系。

很多类型的论功行赏制都会规定风险分担问题。律师事务所的利润分配取决于合伙人近年(通常是2~4年)的平均创收情况。该平均计算法在一定程度上避免了收入波动过大的问题,让处于"跷跷板"高端的合伙人援助处于经济周期性衰退或暂时性危机的"跷跷板"另一端的合伙人。但收入水平主要还是取决于律师的计费时长或创收能力。

制度何时有效?论功行赏制可能是诸多方案中唯一能够完全独立运行的制度,十分适合顶尖律师团队。即便个别合伙人的贡献没那么大,也能从中获利,因为顶尖律师们已然让整个事务所声名远扬,为事务所开拓了市场,也通过高收益维持了事务所的财政。这一体制在合伙人较少的小型律师事务所屡见不鲜,在这种律师事务所中,每个律师基本上都忙得不可开交。

论功行赏制比论资排辈制更适用于拥有律政明星或诸多横向合伙人的大型律师事务所。律政明星或许不认可或不愿分享在论资排辈制度下难以量化的贡献率，而横向合伙人由于入伙时间较短，还未与其他合伙人建立深厚的信任，因此也难以认同。该制度有利于律师事务所留住高产律师，一旦律师在事务所内遇到难以解决的纠纷，这一制度将最大限度地化解纠纷高发区的冲突。即便律师事务所里有“青年天才”合伙人，其创收能力在改良版的论资排辈制下也能很快超过同级合伙人，但论功行赏制仍能从容应对。

制度何时失灵？遗憾的是，论功行赏制下的律师事务所对内部推荐没有奖励，不鼓励交叉销售的行为。但在改良版的论功行赏制中，律师引进了新案源，即使不亲自处理这单案子，也能得到奖励。但在多名律师共同联络新客户时，在谁分得大部分的问题上就容易发生冲突。论功行赏制没有惩罚高薪律师表现糟糕的机制，反而经常会奖励那些自我中心主义的行为。该制度也会由于没有相应的奖励机制，而让那些从事共同利益行为（比如培训和管理律所）的律师们付出额外金钱。

有些律师事务所试图通过在合伙人和团队主任律师基本薪资基础上增加津贴的方式来解决上述问题。但施行论功行赏制的律师事务所并不重视管理行为的价值，所以管理人员很少能得到足够津贴，还需要为常年维护现有成果的行为而自掏腰包。

笔者曾见过因管理人员的薪酬问题而“功亏一篑”的律师事务所。在奉行论功行赏制且有循环管理团队的大型事务所中，管理合伙人在结束管理阶段，曾出现其创收再也回不到管理前全职实务时期的水平的情况，耗费了2～5年的时间专注于事务所管理，而没有继续经营客户关系和提升自我业务水平，马上接手业务会让其有“一夜回到解放前”的感觉。即便有的律师事务所会在管理合伙人回归全职事务时给予2年补贴的宽限期，往往也远远不足以弥补其损失。

（七）三分制

合伙人分成案源开拓人（finder）、业务主管人（minder）和项目主办人（grinder）。案源开拓人负责拓展客户，业务主管人负责维护客户和管理项目，项目主办人负责为具体项目提供对应的法律服务。

三类合伙人各司其职，按照各自贡献率获得案件提成。三者之间的比例大小取决于律师事务所所处的发展阶段。事务所发展前期,对业务和客户的需求较为突出,案源开拓人和业务主管人所分比例应较大,但总计一般不超过66%,如果项目主办人是实行授薪制,可能会大于此比例。事务所不断发展壮大后,项目主办人获得的比例会越来越高。该制度最大的好处在于:对律师事务所发展的每阶段考核对象一目了然,合伙人也各司其职,对自己的收入心知肚明,这样能减少相互埋怨,但也会造成团队合作氛围缺失,忽视非创收性业务。如果三者合为一体,则演变成提成制。

(八)计点制

计点制(lockstep)是由英国律师事务所发明,在欧美律师事务所发扬光大,并一直沿用至今(2020年)的一种制度。20世纪90年代,中国改革律师制度,以金杜律师事务所为代表的一些律师行业先行者首先吸收和借鉴了计点制度,并以这种机制保证了律师事务所做大、做强、做优。计点制在国外具有数百年的历史,比如英国顶级律师事务所之一的年利达律师事务所就极为推崇计点制,其执行合伙人托尼·安吉尔曾这样描述计点制为律师事务所带来的好处:"(计点制)……使我们能够更有效地完成针对目标客户的目标工作……以及最大限度地减少内部竞争。"计点制是以组织(律师事务所或律师团队)为中心的,如果不能实现依靠组织本身赚钱,而仍需要依靠某个人的能力赚钱,那么计点制就会失去它存在的意义。

计点制的基础理念之一就是打破"唯创收论",即一个团队要发展壮大,创收能力是重要因素,但不是唯一重要因素。在计点制模式下,所有合伙人的收入放在一起,统一进行支出和分配。计点制和提成制的最大区别就是:不再对创收进行单独奖励。加入计点制的团队合伙人,根据其资历、能力、贡献等多种因素进行考核,每年确定一定的点数,从而确定每个人在利润分配中的比例。团队将当年度营业收入扣除各项成本开支,并预留一定比例的发展基金后,剩余部分作为年度分红(利润)。计点制的前提是"统一核算",也就是创收和支出全部归团队,合伙人分配总体剩余利润。分红除以合伙人全部点数,即得出每一点数对应的单位利润额,称为单点价值(单点价值=全体合伙人分红总额÷全体合伙人总点数),合伙人个人点数乘以单点价值即得出该合伙人当年度可分红收入。举例说明:某团队有3位合伙人,点数分别是90、70、40,假定2018年团队可分配利润是1000万元,那么这个团队的单点价值就是1000万元÷(90+70+40)=5万元,3位合伙人可分配收入分别是 90×5 万元 =450 万元、70×5 万元 =350 万元、40×5 万元 =200 万元。

实行计点制的好处在于:(1)每个合伙人可以进行充分分工,发挥自身优势,形成合力,增强竞争力;(2)有效解决合伙人之间的内部竞争问题,包括客户归属之争、收费利益之争;(3)让团队成员更加关注共同利益而不是个人创收,因为每个人的财务增长是通过单点价值的增长而实现的。

(九)团队建设制

通常在这一体制下,合伙人收入的 50% 取决于律师事务所总利润,40% 取决于所在部门或团队的业绩,剩下 10% 由个人业绩决定。该制度最大的好处在于其简单直接、标准客观,很大程度上削弱了个人因素的影响,不会造成客户囤积现象。不过,如果团队中存在资历尚浅或者能力较弱的合伙人,则可能会引起一些问题。

(十)公式制

在该制度下,每位合伙人遵循计算公式获得全部可支配利润的相应比例:该级别合伙人的底薪占所获收益的 35%,其创造的价值占 65%。美国律师协会的调查报告显示:拥有 20 名以上律师的律师事务所中只有不到 10% 使用公式制。采用公式制的律所认为:由于使用公式进行分配,减少了关于薪酬的争论。但反对者认为单一公式制的缺陷在于:合伙人创造的价值五花八门,并非 2~4 个简单指标(如经济效益、计费时长)就能全面概括。由于评价指标的僵硬性,目前国外纯粹适用公式制的律师事务所不多,但结合其他薪酬分配体制使用的情况非常多见,尤其在论资排辈型的律师事务所中。

二、国内律师事务所薪酬制度介绍

(一)计点制

所谓计点制,是仿效公司股份制,为每位合伙人评定基础绩点,年底按各自绩点为合伙人分配对应收益。譬如律师事务所全年可分配利润为 3 亿元,全体合伙人点数之和为 300,则每点代表 100 万元。一个绩点为 10 的合伙人,就能拿到 1000 万元的分红。需要注意的是:绩点可逐年累计、增加。实行计点制的关键在于进行合伙人业绩考核,未能通过的合伙人不能获得绩点。考核一般是对部门业务和客户拓展状况、指标完成情况、律师回款率、利润率、律师事务所盈利贡献率、交叉推荐业务量、提供业务支持、人才培养、团队合作等方面综合进行考评。这一制度类似国外律师事务所的计点制。

计点制的好处在于:(1)可以巧妙解决不同业务部门间的利润差异,鼓励创收(指利润)高的合伙人通过较高点数而获得额外奖励。虽然这样的收入仍不如提成制,但已高出其他合伙人,在一定程度上保证了积极性。同时,可以让合伙人在预见个人业务下滑时,投身律师事务所其他盈利业务,保证当年整体收入。(2)让扩大律师事务所收益成为全体(或大部分)律师和合伙人共同追求的目标,个人收入随着律师事务所收入而水涨船高,发挥个人与律师事务所的捆绑利益效应。(3)由于评核因素多样化,可以促进培养专职律师事务所管理的合伙人,让其抓住管理,推广品牌营销,同时负责组建团队与人员招聘、培训及调配。(4)促进实现职业高度分工化。采用该制度的律师事务所可聘请全授薪合伙人,实现案件主办、案件承揽与客户维护完全分离。(5)避免接受低质量案件,即创收低且不具有宣传或营销效应的案件,这主要是由计点制追求利润的本质所决定的。(6)避免行贿客户,因个人没有必要为团队利益冒风险,而且也没有这部分财务预算。

计点制的缺陷为:(1)就算有指标尚未完成,一般也不会影响既得利益,即原有点数导致部分合伙人抱着吃“大锅饭”心态,未尽力招揽业务,尤其是点数已接近级别限定额时。(2)该制度要求保持较高年增长率,否则部分合伙人的实际收益将会下降。在收入的增长率没有达到“增加后点数之和/原点数之和”的情况下,点数高的合伙人收入反而减少,而且会随着年份递增而不断下滑。为了避免这种情况发生,除了提高利润总额以外,还可以通过尽量增加合伙人数量(前提是每年可增加的点数不可大于新合伙人的基准点数)增大分母,缩小分子增加对其产生的影响。所以笔者认为,实施计点制的律师事务所除非开辟极高利润的业务,否则必须不断扩张,靠壮大合伙人队伍来提高收益;或者尽量减少含金量低的业务成本,如通过剥削非合伙律师、使用大量实习生来处理低端法律事务等。(3)增加的点数难以匹配创造的价值。尽管允许增加额外点数和奖励,但如果创收数额较大,则会出现实际所得比其他所得少很多的情形,引起合伙人对制度的不满。(4)“无人养老”风险,从上文可以看出,合伙人在达到一定点数后,收入就会较上一年减少或者持平,此后年份可能是输送额外利益给点数较少者。这样的规定主要是考虑到合伙人退休歇业后，律师事务所对其承担“养老”责任的一种前置性经济补偿。但问题是，有些精明的合伙人会在收入即将减少或持平时抽身离去，这样点数较高的合伙人相当于将自己的部分高收益拱手相让，却得不到任何退休补贴。因此，计点制必须解决3大问题：合伙人评核、业务增长和退伙问题。据不完全统计，目前（2020年）国内使用计点制或类似薪酬制度的律师事务所不超过30家。

（二）摊位制

摊位制又称工位制，即律师事务所每年向律师收取一定办公费用，除所里提供的案源外，不向律师额外收取个人承揽的业务提成的制度。摊位制是近年来发展较快的薪酬分配制度之一，非常适合单兵作战能力极强的律师。传统提成制也在逐渐向摊位制靠拢。对于律师自身承揽案源，越来越多的律师事务所只要求小于税后10%的提成，以北京为例，律师需缴纳14%的个人所得税，但不少律师事务所给律师的提成达80%左右。

摊位制的好处在于：（1）快速吸引大量律师加盟，大幅度降低律师办案成本（这是从发展的角度看，如果从固定成本看，传统提成制则更占优势），实现多劳多得。（2）把个人和律师事务所关系转化为摊位租赁关系后，可以利用快速吸纳的律师人数构建集规模优势、品牌影响力和提供全方位法律服务为一体的律师事务所，从而实现律师事务所营销产出最大化，创造更多的律师事务所案源。就如同超市经营，广泛派发印有特价商品的宣传单，自然能顾客盈门；超市里的商品琳琅满目，必然能满足顾客的不同需求。（3）管理成本低。摊位制的纯租赁关系易于管理，只需像超市一样，定期剔除同类型商品中的滞销、劣质、冷门商品即可。（4）工作环境舒适。由于摊位制以摊位租赁为基础，因此律师事务所往往将办公环境装修得比较富丽堂皇，以便律师进行业务洽谈。

摊位制的不足之处：（1）律师事务所的运营成本过高。为了吸引律师加盟，实行摊位制的律师事务所一般会采用整体宣传与营销为诱饵，为此，必须组建市场营销团队，导致人力成本增加，并且还要从拓展的案源收入中分一杯羹作为营销团队的奖励。有的律师事务所还会承诺代立案等服务。因此随着人力支出和福利发放（如社会保险等）等各种运营成本的增加，律师事务所整体成本也会水涨船高。（2）在尚未形成品牌营销的情况下，客户资源实际上是来自创建律师事务所的合伙人或主任的分享，无法做到全体律师的资源共享。(3)因为摊位制无法开出具有吸引力的薪酬,所以吸引不到优秀的非办案律师加盟。(4)由于摊位制度自由化,因此无法捆绑律师事务所、合伙人和律师的三者利益。(5)摊位制律师事务所实际上等同于各种个体工商户律师的大卖场,内部律师组织松散,管理难度大,无法号召律师为事务所整体利益贡献。

(三)传统提成制

传统提成制,即律师事务所从律师的每单案件收入中收取一定比例金额的制度。该制度在国内非常普遍,尤其是经济不发达或法律意识相对淡薄的地区。在分配上,合伙人都会获得自己案源的税后收入,然后再进行全年成本核算,分摊成本。在传统提成制下,合伙人要承担自己团队的全部成本。现在,越来越多的律师事务所采用成本收取前置的方式。

传统提成制的好处:(1)多劳多得,律师创收积极性高。创收额越高,所分收入就越多,动力十足。(2)律师相对自由,不存在创收压力。自负盈亏,无须考核工时与业务量,律师比较自由。(3)律师事务所无须进行复杂的成本核算。

传统提成制的缺陷在于:(1)管理无序,甚至混乱。由于律师和合伙人类似个体工商户式作业,律师和事务所之间近似销售提成关系,所以律师事务所无法对各个律师进行有效管理和指挥。(2)难以开展合作。在传统提成制下,律师为追求利益最大化往往来者不拒,不到万不得已不会主动与其他律师合作。(3)律师团队难以形成强大竞争合力去争取那些含金量高、客户规模较大的优质业务。但总的来说,传统提成制仍是国内主流制度。

(四)改良版团队建设制

改良版团队建设制最大的优点在于收入分配后置性,即所有收入统一在年底结算。在除去律师事务所整体成本后,每位合伙人可从自己创收的业务中获得40% ~60%的提成,其余利润再按照点数、级别或部门进行平均分配。比如,一家律师事务所的整体成本占总收入的60%。年底结算时,每位合伙人的总办案成本则为60%,可分配利润为40%,这样他可分到的提成为:案件收入40% ×(40% ~60%)=16% ~24%。剩余部分计入全所利润,再行分配。为了杜绝囤积业务的情况,一般律师事务所只允许合伙人代理1 ~2个业务领域内的案件或项目,从而增强所内合作,提高工作效率,同时还能提高律师专业性,形成不同的业务领域服务团队。在规模不大、施行改良版团队建设制的律师事务所,甚至会存在所有业务领域都只有一个专业业务团队的情形。

改良版团队建设制的好处在于:(1)成本基本固定,合伙人创造利润积极性高。改良版团队建设制对合伙人以外的律师实行论资排辈,在人员变化不大的情况下,可以清楚计算成本。如果每级律师人数相近,除非全体加薪,否则成本可保持常年稳定,所以只要全体合伙人致力于增加创收,就可降低成本,从而获得更高收入。(2)团队运作稳定,非合伙人律师工作积极性高。由于到达某一级别后,可按照制度规定晋升为授薪合伙人或者业务合伙人,所以即使是刚入所律师也能清楚预见其职业前景,从而激发其工作热情。并且,为了保证人员的稳定性,律师事务所会保证非合伙人律师业内首屈一指的薪酬水平与福利(比如,有的律所会提供律师一笔不菲津贴,足以支付租房等生活开销)。(3)评价体系简单,只用计算律师事务所整体成本。(4)有利于形成律师事务所的专业化特色。因为合伙人只能选择1~2个专业领域,所以团队可以专攻术业,做好做强。因此,实施这一制度的律师事务所总有多个领域专业水平在全国名列前茅。

改良版团队建设制的缺陷在于:(1)非专业领域案件的收益较低。由于缺乏案件转介提成制度,因此在转介量大或代理费高的情况下,可能会因为分配问题发生冲突。但设立转介机制又会增加整体成本。(2)该制度下,合伙人当前损失的利益可以通过退休后3~5年内继续参与分红来弥补,但同样会有年轻合伙人在中年时离去,造成无法保证其他合伙人退休养老的问题。(3)会给那些不具团队意识和分享精神的年轻合伙人以可乘之机,在笼络客户和学会技能后撒手离去。(4)因为成本“大锅饭”,容易滋生合伙人不考虑成本的情形,从而导致其他成本较低合伙人的不满。

(五)淘宝制

淘宝制是以提成制为基础发展而来的,其最大特点是:允许法律服务在律师事务所内部公开拍卖,并美其名曰为所内合作。这一制度具体做法是,让律师对其计费时长或法律服务进行整体报价后,通过在所内统一信息交换平台发布,从而吸引有意者投标。律师在这种制度下可以自由组合团队,随意切换角色。而律师事务所会收取一定比例的提成作为“平台服务费”,具体收取数额由合伙人级别决定。

淘宝制的好处在于:(1)律师事务所的案件消化力强。实施该体制的律师事务所人数多,服务领域广,能力梯度大,完全能做到“兵来将挡,水来土掩”。同时,律师可以最大化利用手中客户资源:承揽某个客户的所有案子,再进行转售或合作。(2)让全体员工(包括合伙人、律师和助理)拍卖个人工作时间,实现法律服务交易商品化。(3)可以解决青年律师的培训问题。青年律师可以通过低价,甚至零价出卖劳动力的方式来换取经验和技能。

淘宝制的缺陷在于:(1)所内合作产生客户归属问题。如果客户与多名律师会面,后续就有可能出现客户归属不清的问题。(2)律师事务所整体品牌质量不高。代理的案件五花八门,会给客户泛而不精的感觉。(3)容易诱发律师慢慢转向“以招揽业务为主,承办案件为辅”的状况(因为扣除成本后,拉业务比做业务挣得多),从而可能导致办案质量下降。

(六)其他制度

1.“君主立宪”制

这种制度下,律师事务所都有其领军人物,在律师事务所发展前期,甚至当下及可预见的未来发挥重要作用。所内薪酬委员会成员基本由该领军人物指定(当然,也可能是采用其他组织形式)。其余规则仿效论资排辈制,但不会长期聘用非创收合伙人。律师在达到一定级别后,只允许其再担任一到两年的授薪合伙人,就必须转变成业务合伙人,否则会被请离律师事务所。君主的统治组织会明确业务合伙人每年的业绩要求,一旦连续达不到要求,或者因身体原因外的其他事由导致业绩差距过大的,则会降级或者剥夺合伙人资格。

2. 分级制

所谓分级制是把合伙人分成不同等级,每个级别的合伙人总分成固定比例(如6:3:1),然后再在级别内进行公平分配的制度。目前中国律师事务所采用该种制度的不多。

3. 混合制

这是中国律师事务所的特有制度,主要出现在提成制向公司制过渡的过程中。其形式是部分律师或律师团队实行提成制,另一部分律师或律师团队实行公司制。两种制度之间实行账目分离,共用律师事务所名称。这是一种畸形的律师事务所分配制度,因为存在两种不同分配理念的支持者,无法长期共存。

三、当前薪酬调整的趋势

（一）国外律师事务所薪酬调整的趋势

1."资历决定薪水"转变成"产值决定薪水"

薪酬与所创造价值的贡献率相匹配，从"资历决定薪水"转变成"产值决定薪水"。合伙人不再专注于计费时长，而开始致力于拉拢业务，"新业务拓展者为王"的说法成为律师事务所奉行的准则；业务领域的转换，比如从公司业务转到诉讼业务；对服务律师事务所本身所做的贡献（如参加业界活动），从之前的不进行经济奖励到如今的转化为可量化价值（如计费时长）；采取主观制的律师事务所会奖励高创收的律师；开拓能力强的青年律师能获得与自身资历不相匹配的薪酬；不善创收的律师薪酬大幅跳水，甚至被辞退；实力非凡的非明星律师面临薪酬上涨"瓶颈"；所内存在过于看重利润的风险；律师事务所逐渐意识到他们不需要配备律师，因为人人都想做高级合伙人；律师事务所面临"外部竞争与内部竞争孰轻孰重"的问题；立志做一名好律师已经远远满足不了发展需求。

2. 公司制向提成制过渡

国外论资排辈的薪酬制已实行多年，由于国外法律意识和法律市场较为成熟，律师业务的拓展难度要小于国内。传统论资排辈制已无法满足青年明星律师利益诉求，于是逐渐回归论功行赏制。

（二）国内律师事务所薪酬调整的趋势

从西往东，律师事务所薪酬制度呈现逐步规范化的特点。无薪实习的比例正在下降，各种提成分配制的透明度不断上升，福利制度也更为明晰。在公司制律师事务所的带领下，近年来形成了一股对律师事务所薪酬设计研究的热潮，律师事务所里的各种薪酬和奖励制度正逐步完善。在当前传统法律服务市场遭遇明星律师瓜分的情况下，即部分律师对含金量高的案例应接不暇的情况，各律师事务所逐渐采用起薪更高的公司制去吸引优秀法学毕业生。值得注意的另一个趋势是，海归们受到冷遇。过往在非诉业务中非常抢手的留学人员，由于海归人数增多、司法环境差异等因素，已不如以往受欢迎。但涉外业务合伙人的平均薪酬仍然比本土业务合伙人高出一截。因薪酬分配理念不同而导致分裂的律师事务所越来越常见；实行改良版论资排辈制或改良版团队合作制的精专小所越来越多。此外，引进并使用“计费时长”概念的律师事务所逐渐增多，并开始认可纯粹管理者的价值。律师事务所中的既有利益拥有者更加愿意分享自身资源与利益来谋求更大发展。还需要注意的是：律师事务所中权益合伙人和非权益合伙人的比例逐渐升高，这意味着在国内现有薪酬体制中，创收能力卓越的合伙人越来越重视权益的分享，业务创收能力仍然是衡量合伙人薪酬的第一指标。国内律师事务所，尤其是公司制律师事务所，在设计薪酬制度时普遍选择公式制为基本方案。

四、国外关于律师事务所合伙人薪酬的有益探索

（一）提升全体雇员的薪酬水平

几年前，如果合伙人觉得所得薪酬与贡献不匹配，还可以要求律师事务所重新进行薪酬分配，从低产的律师处多分得一些报酬。现在大家意识到，律师事务所实际上缺乏这样一笔能用来满足合伙人预期收入的基金。因此，除了重新进行利润分配以外，还要努力创造更多产值，才能建立这样一笔对大家都有利的基金。

（二）衡量新业务为律师事务所带来的价值增长

促使这一趋势发展的前提是：第一，律师事务所对新业务和新市场的迫切需要；第二，计时收费已远远不能满足律师事务所成本开支，或者说计费时长的性价比越来越低。律师事务所要求业务招揽人积极寻找新业务，而合伙人则应放手让业务招揽人大干一场，以风险投资的形式支持其工作。这样，高效的业务招揽人就不用再像从前那样，担心计费时间短于他人。随着对新业务贡献价值越发重视，律师事务所也调整了客户开拓绩点的政策和制度，具体来说，除非还能积极维护客户，否则针对年老且绩点停滞不前的合伙人律师，将修改相应制度；将重点客户的维护管理作为一种开发手段；当客户开拓人自行承揽该客户的业务时，不计入绩点；为激励营销团队，将分割相关的部分绩点。

（三）维持、扩展和管理客户的重要性增强

随着开发新业务带来的价值不断增加，业绩标准的重要性也日渐增强。律师事务所每年至少有 2/3 的工作都来自现有客户，即约 90% 的工作来自各种形式的推荐或现有业务关系。这说明开发新业务的一个重要方式就是多关心现有客户，在稳定该业务关系的同时，持续发展新业务。因此，业务

主管合伙人应按照客户层级向其推介更多的律师，以建立更多的业务联系。

（四）管理和投资的重要性

增加投资是合伙人为律师事务所创收的主要方式之一。合伙人的投资压力通常来自两个方面：一方面是客户不愿花钱培养新入职不久的律师；另一方面是支付的律师费、工作含金量、招聘策略等投入与回报不同步，与投资原则背道而驰，让律师事务所在律师身上损失大量金钱。所以，在经济形势好转的时候，合伙人应致力于扩大投资，但要成立为实践小组的形式，合伙人担任组长并承担实践结果。

（五）一贯重要的计费时长、最低期待值、罚款

美国律师事务所的合伙人，除去少数律师事务所里负责管理的合伙人，一般可接受的最低计费时长标准为 1500 小时，律师事务所执行最低标准的同时，还强制推行罚款制度。因为产量低、计费时间不足、费率低而未达最低标准的合伙人薪酬本身已经很低，在扣减罚金之后会变得更低。合伙人是否达到计费时长的最低标准，取决于业务招揽人是否承揽到足够的业务量，同时也会受到合伙人和律师间业务分配情况的影响。有些律师事务所规定了所内工作分配的通用管理方式，使分配过程更为公正，让律师事务所实现高产和理想的人力配置。

（六）非团队协作者加薪计费、工作有望纳入计费时长

以前有些律师事务所不把管理、行政、公共关系等其他事务所服务工作纳入计费时间的“绩点”范围，但现在已经普遍将其纳入计费时长，因为这样既能改善绩点滥用状况，又能让合伙人获得更多收入。此外，还会减轻那些承担管理职责或担任薪酬委员会负责人的合伙人对计费时长的统计压力，特别是在只有一个或少数几个合伙人负责上述事项的情况下。

（七）为团队协作者加薪

通过把团队合作表现纳入业绩评价标准，对不合作者予以降薪，律师事务所的团队合作能力将得到显著提高。具体做法即为：对优秀的团队合作者颁发更多奖金，对欠缺合作精神、作出缺乏合作行动的合伙人实行降薪处罚。表彰对象包括：对合作项目提供支持的积极参加者、协助人或模范合伙人等。

（八）资历不再是薪酬标准

在 20 世纪 70 年代，资历是律师事务所制定薪酬的主要标准。而 20 世

纪90年代,大部分合伙人的薪酬中,资历标准已经锐减为只占8%了,现在仍在不断减少。

(九)对低产的合伙人而言薪酬的影响有限

降低合伙人的薪水似乎无法提高低产合伙人的生产力,因为一个低产合伙人的价值追求通常比最吝啬的薪酬管理人所给的数目还要低很多。合伙人存在不愿意、不能够解决问题、积习难改等原因。实践中经常出现这样的情况:4个合伙人中只有1个合伙人会通过学习新技能、开发新领域、恢复活力等方法而进行改进,其他人则恢复到之前低产的状况。

(十)律师事务所文化和领导力比薪酬更有效

结合上述几点可以看出:只通过调控薪水来解决合伙人产能低下的问题,无异于杯水车薪;薪酬能够传达给合伙人表现良好或不尽如人意的信息,但接收这样的间接信息,远不如当面说服来得有效,这关乎律师事务所文化;如果合伙人有着卓越的制度设计意识与能力,薪酬问题自然也不在话下。

(十一)业绩反馈有助于业绩提升

业绩反馈是近几年来律师事务所中最盛行的办法。现代律师事务所中的每个合伙人,都认为花时间与其他合伙人探讨自己的表现和原因是很值得的。这样一来,律师就能知道自己在律师事务所表现如何,与薪酬有什么关系,还可以倡导或制止某些行为,使业绩状况变好。

(十二)把管理和薪酬水平挂钩

一个盛行很久的废止薪酬委员会的相关老传统是:把管理和薪酬制度联系在一起,准确地说是废止薪酬委员会而让执行委员会来做薪酬决策。这是基于这样一种逻辑:合伙人选出的成员可以带领律师事务所实现业绩目标,也就应该掌控“胡萝卜和大棒”的薪酬制度,辅助实现律师事务所的业绩目标。

(十三)业绩评估设计

最近的一个趋势是:把合伙人的行为与战略计划联系起来,把薪酬和企业战略联系起来,以实现合伙人对律师事务所的年度贡献、与律师事务所战略计划对接的目的。另外,这一计划的落实通常与律师事务所的执行委员会有关,因为执行委员会是律师事务所的战略决策人。将各个合伙人的年度业绩与薪酬绑定的计划有助于满足律师事务所的战略需求,因而也会行之有效。

（十四）数学公式制（记分制、薪酬波动、奖金制、分层制）

数学公式制不如以前盛行，但每年都有很多律师事务所从年底结算制转型成这一制度。其具有如下优点：(1)合伙人在年初时写下自己的业绩目标，因为他们的主要工作就是增加律师事务所营业额。(2)红利基金能让合伙人更愿意为工作作出牺牲，比如说超长的工作时间、快节奏的工作态度，也可以为律师事务所创造额外收益。(3)红利基金可以减少合伙人每年的薪酬波动。近年又产生了名为分层制的新方法，即将每个合伙人负责的工作按对律师事务所的贡献大小划分出等级，然后给予相同等级工作的合伙人以同等工资。

（十五）把盈利能力作为衡量标准

这是一个实验性方法，即不通过实际收益（如收取的费用）来衡量合伙人对律师事务所的贡献，而是通过毛利分配来衡量合伙人的建树。这里强调的观念是：不同执业领域的结构性和经济性不同，毛利自然也不同。这一方法需要使用电脑、适合的费用计算规则和良好的判断能力来实现。

第三节　如何设计团队薪酬模式

一、薪酬设计的难点

（一）如何平衡律师个人利益与律师事务所利益

律师事务所作为知识密集型的专业服务机构，相对企业而言，人员组成松散、律师和事务所从属性较弱，律师服务的专业性和人身性等特点决定了律师事务所难以像公司一样形成一个紧密的利益共同体。自然状态下的律师事务所，多呈现出各团队各自为政、单打独斗的状态，事务所发展的资金和动力都有所不足。传统的律师事务所中，律师赚取的律师费按一定比例向律师事务所缴纳管理费，这导致律师会优先选择管理费比例更低的律师事务所，而不会关注律师事务所本身的发展，律师事务所容易沦为一个手续挂靠与代收代支的交易结算平台。

律师是一个需要终身学习的职业，一旦律师选择脱产或半脱产接受培训学习，律师事务所的短期利益必然受损，但对律师本身来说，这却是必需且重要的增值过程,因此也会产生律师事务所和律师的利益冲突。以律师事务所初创期为例,如果业务量较小,为了维持事务所的运营,势必要牺牲律师个人利益,如提高提成比例、缩减公共开支等。除此之外,合伙人律师往往自行把握其团队的发展方向,一旦团队发展方向和事务所的发展方向产生分歧,就会造成事务所的发展困境。概括而言,薪酬体系如果过于强调事务所的收入,那么律师个人的可期待利益将会受损,势必带来人才流失;但如果过于强调律师个人的收入,忽略事务所的发展,长期来看也会影响律师个人的社会评价,难以获得优质案源,业务水平无法得到有效提升。因此,事务所和律师之间的利益分配必须尽量达到均衡,让两者之间形成相辅相成的良性循环,而非此消彼长的恶性竞争。

(二)如何推进团队营销

不可否认,律师这一职业具有专业性和人身性,客户与律师事务所签订的委托代理合同中也只会委托某律师,而不会委托某律师团队。过去很长一段时间,律师缺乏团队合作的理念,凡事亲力亲为,但中国的法律服务市场发展至今,一个律师通常对应一个团队,这也是顺应法律服务市场的必然要求。在各行各业都强调团队合作的当下,法律服务行业并非“孤岛”。尤其在争取一些大型优质客户或业务时,会涉及多个环节的纷繁复杂的工作,在大型投标提案、系列合同起草和律师事务所整体报价上,团队制运营都必不可少。但是,律师事务所的薪酬制度却没有及时和团队工作制配套,薪酬设计仍以个人为基础,原因在于一些律师事务所考虑到设置团队奖励会增加事务所整体成本或减低个别律师收益。这样的做法使团队缺乏向心力和认同感,团队更像一个临时工作组而不是一个整体。长期看来,以团队为单位建立品牌将成为趋势,只有在物质回报上形成一个利益共同体,才能维持团队的持续发展。

有挑战就有突破之处。以美国的律师事务所为例,为了提倡团队营销,他们鼓励合伙人对绩点进行分割,但绩点分成应由各合伙人在与客户签订委托协议时或之前就协商好,除非适用极不合理,否则通常均采用标准绩点分成:如只涉及两人时采用 50%:50% 或 75%:25%,只涉及 3 人时采用 33%:33%:33% 或 66%:33%,但对此没有严格限制。

(三)如何合理归属新业务的绩点

众所周知,开拓业务对合伙人律师来说是一个艰巨而重要的任务。加拿大安大略省最高法院亨利大法官说道："职业企业家和商人之间有区别吗？显然没有。现实地说，律师和生产商、批发商、银行家或股票经纪人一样在为谋生而工作。他主要是在从事经济活动。我这样说丝毫没有贬低他在为满足公民法律服务需要的伟大事业中所做出的贡献。"大部分律师事务所将开拓新业务设定为评价个人业绩的重要指标，并且建立相应的会计制度来记录、区分每位合伙人所拓展的业务，这无疑是合理的。挑战通常出现在新业务归属上，因为拓展业务往往是一个群策群力的工作，客户有可能在与所内多位律师在多个场合的数次接触后，受到多重因素的影响，才建立起对事务所的信任，进而签订委托代理合同，很难说是某个律师或合伙人的单独贡献。可以想象，设计一个科学高效的公式或者模型来合理划分多位律师在开拓某业务上作出的贡献相当困难，绝大部分律师事务所仍然维持一单业务仅对应一个律师的制度，忽略了一些贡献较小或者作出隐性贡献的律师。为了避免做出的贡献被忽略，一些律师选择单独进行业务拓展，这使本就艰巨的任务更加艰巨，对事务所来说也没有任何好处。因此，合理归属新业务是一个必须解决的难题，否则将影响到律师事务所未来的发展。

美国律师事务所发展时间长，规模效应突出，在很多领域发挥着"领头羊"的作用，在设计合理的薪酬体系、反映开拓新业务的贡献方面也有值得借鉴的地方。具体操作而言，他们首先建立了新事项报告制度。对于未接手的新类型案件，在设立阶段前期就必须进行绩点分配，尽可能避免事后争议。他们同时注意到：新业务不一定来自新客户，也有可能来自老客户，应当区分这两种新业务的绩点归属。对于新客户的新事项，所有个人事项和客户收入的绩点都属于律师间约定的业务开拓律师。对于旧客户的新事项，则新委托事项的绩点按如下方式分配：客户的开拓人和事项的开拓人同属于一人的，所有绩点归属该人；非同一个人，各得50%，如果客户开拓人不再积极维持与该客户的关系（可通过在未来事项中，客户开拓人"特殊"负责的业务数量来测量），则适用逐步递减制度（笔者将在下文详述）。其次，考虑到开拓新业务并非一成不变的，而是一个动态发展的过程，美国的律师事务所还普遍建立了逐步递减制度，如果负责开拓客户的律师不再锐意进取，那么拓展客源的绩点应按每年20%向下递减。递减的绩点增加给负责客户维护的律师。这种逐步递减的计算方式自开拓律师不再维护客户的"特殊"关系，或被其他合伙人认为未能有效维持客户的"特殊"关系的第一年起算。

最后,美国的律师事务所也没有忽略老客户常规事项的绩点分配,这种情形一般为"机构"客户所特有,对于"机构"客户,不同律师可能年复一年地从不同客户联络人那里得到委托业务(如贷款文件或清算所交割)。如果是老客户,则绩点归属于获得或开发了某单一业务的律师。如果为新客户,即使开拓人没有做任何实施工作,绩点仍按上述"新事项、新客户"规定来分配。

(四)如何处理不同业务的不同盈利情况

综合性的律师事务所通常包含多个业务领域,某一些业务的利润和附加值天然比其他业务高,比如计费时间更长、杠杆率更高、坏账更少、支付更快。但大部分律师事务所仅以"经济效益"来计算贡献量,譬如律师事务所只会记录:"某合伙人完成了一笔30万元的业务",此类描述只考虑了该合伙人拓展业务所得收入,而未将最终能够带给律师事务所的收益进行计算,这是公式制和主客观制的通病。随着采用财务利润计量模式的律师事务所越来越多,律师事务所收入分配制度也会发生相应改变。但是,如何平衡该业务领域合伙人的收益问题,仍是律师事务所管理的难题。

(五)如何提升律师事务所价值理念的认同度

薪酬制度以律师事务所价值观为基础,薪酬分配体系能反映出一家律师事务所的信仰和前景。律师事务所的核心价值观,是指律师事务所及所有律师的价值取向,是指律师事务所在经营过程中所推崇的基本信念和所奉行的目标,是指律师事务所负责人对律师事务所性质、目标、经营方向等取向所作出的选择,也是律师事务所的律师们所接受的共同观念。这不仅是长期积累的产物,也是律师事务所全体员工所共同持有的主要价值观,还是律师事务所生存发展的内在动力、律师行为规范制度的基础。面对更加激烈和直接的竞争,律师事务所需要实施品牌战略,打造自己的品牌。如果合伙人不抱有共同的愿景,就没有必要共同组建律师事务所,因为薪酬制度必然围绕着共同的追求。而且这个愿景或者宗旨必须十分清晰,即使有调整,也必须保证沟通交流畅通,使成员都有明确的渠道得知律师事务所的真正目标。哪怕律师事务所的宗旨直白,如只为赚钱,也要坦白告诉律师,而无须粉饰,以免浪费彼此的时间。在发现薪酬体系不合适前,律师应首先确定自己是否找到了志同道合之士,否则无法从根本上解决问题。一旦律师事务所合伙人就事务所的核心价值达成一致,不论是薪酬体系还是其他方面的事宜,都会非常容易确定,从而大大节约了交流成本。这对于管理风格、预算或支出批准、扩张决定、招聘需求等其他事情同样适用。

有一些律师事务所发展时间不短,但在利益分配方面仍存在诸多问题,很大一部分原因来自合伙人的理念分歧。与一般公司不同,律师事务所的合伙人既是管理者,又是业务创收的中坚力量,其所持理念将直接影响律师事务所的发展方向。随着律师事务所合伙人规模不断扩大,各方面均存在差异的合伙人的矛盾冲突越来越多,由于合伙企业的特点是合伙人共同参与合伙企业事务,在涉及合伙人切身利益的分配制度的设置方面,要达成全体统一的认识尤为艰难。此时,律师事务所就必然会选择一种折中的、为大多数合伙人能接受的制度内容,这必然不会是一种"完美"的制度内容,因此就会出现问题。

(六)如何使薪酬分配制度转化为管理工具

收入分配影响因素会引导律师事务所的发展方向,甚至影响律师的工作方式。律师事务所的管理层应该有意识地将其作为管理工具,发挥能动作用,而不是任由律师事务所和律师个人的发展方向被动地受薪酬制度牵引,甚至违背律师事务所的核心价值。奖惩制度能产生重大且直接的效果,有的措施会激励律师达成期望目标,有的则会促使律师做出伤害律师事务所的行为,这要求管理层有一定的管理学知识、大局观念和经验积累,这对于法律专业出身的合伙人有相当的难度。

(七)如何评估合伙人的贡献

合伙人堪称一个律师事务所的灵魂和基石,但在衡量和回报他们的贡献时,目前普遍存在一些问题:

1. 公平性问题

表决权利不公平。合伙人利益分配除了物质层面,还应当包括表决权,但目前律师事务所的决策机制仍是机械地规定一人一票,这就使贡献极大的合伙人与几乎没有贡献的合伙人表决权利完全一致,这将极大地挫伤他们的积极性。在公共资源分配方面也有类似的问题。如果 A 合伙人年创收收入为人民币 100 万元,占比 5%;而 B 合伙人年创收收入为人民币 50 万元,占比 2.5%,那么 A 合伙人分担的公共成本是 B 合伙人的 2 倍,但是 B 合伙人占用律师事务所的公共资源却与 A 相同,这种资源分配方式是明显不公平的。

2. 激励问题

物质方面激励不足。合伙人创收越多,分摊公共成本越多;贡献越大,承担义务更多,对于实力强大的合伙人而言将会起到反作用。合伙人利益分配制度中,除了依据业务创收数额,按约定方式获得收益之外,没有任何物质奖励方面的特殊设置,将无法最大限度调动合伙人的积极性和创造性,也无法实现合伙人利益分配制度应有的激励性。可见,物质奖励作为一种最传统、最直接的激励模式,依然是最有效的激励模式。如果长期不解决该问题,可能带来的"恶果"就是:创收低的合伙人"寄生于"创收高的合伙人,缺乏压力和动力,出现不思进取的情形;优秀合伙人流动加速,不利于合伙人团队的稳定。在精神激励方面,同样存在激励不足的问题,目前实施的合伙人利益分配制度仍然以业务创收为主要分配指标,而对教育背景、资源背景、综合能力、资历、贡献程度等因素均视而不见,不作为分配的参考指标,既然没有业绩,分配就无从谈起。合伙人利益分配制度应在精神激励方面加以改善,必要时精神激励可以转化为物质奖励,以充分发挥利益分配的激励性。

3. 合伙人"合伙"的不稳定性

合伙制律师事务所的特点决定了律师事务所主要由合伙人合伙组成。"合伙"主要依靠契约维系,律师事务所的合伙份额并无直接升值潜力,合伙人"合伙"具有不稳定性。这种不稳定性直接导致合伙人之间难以形成长期的共同理念、共同目标,因此,合伙制律师事务所如果没有完善的制度来凝聚合伙人的"人合"观念,就不能建立合伙人之间的共同目标,合伙人的队伍就会不稳定,很容易涣散。而合伙人队伍之"合伙"欠缺稳定性,势必造成在分配制度的内容制定上出现"短视"现象,从而导致问题。

4. 内部配套机制不健全

(1)决策机制不完善。虽然目前大部分律师事务所都设立了自己的组织机构,设立了律师事务所管理委员会,也普遍将合伙人大会设为最高权力机构。然而,看似民主的表决程序实际上存在滑向"人治"的风险,因为创始合伙人往往有无可替代的背景和威望,其巨大的影响力几乎直接影响律师事务所的发展和方向,这实际上是"人治",决策机制形同摆设。当然这种高效的决策模式在建立的初期阶段能发挥不可磨灭的作用,但在律师事务所进入成熟期后,这种模式使得不断加入的律师、合伙人很难建言献策,在薪酬体系方面的建议自然也难以得到讨论或采纳,最终阻碍律师事务所转型和律师事务所规模化、规范化发展。

(2)合伙人福利制度缺失。一般而言,律师事务所合伙人福利制度包括两方面:合伙人在职期间的福利制度和退休后的福利制度。大多数律师事务所合伙人除了享有法律规定必须缴纳的“五险一金”及法律规定的假期等福利之外,没有其他特殊福利。也就是说,合伙人对律师事务所的发展做出的贡献再大,在其在职期间或退休期间,也没有任何额外的退休福利。因此,合伙人的动力及安全感的唯一来源即是其可分配的创收利润,这势必使合伙人只注重个人眼前经济利益,难以把律师事务所建设作为毕生追求的事业。

面对这些合伙人价值衡量方面的缺陷,笔者提供以下解决思路供参考。

归根结底,上述问题都是建立在贡献评估标准上的问题,解决思路应当围绕着建立一个合理的标准展开,以便奖励为律师事务所发展做出贡献的合伙人,同时鞭策消极怠工的合伙人。不得不承认,律师事务所合伙人之间存在巨大差异,而他们的差异性往往是律师事务所的财富,如果一家律师事务所的所有律师都拥有趋同的技能点,那么这家律师事务所在市场上的竞争力也就十分堪忧,所以要鼓励合伙人之间存在差异性。有的律师善于开拓客源;有的律师善于钻研业务难题;有的律师乐于总结和分享,享受帮助青年律师成长的过程;有的律师性格谨慎,习惯“摸着石头过河”,不愿轻易传授经验。

合伙人收入分配的难点之一,在于针对类型不同合伙人制定衡量其贡献率的方法,这势必需要一套多元化的衡量标准,在国外,律师事务所衡量合伙人贡献率的标准包括:专业能力、职业水平、服务客户的尽职度、判断力、问题解决能力、与客户的沟通能力、执业管理技巧、时间管理能力、计费时间的标价、入账金额、入账率、收款情况、客户维护度、营销能力、领导能力、推广事务所目标的执行率、事务所管理贡献、社交活动、律师协会活动、资历等。这些多元化的标准还必须配有合理的权重,否则会导致混乱,达不到应有的效果,目前的趋势有:资历不再作为考量因素,计费时长的重要性逐步下降,领导力则越来越被重视,营销和交叉销售的重要性与时俱增,社交和律师协会活动的参与度只有在有利于开拓潜在业务的情况下才会变得重要,业务管理能力越发重要,盈利能力比现有收入更为重要。关于盈利能力,实际上就是合伙人的创收能力,衡量一名合伙人创收能力的主流趋势是通过盈利能力而非现有收入,律师事务所越来越注重一名律师未来产出利润的潜力,用前期物质回报奖励有大局观和远见卓识的律师。

除了以上的评估标准,合伙人之间的互审制度也在逐渐兴起,但不可避免地遭遇了重重困难。合伙人互审的流程一般表现为:(1)每位合伙人均制订年度计划;(2)部门主管审查年度计划;(3)发送所有年度计划给全体合伙人;(4)获取其他人的合伙人评价;(5)合伙人与部门主管会面讨论年度计划;(6)合伙人自评与设立来年目标;(7)监控个人目标的年内完成进度。

对于互审制度,批评的观点认为:从照顾合伙人的心理出发,互审可能使合伙人感到不安和尴尬,而且也没有必要,因为大部分合伙人都比他人更清楚自身的缺点,管理层也会在背后议论每个合伙人。尽管如此,笔者看到一些勇于尝试的律师事务所已经把合伙人互评机制纳入了薪酬评核程序,并辅之以必要的原则,包括:(1)管理层要坚信"所见即所得";(2)鼓励大家多提建设性意见;(3)管理层预先收集合伙人的意见,筛除情绪化或发泄性的意见;(4)保证互评以匿名的方式进行。

可喜的是,这些律师事务所基本上都表示他们取得了相当的成效,失败的例子相对较少,且存在一定的共性,比如,合伙人隐瞒了真实情况,管理层缺乏后续跟进活动,审查时间的选择不恰当等。因此,笔者相信,只要律师事务所在实行合伙人互评机制时用科学的约束机制加以配合,互评制度就能在衡量合伙人贡献方面发挥显著作用。

二、团队不同发展阶段的薪酬思考

任何事物都有一个发展过程,律师事务所也一样,在不同发展阶段也会具有不同的特点。上文分析的各个难点,在律师事务所发展的每个阶段都会产生,但不同阶段的侧重点不同,同一问题的频度、广度和深度也会有所差别。为适应阶段性发展目标,薪酬分配应当在不同的阶段有不同的表现形式,容纳相当的弹性空间,以适应律师事务所不断变化的需求。比如,某律师事务所在最初创立的3年中,存在合伙人分配制度激励不足问题,产生根源在于创立初期合伙人"抱团取暖"的必要策略;发展中期出现的不公平性问题,则多源自合伙人为争取更多个人利益,聚焦于自我品牌的资源积累;后期,阶段利益分配体系制约律师事务所向顶级律师事务所发展,则是因为全体合伙人没有解决个人利益与律师事务所整体利益的平衡。可见,每个问题形成的原因都与其自身的发展阶段所存在的客观因素有紧密联系，因此，设计薪酬分配体系不能脱离律师事务所的发展阶段。

在前文中，笔者介绍过客源开拓人、业务主管人、项目主办人这种“三分制”：“客源开拓人”是指负责拓展业务或客户的律师，通常也称为“业务招揽人”；“业务主管人”是指负责管理法律业务和客户的律师，负责制定办案战略、分派任务、监督进程并参与计费管理和客户维护事项；“项目主办人”是指负责提供具体法律服务的律师。在讨论律师事务所薪酬的语境下，客源开拓人、业务主管人和项目主办人的概念仍然适用，但角色的重要性则取决于若干不确定因素。其中，最重要的是律师事务所发展阶段的具体诉求。在律师事务所建立初期，发展客源是当务之急，客源开拓人的重要性会上升，贡献衡量标准会相应地更有利于客源开拓人。律师事务所建立中期，已积累了一定规模的声誉，品牌效应初显，维护一批精选客户成为新的目标，案件从重量转变为重质，提升每个具体案件的完成度变成首要任务，此时“业务主管人”和“项目主办人”的地位也顺理成章地有所上升，薪酬制度也会向有利于“业务主管人”和“项目主办人”的方向倾斜。

总而言之，律师事务所的薪酬分配制度最重要的功能是保证律师事务所的长足稳步发展，发挥这一功能的基础要求就是保证薪酬制度与律师事务所的阶段性发展需求相契合。如果薪酬体系不能服务于阶段性目标，就会出现问题。首先，律师事务所的内部利益目标难以实现。以合伙人为例，在目前的合伙人利益分配制度下，合伙人带领自己的团队在不同的业务领域发展建设，通常，会更多地考虑团队利益和短期利益，缺乏事务所层面的共同利益目标，这就难以形成对管理的共同追求，使无人愿意从事管理工作，很难形成有效完善的管理制度，不利于事务所的有效统一管理。其次，律师事务所的团队和谐、健康发展目标不易实现。一旦形成了团队利益最大化倾向和短视倾向，客观上就会造成合伙人不愿意对事务所公共建设及人才培养有所投入，这样一来，新老合伙人的内在动力都会不足，缺乏发展后劲，不利于律师事务所的人才培养和梯队建设。长此以往，必将使律师事务所各团队矛盾重重，缺少向心力和合作精神，律师事务所人才不断流失，陷于分崩离析之虞。

第四节 参考案例及思考

一、上海瀛东律师事务所幸福股权团队[1]计点制案例

（一）背景与目标

1. 以客户满意度为宗旨，以专业服务为根本，以产品化、流程化、品牌化为原则，以业绩考核目标为团队激励基础。

2. 注重价值观与共识机制，在此基础上平衡资历、付出与团队绩效，鼓励团队化运作；采用短期绩效激励与长远目标相结合的平衡原则。

3. 在保障团队可持续发展的基础上，从关注个人业绩到推动团队业绩增长，实现团队一体化运作，实现团队发展各阶段目标。

（二）计点制设计的基本原则

1. 对象：只对经过考核评估、成为合伙人的团队成员实施。原则上须在团队工作满一年以上，个人提出申请，价值观考核过关，各方面能力匹配，且经全体合伙人一致表决通过。

2. 基础条件：客户归属团队，资源归属团队，共担成本，共享收益。综合各维度给合伙人团队成员打分，根据个人点数占总点数的比例分享团队净利润。

3. 统一核算成本：收入 = 成本 + 发展基金 + 合伙人分红，即将全部公共化成本预先扣除，除第三方外部渠道成本及基本薪酬，合伙人的业务成本不做扣除。

4. 动态调整原则：点数调整遵循渐进原则，既要能上也要能下，又要有一定限制；既要拉开一定限度，又不要过大；既要考虑到资深合伙人的贡献，又要保护年轻人的积极性。

（三）计点制分值的设定

创始人依据一定标准选拔出合伙人，一般综合考虑各方面因素选拔出德才兼备的合伙人。年度考评时动态调整时，基础计点分值考核维度如表

[1] 董冬冬：《风行律师界的计点制长什么样儿？》，载微信公众号“董董的墨迹”：https://mp.weixin.qq.com/s/iukAq96YwucLO1ZajBh5PA.，最后访问日期：2018 年 10 月 25 日。

5－1所示。

表5－1　基础计点分值考核维度

考核项目	分值	权重	考核基础
价值观	0～10	40%	参照团队价值观
入职时间	0～10	5%	每增加一年增加2点
入伙时间	0～10	10%	每增加一年增加5点
学历	0～10	5%	每修一个12月期间的正规教育增加5个点
咨询业经验	0～10	5%	一次性用尽
个人在团队价值	－20～10	10%	综合绩效、能力、团队带领、付出意愿等因素弹性调整，可上可下，可增可减
创始人评价	－10～10	10%	每年度可以增减
其他同事评价	－10～10	5%	每年度可以增减
成长性评估	－10～10	10%	每年度可以增减
总括	在区间内打分	100%	价值观与定量考核相结合；过去、当下与未来相平衡；动态股权调整原则

（四）净利润的构成

团队净利润＝开票收入－团队成本－发展基金（团队公积）。

其中，成本类型包括税收、办公成本、人员工资和社会保险、年终奖、培训费、办案成本、推广成本、税费成本、外部渠道成本、技术成本及其他管理成本。成本支出以年底核算为原则，透明、公开、合理进行支出。发展基金包括提取开票额度的10%作为发展基金，作为年终投资合伙人的分红及其他开支。

（五）实施计点制

初期由全体合伙人在财务部与人力资源部的配合下统一实施；后期随着合伙人人数增加，可成立绩效考核委员会，统一考核与分配。

与计点制相配合，还需做好授薪团队的考核与选拔机制，做好市场、品牌、客户管理、技术、公共关系、运营维护等相关制度安排。

合伙人参与本机制需要签订竞业禁止协议，在职时不得谋求团队外的个人私利，离开后不得谋求团队客户资源的任何业务，严禁商业上的同业竞争行为。

二、盈科律师事务所郭向锋律师团队[1]计点制案例

(一)团队成员的薪酬体系

团队成员的薪酬体系由基本工资、提成、分红3部分构成:(1)基本工资用于团队成员的日常生活与工作成本;(2)提成用于短期激励,案源提成为律师费用的10%;(3)分红用于中长期激励,按照计点制度进行分红。

(二)初始点数设置

初始合伙人:A律师、B律师、C律师、D助理、E助理,初始总点数为100点。

1. 考量指标

计算合伙人初始点数需要根据表5-2所示各指标因素进行衡量。

表5-2 考量指标

考量指标	出资(以够用为原则)	能力、时间	资源
具体因素	1. 团队运行成本,包括工资、办公费用; 2. 备用金,包括差旅、应酬以及公关等费用	1. 谈判、沟通能力; 2. 文书能力; 3. 开庭能力; 4. 管理能力; 5. 行政等事务执行能力	1. 现有资源; 2. 资源拓展能力

2. 各指标权重

上述各项考量指标所占权重如表5-3所示。

表5-3 各指标权重占比

因素	出资	能力+时间	资源	合计
占比	20%	40%	40%	100%

3. 年度出资贡献

假设A、B、C各出资100,000元,D与E出资0元。各人出资贡献占比

[1] 张昆:《计点制运行方案》,载微信公众号"盈科lawyer张昆":https://mp.weixin.qq.com/s/NWWit7BVFicn_UbDkbu1AA.,最后访问日期:2018年9月4日。

如表 5 –4 所示。

表 5 –4　出资贡献占比

姓名	A 律师	B 律师	C 律师	D 助理	E 助理	合计
出资	100,000 元	100,000 元	100,000 元	0 元	0 元	300,000 元
出资比	33.3%	33.3%	33.34%	0	0	100%
综合贡献比（加权 20%）	6.66%	6.66%	6.68%	0	0	20%

4. 年度能力 + 时间贡献

设:A 律师的能力值为 100,B 律师的能力值为 70,C 律师的能力值为 65,D 助理的能力值为 25,E 助理的能力值为 20。则能力值总计 280,如表 5 –5 所示。

表 5 –5　能力及时间占比

姓名	A 律师	B 律师	C 律师	D 助理	E 助理	合计
能力值	100	70	65	25	20	280
能力比	35.7%	25%	23.2%	8.9%	7.2%	100%
综合贡献比（加权 40%）	14.28%	10%	9.28%	3.56%	2.88%	40%

5. 资源贡献

设:A 律师资源值为 100,B 律师资源值为 60,C 律资源值为 45,D 助理资源值为 20,E 助理资源值为 5。则资源值总计 230,如表 5 –6 所示。

表 5 –6　资源贡献占比

姓名	A 律师	B 律师	C 律师	D 助理	E 助理	合计
资源值	100	60	45	20	5	230
资源比	43.4%	26.1%	19.6%	8.7%	2.2%	100%
综合贡献比（加权 40%）	17.36%	10.44%	7.84%	3.48%	0.88%	40%

6. 综合贡献值比

即出资总额贡献比 + 能力、时间综合贡献比 + 资源综合贡献比，将以上各因素综合贡献比相加得到总贡献比，具体为：A 律师 38.3%、B 律师 27.11%、C 律师23.78%、D 助理 7.04%、E 助理 3.76%。

综上所述，各合伙人起始点数可设置为：A 律师 38 点、B 律师 27 点、C 律师 24 点、D 助理 7 点、E 助理 4 点。

（三）浮动点数管理办法

1. 客观计点

团队成员为团队做出如下贡献点后可获得相应贡献值：

（1）引入人才，经考核测评后，团队 2/3 以上成员同意吸收其为团队成员。

（2）引进业务并成功委托。

（3）案件谈判。其中包括前期检索资料及面谈工作。如在谈判前未使用 Alpha 等工具做前期检索工作，则贡献值应扣去 1/3。

（4）法律文书纂写、修改，以案件复杂度、文书份数以及字数不同而将文书的贡献值分类两个等级。

（5）递交诉状、辩护词以及阅卷、会见、拜访等工作。

（6）出庭。庭后请家属填写满意度调查表，分为：满意、一般、不满意。并据此计算不同程度的贡献值。

（7）准备合同材料、盖章以及会议记录等行政事务。

（8）担任管理职务。

（9）撰写软文、发表文章，开办讲座等其他对团队发展或创收有益的贡献。

（10）为团队服务满一年。

2. 主观计点

团队成员需根据自己每周做出的贡献点向团队会议提出计点申请，由团队会议决定其应当增加或减少的点数。具体程序如下：

（1）团队成员每周需向团队负责人做述职报告，述职范围包括本周工作总结及下周工作计划，并根据自己所作贡献向团队提出计点申请；团队负责人则向全体团队成员做述职报告。

（2）团队会议对团队成员的计点申请进行审核，并做出决议，决议过程中有关成员应当回避。对决议结果不服的，需在决议做出后即刻提出复议，复议结果为最终决议。

3.单点虚拟价值预设

参考初始出资情况，A、B、C 三位律师的初始投资为 30 万元（运营基金），并通过这 30 万元的初始投资共分得了 20 个点，此外，大家又根据各自的资源以及劳动出资共分得了 80 个点。此时团队拥有的总资产为 30 万元，点数共计 100 点，此时的单点价值为 3000 元，相当于在种子轮阶段，每股（点）价值为 3000 元。通常情况下，种子轮的投资是风险最高的，所以在后续阶段的点数分配中，需要做出价值 5000 元甚至是 10,000 元的贡献才能获得一个点。参考《切蛋糕》一书中的做法，笔者将后续动态分配过程中的单点虚拟价值暂计为 6000 元，在团队运营过程中，团队成员每为团队带来价值 6000 元的贡献后，该成员可增加一个点；团队成员每给团队造成 6000 元的损失，则该团队成员将被扣除一个点。关于提成部分，团队成员需在一周内提出提成换取点数的请求，每 3500 元可获得一点，该笔资金计入团队运营基金，过期仍未提出换点申请的，自动按照提现处理。此外，团队运营基金最多可容纳 450,000 元，提满 450,000 元则不再接受换点申请。运营资金低于 10 万元时，停止提成，3 位律师在该季度创收所得提成需计入运营资金，并给予相应点数。根据初始点数设置规则，资源权重与人力权重均占 40%，两者权重相同，由此，在这 108 万元的创收中，54 万元可折算成 90 点，A 律师获得37.5点，B 律师获得 30 点，C 律师获得 22.5 点。另外 54 万元也可以折算成 90 点，所有点数按劳分配，也就是按照成员为案件所做的贡献值来分配。

（四）分红里程碑

里程碑是指代分红的节点。

第一种里程碑为达到一定时间点就分红，比如每季度分一次红。这样做的好处是成员领取分红的时间点是可预期的，坏处是无论团队及成员业绩有无提升，每到一定时间节点团队就会分红。

第二种里程碑为团队业绩均达到一定程度后再分红，比如将团队第一次分红节点设置为业绩达到 80 万元时，第二次设置为业绩达到 180 万元时，第三次设置为业绩达到 300 万元时，第四次设置为业绩达到 500 万元时。这种模式的好处是能在团队整体及成员个人两个层面上对员工进行激励与约束。

(五)退出机制

1.主动退出

合伙人在团队存续期间主动申请退出,则团队有权根据该合伙人的实时点数按照规定的分红计算方式予以清算并除名。退出的合伙人无权要求团队或团队其他合伙人回购其所累计的点数,亦不可转让或继承。该点数仅仅作为计算分红方式的依据,类似虚拟股而非实股,历史累计点数在退出时自动清零。

团队认可其历史贡献,但合伙人在合伙事业完成之前便退出,也应承担一定的惩罚性责任,功过相抵。因此,团队对于中途退出的合伙人,清算时既不补偿,也不惩罚。

2.被动退出

若团队合伙人严重违反团队管理规定,或严重违反忠诚、勤勉、竞业禁止等义务,并由此给团队造成损失的,团队有权使用该合伙人应得分红折抵其所造成的损失,若不足以折抵损失的,该合伙人应当给予团队赔偿。

若团队合伙人严重违反团队管理规定,或严重违背忠诚、勤勉、竞业禁止等义务,并由此给团队造成10万元以上重大损失的,团队有权对该合伙人予以除名处理。

3.合伙期限届满

历史累计点数在剩余点数分配完结之时全部清零,届时根据具体情况重新设置起始点数。团队合伙期间为3年。

(六)合伙人义务

团队一体化宗旨为,通过人员分工与协同作战产生合力,由单兵作战转向团队运作必定存在一个适应的过程,各成员必须严格遵守团队规章制度。

1.忠诚与保密义务

(1)负责做市场的合伙人需集中精力做好市场拓展工作,未经团队同意不得将业务介绍给团队以外的人。

(2)负责做业务的合伙人需集中精力做好团队内部业务,未经团队同意不得于工作时间私自承揽业务。

(3)各合伙人需遵守职业道德,保守客户商业秘密和个人隐私。

(4)各合伙人应当保守团队商业秘密,不得私自将客户信息及团队知识化成果泄露。

2. 勤勉义务

各合伙人应当为团队发展积极奋斗，不得消极怠工、损害客户与团队利益。

3. 竞业禁止义务

各合伙人离职后，可以继续跟进在团队期间所服务的客户，并继续为其提供法律服务。由该客户所产生新业务，该合伙人不得介绍给其他律师承揽，但可自己承揽并支付团队 30% 的案源费用，或介绍给团队承揽，由团队向其支付 30% 的案源费用。

（七）组织架构及决议机制

1. 组织架构

（1）合伙人会议：负责决议团队发展战略；决策团队投融资事宜；决议团队合伙人引进、待遇设置及调整、除名等事宜。

（2）执行事务合伙人：负责落地团队决议；召集并主持团队会议；总揽团队日常事务。

（3）薪酬委员：负责计点制度落地运行及工资、提成、分红发放事宜。

（4）市场总监：负责品牌营销与业务开拓。

（5）业务总监：负责案件业务办理工作指导与监督。

2. 合伙人决议机制

（1）常规事务：表决权过半数。

（2）重大事务：表决权 2/3 以上。

三、计点制的思考与提成制案例样本

近 10 年来，随着国内律师业发展不断成熟，诸多行业领袖、专家、学者对原有律师事务所的管理模式进行了反思与讨论，尤其是对传统提成制分配模式进行了卓有成效的探讨与改革，并获得许多成功案例。正如上文提到的金杜、虹桥正瀚等律师事务所，还有一大批非常成功的后起之秀，如新疆的巨臣、北京的极光、深圳的中熙等。这些成功的探索案例难道意味着传统提成制就不再有市场，就应该被完全淘汰？众多同行对此也发出了不同的声音，传统的提成制有其存在的历史原因与现实的土壤，更是一些律师事务所迅速壮大的不二法宝。

上文已十分全面地说明计点制的优点，但实践中，计点制难道就没有缺

点？通过对国外律师事务所分配体制的了解来看，西方发达国家律师事务所分配体制也不全是实行计点制，相当一部分还是实行传统分配模式——提成制。更何况这么多年来国内对于计点制的实践，也并非一帆风顺。这更说明计点制还是有其不足之处，或者说两种分配体制还是各有其相适应的环境，特别是在中国目前法律服务市场环境与整体经济环境下，计点制还是有诸多需要思考的地方。

从实践来看，如要让计点制完全实施，最基本需要做到以下几点：

首先，需要找到志同道合的参与人。计点制分配体制，严格来说是把律师事务所当作企业来经营。不同于传统行业，要把律师事务所当作企业去运营的话，人合性显得更加突出。从表面来看，计点制中，几个合伙人就像是吃“大锅饭”。当笔者去虹桥正瀚律师事务所参观学习时，有位老同志听说该律师事务所的分配体制是按人头平均分配时，他问道，你们这不是吃“大锅饭”吗？倪伟律师说：也算是也不是！因为律师事务所有考核委员会，每年会对每位合伙人进行打分，如表现不达标，可以将其劝退。但即使有相应制度约束，如若志不同道不合，也很难运作下去。

其次，需要一系列相对合理的分配考核体系，并要根据实际情况进行不断完善，这就需要一个强有力的执行团队。虽然笔者每天和法律制度打交道，但笔者认为，国内律师事务所对于制度管理有着天生的不足。同时，很多律师对各种制度的接受度也不是很高。因此，如果缺乏一个坚定而执着的带头人与管理团队，想要管理这些桀骜不驯、崇尚自由的律师是有一定难度的。

再次，实行计点制的律师事务所，投资人的开支压力较大。现在的律师事务所发展都在追求“高大上”，有人打比方说，独栋的办公楼就像是大牌高定，甲级写字楼是一线品牌成衣，普通写字楼是快消品牌，居民楼是 79 元包邮的淘宝爆款。因此，律师事务所要想高大上，单就办公成本来说，是一笔不菲的开支，还有每月的员工工资，如若没有一些有分量的案件或较稳定的案件来源，这些开支对于投资人来说无疑是巨大的压力。

最后，由于以上几点，实行计点制的律师事务所很难在短时间内快速发展。目前国内规模较大的几家律师事务所在全球的律师人数均已突破 5000 人，据最新统计，某律师事务所的全球执业律师人数甚至已突破 10,000 人。纵观其分配体制，大的方面还是以提成制为主，但从上述律师事务所近几年的管理改革与创新来看，也正在对现有管理体系进行优化，能否整体实行一体化运作，还需拭目以待。

针对计点制的上述问题，采用提成制对于部分律师来说无疑是一剂良方，特别是对于崇尚自由、希望快速致富的青年律师，或者对于一些掌握一定资源的律师来说，提成制是最恰当不过的选择。约定好扣除费用比例，多劳多得，不劳不得，外界戏称这些律师就是个体工商户。因而，对于提成制，律师事务所还不能完全持否定态度。目前，虽有很多有实力的律师事务所未能进行完全一体化改革，实行统一的计点制分配制度，但内部还是有众多团队进行了一体化尝试，也取得了良好的效果。从目前一线城市律师事务所运营模式来看，多数成规模的律师事务所实行整体提成制、部分团队一体化、小团队合作的运作模式。下面，笔者将介绍目前较为典型的几类提成制律师事务所运作模式。

目前多数律师事务所还是采用相对原始的提成制方式来管理律师事务所，这种粗放，甚至可以说是粗暴的管理方式，在竞争日益激烈的法律服务市场环境，和法律服务需求方逐步追求理性化的背景下，基本不可能有所作为，甚至会被客户所淘汰。

(一)传统的提成制案例样本一

1. 背景与目标

(1)在律师人数相对稀缺的地域，客户可排队咨询，律师和律师事务所无须对专业服务与律师管理进行太多思考。

(2)律师注重的是个案解决和个人能力的体现，缺乏团队合作与整体服务，律师事务所只提供一个“挂”的功能，律师与律师之间、律师与律师事务所之间缺乏充分的相互服务关系。

(3)律师事务所在成立之初基本没有什么愿景目标，律师只是让自己有一个执业的地方，更没有什么长远规划。

2. 提成制核心理念与操作模式

(1)实行“家庭联产承包责任制”，多劳多得，自我约束，自我管理。提成制与家庭联产承包责任制唯一的区别是资源的来源。

(2)律师事务所提供一个“挂”的功能和办公场所，有的律师事务所甚至不提供办公场所或者说律师本人无需办公场所，完全可以做到“全移动”办公。

(3)分配模式一般采取两种方式:一种是在总收入中扣除律师事务所发展基金,加上税费,总扣除20%左右。办公费用及其他费用另行扣除。另一种是直接约定按开票金额进行比例分配,有3:7,也有4:6,进行分配。

(二)升级的提成制案例样本二

上文所述的提成制律师事务所,虽然没有具体统计分析过,但应该占到我国现有律所的7成以上,中小城市或欠发达地区的比例可能会更高。随着法律服务市场的进一步成熟,一些有志于改变原有管理模式的业界精英正在打破已有的格局。

1. 背景与目标

受到发达国家和地区的法律服务影响,国内法律服务市场竞争进一步加剧,法律工具不断开发,新的法律服务思维不断被激发,一些有识之士正在进行各种有益的尝试。如近几年来飞速发展,用技术驱动法律的Alpha,不仅给律师带来了办案工具,也带来了服务客户的思维,它的影响是全面而深刻的。

一些新生代年轻律师,他们对待工作已不仅仅是追求温饱,而是充满活力、充满想象力,试图改变原有的呆板的工作模式。还有一些饱受提成制“折磨”而且有想有所作为的前辈,不再以赚钱为唯一的动力,而是要让自己有事业成就感,或者为了一种情怀,他们必须改革。

现有法律服务市场尚不成熟,相当一部分人采取曲线“救国”,由“改良”进而到“改革”甚至“革命”,这是一个循序渐进的过程。律师目标明确,加强律师事务所内部凝聚力,提倡专业化,强调团队化作战。

2. 以提成制为主,小团队内部多种分配方式为辅

事实上,现在国内诸多律师事务所采取的分配模式是以提成制为主,小团队内部多种分配方式为辅,在条件成熟的情况下,过渡到一体化运作。该种形式是多方兼顾和对现实妥协的结果。除上文提到的盈科与大成,还有锦天城等一些律师事务所也已成功运作。

为了增强事务所内部凝聚力与归属感,所内利用发展基金培养青年律师、奖励参与所内建设的律师。其大致操作模式为:

(1)律师事务所对个人或团队总收入的百分比扣取税费、发展基金及其他一些办公费用;剩余的在团队内部按点数进行再分配。具体分配方式大致以上文的计点制模式进行。

(2)限制专业服务内容,鼓励律师之间的合作与业务分享。

(3)以律师事务所为平台,对外进行整体宣传和服务,提高律师事务所知名度,构建律师事务所整体形象。如建立网站、制作宣传册、设立公众号、开设论坛、出版刊物等。

提成制是“唯创收论”,以收入多少论成败,也有种种弊端,但由于其管理简单明了、成本小,也迎合了大部分律师的执业理念,还是有较大市场的。笔者坚信,在以客户为导向的法律服务市场,只有用团队力量和专业化的服务,才能真正满足需求,甚至能够超越需求。

所以,无论是提成制还是计点制,只要能满足客户的需求就是正解。

四、“君主”制与平均分配制的案例样本及利弊

(一)“君主”制

如前文所述,所谓“君主”制的薪酬分配机制,是指律师事务所的某位投资人或律师是该律师事务所唯一的“君主”,作为该律师事务所最高的决策者和领导者,亲自指派或者授权所内其他人员安排所内事务,决定所内成员的收入分配。“君主”制薪酬律师事务所的律师成员,倘若仅凭自己开拓业务,其收入要远低于在薪酬制律师事务所的分配所得,因此,事务所成员可以容忍和接受“君主”的安排和分配。君主制薪酬分配机制通常包括了每月底薪,同时“君主”还制定年底奖金发放规则,或直接根据当年业绩决定奖金金额。

“君主”制的薪酬机制想要运营顺畅需要两个前提:第一,除了要求君主有较强的业务能力或某个专业的垄断资源外,“君主”还要有大将风范,能够兼顾事务所各成员利益,按照自我认知将手中的案件和收入分配给所内成员。“君主”制薪酬制度下,需要“君主”有能力创造大量的收入或提供广阔的案源,否则事务所总体收入不够,“君主”也难以游刃有余地进行薪酬分配。第二,“君主”与成员在薪酬分配上需要有很好的沟通,成员能够将能力水平和期望如实向“君主”表达,“君主”能将目标要求和分配方式提前披露给成员,分配过程中“君主”结合成员期望、业绩进行分配,“君主”在分配时说明分配理由,再指出不足和新的要求。

使用“君主”制薪酬方案的律师事务所也存在不少,能力强大的律师喜欢“君主”制,发展初期的律师事务所不得不选择“君主”制,这些律师事务所

大多处在律师事务所排名的两端:不是“发展初期”的创业型律师事务所、个人律师事务所,就是“高度垄断”的专业律师事务所,该两类律师事务所对“君主”的依赖性都非常强。

国内初创型的律师事务所或者个人律师事务所在成立初期,因人员不足、业务处于起步阶段,“君主”难以设计和使用合理的薪酬模式,律师事务所的律师费总收入存在不可预期性,需要“君主”对利益分配提前兜底承诺,年底进行统筹分配,在业务收入低时,“君主”甚至要牺牲自己的利益给成员进行薪酬补贴。国内另一类常用“君主”制薪酬的律师事务所,是专注某类法律服务的专业垄断律师事务所,该类型律师事务所通常收入较高,业务较单一和重复,比如专做IPO、知识产权、再审业务的律师事务所,“君主”在此类业务上有绝对的经验优势或者垄断性资源,团队成员进入该所后,只做该类型业务或者被细分到具体环节。

美国排名前列的几位诉讼律师也选用了“君主”制的薪酬模式,曾代理迈克尔·杰克逊娈童案、麦克·泰森强奸案、罗伯特·布莱克杀妻案等一系列名人名案的美国知名诉讼律师托马斯·梅瑟里奥,虽然其所在律师事务所叫作梅瑟里奥法律服务集团,但在该所内实际只有他一个律师,其他人都是他在梅瑟里奥法律服务集团的助理。在梅瑟里奥法律服务集团,重大事项的决策权都由托马斯·梅瑟里奥行使,自然包括人事调度和薪酬发放。之所以使用“集团”这个称号,可能是想给客户一种英雄群集、无比强大的感觉,以便取得客户信任并收取更高额的律师服务费。国内的TT律师事务所,专注重大商事的再审业务,其主任就是这个事务所的“君主”,其个人能力非常强大,律师事务所经营发展有特色,业绩也非常好。

“君主”制薪酬体系下,对于初期发展的新律师事务所或者小而专的精品律师事务所,“君主”制薪酬体系的优势也非常明显:首先,“君主”制律师事务所一人独大,往往管理和决策效率很高,经营灵活,可以很快地调整方向跟紧市场节奏;在成员聘用方面,成员及“君主”对于薪水的预期、成本和期望都可控;其次,成员收入多少由“君主”根据成员表现和总体业绩决定,成员的业绩可较直接的在薪资上得到体现,成员积极性更容易被调动。

但“君主”制薪酬体系难以避免以下弊端:

第一,因为“君主”制薪酬体系下的“君主”只有一个,“君主”与成员存在一定的差距,总体规模上不能与公司制律师事务所相提并论,个人所办得再好，也难以做到超级大所。

第二，“君主”制薪酬体系下，律师事务所能走多远非常依赖于“君主”的能力和胸怀，很多“君主”以利益为重，律师事务所只是赚钱的工具，“君主”对于律师事务所文化和成员成长并不关心，一旦成员失去对“君主”的信任，那么这个事务所随时可能面临分裂或崩塌。

第三，“君主”制薪酬体系下，“君主”存在主观性，对成员的考察和评价可能并不客观，实发薪资和成员的真实能力和贡献未必匹配，一旦偏差积累到一定程度，就可能造成矛盾。

第四，“君主”制薪酬体系不允许有两个“君主”的存在，某一成员能力和贡献一旦发展到一定的阶段，一方面，当前的“君主”无法满足其经济需求，另一方面，不管成员做得多好也永远无法超越“君主”，该成员会萌生自立门派的想法。

第五，“君主”一人精力有限、知识也有短板，如何将业绩做大，如何在分配时游刃有余，如何对成员的考核做到面面俱到、公平，同时兼顾品牌建设管理、人才培养管理、技术研发管理、市场创新管理等，面临多重压力。

第六，“君主”制薪酬体系下，成员始终觉得，无论如何努力，都是为“君主”打工，律师事务所只是“君主”一人的，并不是大家的。成员缺乏忠诚度和归属感，难以长久和稳定。

（二）平均分配制

“君主”制是“君主”一人独裁，当几个趣味相投、实力相当的朋友结成合伙关系，组建一个律师事务所时，独裁制度本身违背了律师事务所的合伙天性，平均分配制就是合伙制律师所的自然选择。

平均分配制由合伙人先扣除总体成本，合伙人间不再计算每个人的创收数额和应摊成本，将每年的事务所收入减去支出后的余额，再向合伙人进行等额分配，等额分配既包括了合伙人平均分配律师事务所利润的情形，也包括合伙人按照一个事先商定好的比例关系分配律师事务所利润的情形。较“君主”制薪酬制度而言，平均分配制的决策管理不是“君主”一人，而是全体合伙人或合意指定的某人进行利益均分或按比分配，合伙人之间在地位和决策权利上是平等的。

平均分配制广泛适用于创业初期的合伙制律师事务所，此时律师事务所规模较小，业务量有限，合伙人之间的业务能力差异所带来的业绩差距不明显。其首要考虑是如何把“蛋糕”做大,而不是如何把“蛋糕”切好。因此,在发展初期采用这种分配方式有利于合伙人相互磨合,建立信任,随着律师事务所的业务量逐渐增加、合伙人数量逐步增多,且合伙人业务发展不均衡的差距日益显现时,平均分配制就会逐渐暴露出某些问题,若不及时调整分配方式,律师事务所将面临危机。

美国大名鼎鼎的巴克利·桑德勒律师事务所也是采用的平均分配模式,并得到了飞速发展。巴克利·桑德勒是金融法律师安迪·桑德勒和本·鲁比斯在2009年带领的金融服务团队离开世达律师事务所加入桑德勒·科拉尔律师事务所后改名而来。当时,桑德勒·科拉尔律师事务所已经成立5年,在业内小有名气。尽管两个团队在业务收入和知名度上还存在一定差距,但他们抛开异议,采取了简单的合伙人平均分配方式,并将律所的名字改为巴克利·桑德勒。平均分配制在这个初创律师事务所里发挥了巨大的推动作用,短短几年后,他们在全美最佳律师事务所雇主中已经排名第五,有160名律师,在芝加哥、纽约、洛杉矶、华盛顿和伦敦开设了办公室,客户包括谷歌、美国富国银行、花旗银行和摩根大通等知名企业。

平均分配薪酬制度得以顺畅运行需要具备以下3个前提:首先,合伙律师的业务能力、道德水平基本在同一水平线,若从事相同或相似的业务领域更佳;其次,平均分配制的律师事务所要求合伙人的发展理念基本一致,愿意尽其所能发展业务,具有极高的道德风尚,愿意奉献,共同分担律师事务所的管理和行政职责;最后,合伙人并不在乎个体业绩差异,只求共同发展。

平均分配薪酬制度让初创合伙制律师事务所尝到了甜头:首先,律师事务所最复杂的薪酬分配瞬间变得简单,形式上公平、明了,争议也相对减少;其次,对于创业初期的律师事务所来说,均分制可以绑定3~5名合伙人,相对于君主制更容易笼络一群人群策群力、优势互补地经营好律师事务所;再次,律师事务所的整体收入和个人收入成正比,合伙人也愿意为律师事务所做贡献;最后,在合伙型律师事务所的创业初期,有利于团结合伙人,将注意力主要集中在发展业绩上。

平均分配薪酬制度也存在一定的弊端:第一,均分制直接平均分配,不考虑个体差异、贡献,其实是一种不公平;第二,合伙人个人能力、业绩存在差异,如果创收存在较大差异,创收少的合伙人占了便宜,时间长久或金额太大而不及时调整的话,合伙人之间就会产生一定的摩擦,甚至可能导致散伙;第三,律师事务所行政管理、品牌建设、人才培养等非业务工作需要耗费大量精力,但并不能在业绩中得到体现,因此合伙人对于管理工作容易出现推诿;第四,平均分配制可以使懒惰、道德水平低的合伙人实际得到高于其应得收入的分成,影响其他道德水平高、业务能力强的合伙人的工作积极性;第五,平均分配制要求合伙律师的业务能力、道德水平基本在同一水平线;第六,均分制并不利于后期吸收人才,如引进新的合伙人成员,一方面会降低先加入成员的分成比例,另一方面后加入的成员直接和先期加入成员平均享用先期创业的成果,先期成员未得到应有的补偿,可能会影响其积极性。

综上所述,笔者认为,律师事务所的分配制度没有绝对的好坏,在不同的发展阶段应采用与其相适宜的分配模式,合适的分配模式能加速律师事务所的发展、促进律师的成长,不合时宜的分配模式则会起到反作用。律师事务所在发展过程中也要根据情势,因地因时地及时调整分配模式,才能让分配制度更好地促进律师事务所的发展和律师的成长。

后　记

后记就像航行已久的船舶终于靠岸后的致谢，首先要表达的是感谢！

感谢深圳市律师协会的高瞻远瞩与鼎力支持。课题组成员均来自深圳市律师协会第三期团队带头人能力提升训练营，该训练营是深圳市律师协会职业培训委员会在总结2014年和2016年举办的两期团队带头人培训经验的基础上举办的训练营，专门培育深圳市律师行业团队建设的带头人，以加快深圳律师团队建设工作，缩短深圳市律师业与北京、上海之间的发展差距。在此特别感谢深圳市律师协会尹成刚副会长，职业培训委员会何志军主任和业务创新与发展委员会李军强主任。

感谢为训练营辛勤付出的各位老师，尤其是班主任周旻和辅导员周昌春、李兰兰及班务助理徐占雄，以及提供详细采写和研习案例的律师团队。正是他们的分享与奉献精神，才让课题组的“水手”们有了登船出海的勇气与信心！

感谢参与撰写工作的全体课题组成员，他们就像船上的水手一样，有想法、敢作为。课题组成员都是年龄在45岁以下的律师团队负责人，通过了层层选拔，最后集结在一起，共同研习涵盖团队建设中的发展定位、组建与协作、法律服务产品、市场营销、薪酬分配模式等5个模块，并分成5组，以问题为导向，分别进行了更为深入与系统的探索，最终形成本书稿。没有他们的梦想与坚持、勤勉与严谨，此书就无法呈现。孔霞、马丽、洪阁、周敏、吴捷帆、朱尊、黄美丹、陈健威、赵文硕等律师也为本书的案例及校阅工作提供了帮助，在此一并感谢。

感谢法律出版社对本书的肯定，列入深圳律师实务丛书，尤其各位编辑为本书提出了许多宝贵意见和建议，程岳编辑还专程从北京赶来深圳指导，没有你们的肯定与帮助，课题组的研究成果也只能作为内部交流资料，无法与更多律师同行进行交流学习。

后记更是开启航行新征程的宣言。本书只是一个不成熟的探索，时间才是检验真理的标准，希望有更多同行参与、研究与实践，共同助力深圳律师、中国律师再上新台阶。适逢深圳“大湾区”与“先行示范区”双区驱动发展的百年机遇，正值改革开放40周年新时期，深圳市律师协会也刚满而立之年，立足于这片曾诞生了中国第一家合伙制律师事务所、第一家以个人命名的律师事务所的创业沃土，曾筚路蓝缕、披荆斩棘，曾骄傲自豪、荣光华年，也曾彷徨驻足，埋头赶路。但“水手”的家乡永远都在海上——生命不止，船行不歇。展望未来，路在脚下，法治创新，永不止步！

是以为记！

深圳市律师协会团队建设研究课题组

图书在版编目(CIP)数据

团队制胜：打造卓越律师团队的五大模块／深圳市律师协会团队建设研究课题组编. -- 北京：法律出版社，2020

(深圳律师实务丛书)

ISBN 978-7-5197-4354-3

Ⅰ. ①团… Ⅱ. ①深… Ⅲ. ①律师事务所-组织管理-研究 Ⅳ. ①D916.5

中国版本图书馆 CIP 数据核字(2020)第 050795 号

团队制胜
——打造卓越律师团队的五大模块
TUANDUI ZHISHENG
——DAZAO ZHUOYUE LÜSHI TUANDUI DE WUDA MOKUAI

深圳市律师协会团队建设研究课题组 编

策划编辑 程 岳
责任编辑 程 岳 朱轶佳
装帧设计 汪奇峰

出版 法律出版社
编辑统筹 司法实务出版分社
总发行 中国法律图书有限公司
开本 710 毫米×1000 毫米 1/16
经销 新华书店
印张 18.5
印刷 中煤(北京)印务有限公司
字数 286 千
责任印制 胡晓雅
版本 2020 年 5 月第 1 版
印次 2020 年 5 月第 1 次印刷

法律出版社／北京市丰台区莲花池西里 7 号(100073)
网址／www.lawpress.com.cn
投稿邮箱／info@lawpress.com.cn
销售热线／400-660-8393
举报维权邮箱／jbwq@lawpress.com.cn
咨询电话／010-63939796

中国法律图书有限公司／北京市丰台区莲花池西里 7 号(100073)
全国各地中法图分、子公司销售电话：
统一销售客服／400-660-8393/6393
第一法律书店／010-83938432/8433　西安分公司／029-85330678　重庆分公司／023-67453036
上海分公司／021-62071639/1636　深圳分公司／0755-83072995

书号：ISBN 978-7-5197-4354-3
定价：66.00 元
(如有缺页或倒装，中国法律图书有限公司负责退换)